上海市浦东新区人民法院建院三十周年系列丛书

知识产权纠纷疑难问题

司法认定与要案判解

朱　丹　主　编
包晔弘　罗开卷　副主编

法律出版社
LAW PRESS · CHINA
北京

图书在版编目(CIP)数据

知识产权纠纷疑难问题司法认定与要案判解 / 朱丹主编 ; 包晔弘, 罗开卷副主编. -- 北京 : 法律出版社, 2023

ISBN 978 - 7 - 5197 - 7744 - 9

Ⅰ. ①知… Ⅱ. ①朱… ②包… ③罗… Ⅲ. ①知识产权－民事纠纷－案例－中国 Ⅳ. ①D923.405

中国国家版本馆 CIP 数据核字(2023)第 058112 号

知识产权纠纷疑难问题司法认定与要案判解
ZHISHICHANQUAN JIUFEN YI'NAN WENTI SIFA RENDING YU YAOAN PANJIE

朱 丹 主 编
包晔弘 罗开卷 副主编

策划编辑 蒋 橙
责任编辑 张 颖
装帧设计 李 瞻

出版发行 法律出版社
编辑统筹 法律应用出版分社
责任校对 朱海波
责任印制 刘晓伟
经　　销 新华书店

开本 710 毫米×1000 毫米 1/16
印张 20.75 **字数** 385 千
版本 2023 年 4 月第 1 版
印次 2023 年 4 月第 1 次印刷
印刷 永清县金鑫印刷有限公司

地址:北京市丰台区莲花池西里 7 号(100073)
网址:www.lawpress.com.cn
投稿邮箱:info@lawpress.com.cn
举报盗版邮箱:jbwq@lawpress.com.cn

销售电话:010 - 83938349
客服电话:010 - 83938350
咨询电话:010 - 63939796

书号:ISBN 978 - 7 - 5197 - 7744 - 9
定价:88.00 元
凡购买本社图书,如有印装错误,我社负责退换。电话:010 - 83938349

编辑委员会

序

1990年4月，中共中央、国务院作出浦东开发开放的重大战略决策，掀开了我国改革开放向纵深推进的崭新篇章。随着浦东开发开放号角的吹响，浦东法院于1993年6月正式挂牌成立。30年来，浦东法院忠实履行宪法和法律赋予的职责，始终坚持“尚法明辨、善思慎行、勇立潮头、至善致远”的浦法精神，与浦东开发开放同频共振，全力对标最高标准、最好水平，努力为浦东引领区发展提供强有力的司法服务和保障。

党的十八大以来，浦东法院坚持以习近平新时代中国特色社会主义思想为指导，深入贯彻习近平法治思想，全面落实习近平总书记在浦东开发开放30周年庆祝大会上的重要讲话精神，深刻领悟“两个确立”的决定性意义，增强“四个意识”、坚定“四个自信”、做到“两个维护”，全力服务保障国家重大战略落地落实，持续助力一流法治化营商环境建设，始终坚持公正司法、为民司法，努力让人民群众在每一个司法案件中感受到公平正义。

30年来，浦东法院勇担使命、挺立潮头，先后获评“全国优秀法院”“全国模范法院”“全国文明单位”“司法公开示范法院”“多元化纠纷解决机制改革示范法院”等荣誉称号。30年来，浦东法院勇于开拓，奏响改革强音，先后成立全国基层法院首个知识产权审判庭、首个金融审判庭、全国法院首个自由贸易区法庭（自由贸易区知识产权法庭）。30年来，浦东法院勇于创新，“二维码扫码立案”“司法大数据分析系统”“现代诉讼服务中心”“知识产权纠纷‘三合一’审判模式”“涉外商事纠纷‘诉讼、调解、仲裁’一站式解决工作室”“企业破产府院协调机制”“劳动争议‘五位一体’平台”“春天的蒲公英普法项目”等“浦法名片”愈擦愈亮，大量可复制可推广的经验更从这里走出上海，走向全国。

“一个案例胜过一打文件”。党的十八届四中全会明确提出，要加强和规范司法解释和案例指导，统一法律适用标准。作为全国最大的基层法院之一，自

2014年起，浦东法院年收案量持续保持在10万件以上，2021年收案量更是逼近19万件。与此同时，浦东法院不断创新典型案例培育机制，先后作出一大批具有引领性、示范性、开创性的全国首例判决。如角色扮演类网络游戏作品属性纠纷案、涉外"先裁后审"仲裁条款效力纠纷案、信托公司通道类业务损害赔偿责任纠纷案等。截至2022年年底，浦东法院已有4起案例入选最高人民法院指导性案例，11起案例入选最高人民法院公报案例。这一个个案件的公正裁判，不仅有效地定分止争，营造了良好的法治氛围，彰显了司法裁判的权威，也忠实记录了浦东法院勇毅前行的成长历程，见证了一代又一代的浦法人为浦东开发开放、打造社会主义现代化建设引领区提供坚实司法服务保障所作的奋斗。

在探索中前进，在实践中发展。为充分发挥精品案例对司法实践的指导作用、对社会冲突的预决作用、对市场主体的引导作用、对社会公众的教育作用、对法学研究以及立法的促进作用，浦东法院从近年来审理的案件中精心挑选了一批具有一定时代性、典型性和指导性的案例，编撰成"上海市浦东新区人民法院建院三十周年系列丛书"三册，即《知识产权纠纷疑难问题司法认定与要案判解》《金融纠纷疑难问题司法认定与要案判解》和《自贸区商事纠纷疑难问题司法认定与要案判解》，案件类型涵盖知识产权、金融、自贸区商事三大特色审判领域。

这套丛书具有以下三个特点：**一是时代性。**丛书选编案例紧扣浦东开发开放30年的历史脉搏，详细介绍了浦东法院三大特色审判领域中的精品案例成果，并通过案例分析，展现了不同时期司法实践与浦东发展的深度契合，具有很高的历史参考价值。**二是典型性。**丛书选编的案例中不乏新类型案件和疑难复杂案件，其中既有最高人民法院指导性案例、公报案例，亦有大量审判业务条线、行业机构评选的典型案例，案件类型典型、法律适用典型。每个案例突出裁判要旨和案例评析，注重提炼裁判规则和方法，充分发挥典型案例的示范引领价值。**三是指导性。**实践出真知，真知促实践。丛书选编的案例注重发挥实践引领作用，案件阐述有理有据，论证分析精准深入，不仅可以帮助社会公众深刻领会立法精神，正确把握条文内容，还能成为法律专业人士的办案指南，对指导办案、规范裁判行为、促进法律适用统一具有很强的参考价值。我们希望，这套丛书的出版能够发挥司法裁判的教育、评价、指引和示范功能，弘扬社会主义核心价值观，传播中国法治正能量，这亦是人民法院的职责所在。

三十载踔厉奋发，新征程再创辉煌。浦东法院将以建院30周年为契机，紧扣实现高质量发展这一主题，围绕新发展阶段、构建新发展格局提出的新任务新要求找准工作切入点。紧扣营造市场化、法治化、国际化营商环境这一目标,围绕服务保障浦东引领区建设、长三角一体化发展、自贸试验区建设、科创板上市等国家重大战略找准工作着力点。不断创新工作举措,完善路径方法,全力提升司法服务新发展格局的能力水平。始终胸怀"两个大局",运用战略思维,努力书写新时代法院工作高质量发展的新篇章。以政治建设引领、司法质效为本、数字改革赋能,奋力推进新时代法院工作现代化,努力让人民群众切实感受到公平正义就在身边!

是为序。

上海市浦东新区人民法院党组书记、院长　朱丹

2023 年 3 月

目录

著作权民事侵权纠纷案件

商标民事侵权纠纷案件

不正当竞争纠纷案件

知识产权合同纠纷案件

知识产权刑事案件

知识产权行政案件

知识产权诉前行为保全案件

著作权民事侵权纠纷案件

01

思想表达区分理论在著作权侵权判定中的适用

——刘某田与周某森等著作权侵权纠纷案

裁判要旨

《著作权法》保护的是作品的表达,而不延及作品的思想。被控侵权作品只有在接触并与权利人的作品在表达上构成相同或实质性相似的情况下,才构成侵权。判断作品是否构成实质性相似,首先要判断权利人主张的元素是属于思想还是属于受《著作权法》保护的、具有独创性的表达,同时还要剔除属于公有领域的表达和表达方式有限的表达。文学作品中除了文字本身以外,故事情节也属于表达。故事情节的相似性比对应当与人物、人物关系、事件结合起来,而不是停留在抽象的情节上。

基本案情

原告:刘某田

被告:周某森

被告:湖南广播电视台等

原告刘某田,笔名南嫫,系陕西省作家协会会员,曾在中央电视台《东方之子》栏目任记者,担任《财神周刊》《视点》执行主编、《女友》杂志社记者。2010年6月23日,原告开始在"天涯论坛"连载发布小说《暗香》。2011年1月小说《暗箱》一书出版,署名"南嫫"。该书共39章,32万字。该书在"内容简介"中介绍:"有着五十多年辉煌历史的国防厂被残留的氯气罐炸成一片瓦砾,省长刘云波万万没有想到他到南岭后启动的国企改制竟如此惨烈收场。国防厂的老工人拉出了‘血债血还’的标语在市政府前示威游行,政府、厂方工人和收购国防厂的资方展开了艰难的谈判。此时,真正的幕后推手已经悄然无声地打扫干净门前雪。在女记者季子川面前,国防厂并购以及江东半岛开发中‘暗箱操作’的内幕一步步被揭开,然而,越接近真相,她越感到恐慌,也许更让她感到恐慌的是:她不得不面临天理与情感的抉择。”

被告周某森系中国当代作家、编剧,中国作家协会主席团委员,江苏省作家协会副主席,中国作家协会第九届全国委员会委员。著有《人民的名义》《人间正道》等多部小说,并有部分小说被改编为电视剧。小说《人民的名义》于2017年1月出版,2017年3月第6次印刷,该书共54章,30万字。

电视剧《人民的名义》于2017年3月28日在湖南卫视“金鹰独播剧场”播出,编剧为周某森、孙某岳,由最高人民检察院影视中心、中共江苏省委宣传部、中央军委后勤保障部金盾影视中心及本案七被告等10家单位共同出品。据介绍,自开播以来,网络总播放量破19亿,市场占有率突破25%,网络点击量高达220亿,周某森版税收入1400万元。

《人民的名义》讲述:国家能源局某处处长赵德汉经人举报涉嫌贪污受贿,国家反贪总局侦查处处长侯亮平就此案展开调查。在调查过程中,侯亮平通知京州反贪局局长陈海关注与此案关系紧密的汉东省京州市副市长丁义珍,但因汉东省省委的抓捕会议经汉东省公安厅厅长祁同伟泄密,丁义珍成功出逃至加拿大。后侯亮平至汉东省老检察长陈岩石处了解丁义珍主管的光明湖项目与大风厂问题。同时,京州市委书记李达康担心因丁义珍的出逃引发投资商撤退,抓紧推进大风厂拆迁项目,从而引发大风厂拆迁危机——“九一六”大火事件。此次事件后,汉东省反贪局局长陈海围绕大风厂股权变动展开调查,在掌握初步线索后遭到暗害,成为植物人。侯亮平被派往汉东省接替陈海职务,继续围绕大风厂股权质押案件展开调查。到任后,侯亮平得到新任汉东省委书记沙瑞金的支持,并根据其发小蔡成功的举报以京州市委书记李达康的妻子、城市银行副行长欧阳菁和山水集团为切入点进行调查。随着调查的深入,侯亮平挖出了盘根错节的利益链条,同时也打破了以往汉东省的政治生态平衡。汉东省委副书记高育良、省公安厅厅长祁同伟开始对侯亮平进行遏制与反击,侯亮平遭到停职审查的处理。在汉东省老检察长陈岩石、现任检察长季昌明、京州市公安局局长赵东来的帮助下,侯亮平摆脱构陷,最终查实高育良、祁同伟等违规违法事实。

原告刘某田诉称:其系作家,笔名南嫫,现为陕西省作家协会会员,在中国读者中有广泛影响。原告反映官场腐败的独创原著长篇小说《暗箱》历时五年方才完稿,2010 年 6 月 23 日开始在天涯论坛文艺板块网络连载发表,引起社会轰动。2011 年 1 月正式出版,首印 2 万册。被告周某森是有广泛影响力的国内反腐败作家。2017 年 3 月 28 日,周某森作为编剧,其他七被告作为共同出品人,共同摄制的 52 集电视连续剧《人民的名义》在湖南电视台开始热播。该剧故意剽窃了原告长篇小说《暗箱》的独有的作品内容、结构、人物、情节、细节,进行肆意改编和嫁接演绎,直接侵犯了原告的著作权。被告周某森还于 2017 年 1 月出版了以该电视剧剧本为基础的小说《人民的名义》。涉案侵权电视剧单集首播全国网络收视第一,累计收视达数十亿人次,各被告获收益达 10 多亿元。原告认为,被告周某森侵害了原告的作品改编权、摄制权、署名权、获得报酬权,同时还对原告作品续集的创作和出版销售造成了实质性妨碍和侵害,给原告造成了精神和财产上的巨大损失。其余七被告应当连带承担侵权的民事责任。原告遂起诉,请求判令:(1)八被告停止侵权行为,停止侵权电视剧《人民的名义》的一切播出、复制、发行、信息网络传播的行为。(2)被告周某森停止小说《人民的名义》出版、销售。(3)八被告在全国性媒体上刊登经原告和法院书面认可的致歉声明,消除侵权影响,恢复原告著作权益。(4)八被告赔偿原告经济损失 1800 万元,互负连带责任。(5)八被告承担原告为本案制止侵权、保护权益而花费的合理费用 20 万元。

八被告共同辩称,被告作品《人民的名义》与原告作品《暗箱》在作品主线、核心事件、叙事结构、故事桥段、人物关系设计、人名、暗扣等方面均不同,并未侵犯原告的著作权。

【法院裁判】

上海市浦东新区人民法院经审理认为,《著作权法》所保护的是作品中作者具有独创性的表达,即思想或情感的表现形式,不包括作品中所反映的思想或情感本身。在文学作品中,表达不仅体现在文字上,也体现在作品的具体内容中,包括作者对素材、情节等的设计、编排和取舍,同时还要排除公有领域的内容及表达方式有限的表达。被控侵权作品只有在接触并与权利人的作品在表达上构成相同或实质性相似的情况下,才构成侵权。

本案中,原告刘某田主张其作品与被告作品在"整体结构"及"老国营厂命运发展""男主人公腐败变迁过程""男主人公夫妻关系变化"等主题,以及其他不存在内在逻辑串联关系的情节方面,构成了被告作品与原告作品整体外观上的相似性,导致作品相似的欣赏体验,侵害了原告的改编权、署名权、摄制权和获得报酬权。

关于作品的整体结构比对。如果仅是结构、主题相似,而缺少事件、情节和人物等细节的相似,则无法简单地归入《著作权法》的保护范围。只有当故事的主题和结构通过故事情节的设计、发展,按照逻辑顺序、前后衔接关系贯穿起来,形成足够具体的、个性化的表达后,才受《著作权法》的保护。经比对,原、被告作品反映的主题不同,形成作品整体结构的情节组成内容、发展顺序、层次作用均不同。原告所作的作品整体结构对比是基于其主观需要对两部作品中的部分情节进行了不当的概括和拼凑,人为造成两部作品整体结构相似的假象,故原告在本案中主张的作品整体结构相似没有事实依据,法院不予支持。

关于作品具体情节的比对。文学作品的相似性比对中,故事情节是关键的比对内容。如果两部作品在主要情节的具体细节描述、事件的逻辑关系以及人物角色的重要特征与相互关系上相似,而不是停留在抽象情节和次要情节上的相似,则可以认定构成实质性相似。同时,判定作品构成实质性相似还应当将确定的相似之处结合全文进行整体比对,而不是孤立地对相似之处进行"一对一"的比对。本案中,原告将其主张作品相似的具体情节分为四个方面,包括老国营厂命运发展、男主人公腐败变迁过程、男主人公夫妻关系变化、其他相似情节。经比对,原告主张的内容缺少具体的相似情节支撑,其主张的抽象情节属于思想范畴,不受《著作权法》保护。而原、被告作品对于本情节的表达也不相同。原告在比对时将多个人物及故事情节集合在一个轨迹中,拼凑痕迹明显,更说明原、被告的作品在该情节的表达上的不同。

关于人物关系和人物设置的比对。法院认为,被告作品包含三条主线,第一条线是检察机关查处贪腐事件,第二条线是政府领导班子中的权力斗争,第三条线是一个普通工人家庭的命运变化;在每一条线上均附着多个人物和多种人物关系。因此两部作品围绕各自的主线设置的人物及人物关系在整体数量上相差悬殊。原、被告作品中基于人物和人物关系产生的具体情节并不相似。在题材类似的情况下,原告的比对脱离了具体情节中抽象的人物特征,难以受《著作权法》的保护。

关于人名等其他细节的比对。法院认为，作者在创作过程中对人物角色取名时可能会根据其所处的年代、性格特征等作一定的考虑，但从思想和表达二分法的角度来分析，人物的名称过于简短，很难构成有别于思想的表达，无法获得《著作权法》的保护，更何况原、被告作品中的人物姓名并不完全相同。同时，原告主张姓名相似的人物在故事中的角色、人物性格、人物特征、经历等均不相同，且没有关联性和延续性，因此完全没有可比性。

综上，原、被告作品既不存在文字表达上的字面相似，也不存在作品整体结构、具体情节、人物关系等具体表达上的非字面相似。故原告主张各被告侵犯其改编权、署名权、摄制权、获得报酬权没有事实和法律依据，法院不予支持。遂判决驳回原告的诉讼请求。

【案例评析】

本案系知名反腐电视剧及小说《人民的名义》被诉侵犯著作权纠纷案，涉及小说作品实质性相似的判断问题。原告刘某田主张被告的作品使用了其作品中最核心的、独创性的表达，在作品的整体结构和故事脉络、情节、人物等方面存在高度雷同。作品的相似既可以是整部作品的相似，也可以是部分内容的相似。小说属于文字作品，主要由故事的结构、环境、人物（包括人物特征、人物性格、人物关系、人物对白等）、情节等要素组成。在这些要素中，故事的结构是框架，故事的环境、人物、情节等均附着于框架之上，使之成为有血有肉的故事。“接触+实质性相似”是判断作品是否构成抄袭的原则。实质性相似，是指向后作品与在先作品相比，在具体表达上存在相同或相似，使读者产生相同或相似的欣赏体验。表达不仅包括字面文字也包括非字面的具体内容。作品是否构成实质性相似，可在比对文字的表达及上述要素的具体表达后综合判定。其中，情节的比对是核心，也最复杂，难度最大。在作品著作权侵权比对中一般采用三步检验法，首先要判断权利人主张相似的部分是属于思想还是属于受《著作权法》保护的、具有独创性的表达，其次剔除属于公有领域的表达和表达方式有限的表达，最后将剩余的部分进行实质性相似比对。

一、小说结构

小说结构，是指小说开端（交代背景）—发展（展现走向）—高潮（反映冲突）—结局（深化主题）的过程，可以采取按时间顺序或者事件发展顺序或者倒叙等方式展开。在作品的相似性比对中，对结构的分析往往与情节相互交织，形成足够具体的、个性化的表达后，才受《著作权法》保护。判断作品的结构是否相似应从作品的主题、情节、故事发展顺序、情节层次的作用等方面展开比对。

本案中，原告认为，从整体结构看，在事件的发展过程中，原、被告作品中有18处情节完全相似。经比对，我们发现，原、被告作品均存在企业转制的情况，但原告作品通过描写企业转制，以川汇集团收购一石厂为明线，通过各种回忆连接起江东项目的暗线，从中暴露出官商勾结和官员的腐败现象，反腐并非重点。而被告作品《人民的名义》中，反腐主题贯穿了小说的全过程，作品从查处贪官入手，以最高人民检察院的检察官办案历程为主线，以大风厂的股权争夺为辅线，通过环环相扣的追查情节，展现汉东省各种触目惊心的官商勾结贪腐现象，反腐是故事的重点。因此两部小说的主题和侧重点并不相同。在此前提下，两部作品的结构存在较大的差异。原告提炼的所谓结构并不准确，其是将两部作品中存在的非重点的、并不能体现结构的相似内容进行了比对，因此，原、被告作品有着完全不同的创作路径、主题和情节脉络，在整体结构上难谓相似。

二、人物

人物是小说的灵魂，是小说中不可或缺的要素。人物可以通过人物的形象、性格、动作、神态、语言等进行刻画，通过故事情节来展现、塑造和充实，同时推动故事的发展。小说中的人物要素包含了人物关系、人物性格、人物特征等。单纯的人物关系（如夫妻关系、父母与子女的关系、朋友关系、上下级关系），以及一般常见的人物性格、人物的外貌特征等，属于公有素材，不能被垄断，因此不受《著作权法》保护。但人物的性格、特征、人物之间的相互关系等又通过情节展现，或随着情节的发展而产生变化，而只有与具体事件相结合塑造出的人物和人物关系才可能作为有独创性的表达，受《著作权法》保护。

本案中，原告在"人物关系"下主张4处共15组人物关系的相似，包括政府官员、女人、资方、企业方。原告在人物关系的相似性比对中，脱离作品中的具体情节，将两部作品中没有任何对应关系的人物予以比对，如两部作品中均存在上下级关系、同学关系、家庭成员关系等，同时由于均涉及官场和企业转制，又不可避免地都存在厂长、工人、省委书记、市委书记等角色的设定，这种单纯的人物关系属于思想范畴，不应被任何人垄断，亦不受《著作权法》保护。原告还将被告作品中多个人物的性格结合起来与原告作品中的一个人物进行比对，如原告将其作品中的刘云波与被告作品中的高育良、李达康对比，认为刘云波和高育良均是大学教授从政，有政治理想、老谋深算，三人均作风果断强硬、不贪财。原告提炼的人物性格是抽象的，比对的人物在作品中的角色、地位、作用也不同，在没有具体情节支撑的情况下，原告寻求《著作权法》保护单纯的人物关系显然是不恰当的。

三、情节

小说讲述的故事源于生活，但又非真实生活的再现。故事情节是小说的核心，往往虚构的成分较多，比现实生活中的事件更加突出、完整和具有代表性。与人物相结合的、足够具体的、具有独创性的故事情节属于《著作权法》的保护对象。如果是思想层面的相似则不受《著作权法》保护。在相似的主题下，存在一定的相似情节属于正常现象，而且我们也应当允许合理的借鉴。

本案中，原告将其主张作品相似的具体情节分为四个方面，包括老国营厂命运发展、男主人公腐败变迁过程、男主人公夫妻关系变化、其他相似情节。在上述四个方面下又提炼了多个情节。经比对，原告主张的相似情节，或提炼不准确，或是公有领域的素材如夫妻从恩爱到感情淡漠，或将具体表达剥离后抽象出单纯的情节如官员沉迷美色而导致腐败等，这些情节的提炼都脱离了具体的人物关系、事件走向，过于概括抽象，对情节进行填充的表达更不相同，不足以使读者产生两部作品相似的感受。因此，两部作品具有独创性表达的具体情节并不存在实质性相似之处。

《著作权法》对作品的保护及于表达，但不延及思想。从上述分析可知，本案中原告虽将两部作品的结构、人物、情节等进行了详细的比对，但其比对均未结合逻辑关系和具体的事件，而是零碎地提取出其中抽象的内容，这些内容或归纳不准确，或不属于受《著作权法》保护的具有独创性的表达。因此，两部作品既不存在文字表达上的字面相似，也不存在作品整体结构、具体情节、人物关系等具体表达上的非字面相似，被告作品未侵害原告作品的著作权。

【典型意义】

近年来，因热门小说、影视等文学艺术作品而发生的著作权侵权纠纷频发，引发热议，本案是涉及知名反腐作品《人民的名义》被诉侵犯著作权纠纷案。本案详细论述了题材类似的小说作品实质性相似的判断规则，通过整体结构、作品具体情节、人物关系和人物设置等比对后，认定涉案小说及同名电视剧与原告小说《暗箱》不构成实质性相似。本案获评 2020 年度上海十大版权典型案例，入选 2019 年度中国版权行业十大热点案件。中国教育电视台针对本案制作了专题节目《热播剧侵权官司》，于 2020 年 1 月播出。

【案例索引】

案号：

一审：上海市浦东新区人民法院（2017）沪 0115 民初 84551 号（2019 年 4 月 24 日）

二审：上海知识产权法院（2019）沪 73 民终 268 号（2020 年 9 月 2 日）

审判组织：

一审：金民珍、徐俊、倪红霞

二审：胡宓、杜灵燕、易嘉

编写人：倪红霞

02

体育赛事直播节目的司法保护路径

——央视国际公司与上海聚力公司著作权侵权及不正当竞争纠纷案

裁判要旨

足球赛事直播节目作为连续画面的一种是否构成《著作权法》意义上的作品，其判断标准是独创性的有无而非独创性的高低，将独创性的高低作为判断连续画面是否构成作品的标准并无法律依据且给权利的保护带来较大的不确定性。通过机位的设置、镜头的切换衔接、“蒙太奇”手法的运用、慢动作的回放、精彩镜头的捕捉、故事的塑造等，导播人格因素在节目制作过程中显露无遗。足球赛事直播节目充分体现了创作者在其意志支配下对连续画面的选择、编辑、处理，具有独创性，可以认定为《著作权法》意义上的类电影作品（视听作品）。

基本案情

原告：央视国际网络有限公司

被告：上海聚力传媒技术有限公司

原告央视国际网络有限公司经欧洲足球协会联盟和中央电视台（以下简称CCTV）的授权，在中国（除台湾地区）享有独占通过信息网络，在线播放由CCTV制作、播出的“2016欧洲足球锦标赛”赛事电视节目的权利。原告发现，被告未经许可，在其经营的网站“PPTV聚力”（www. pptv. com）中，通过信息网络，向公众提供原告享有权利的2016年欧洲足球锦标赛“法国VS罗马尼亚”“瑞士VS阿尔巴尼亚”两场足球赛事节目的网络实时转播服务。被告还在“PPTV聚力”网站首页设立“2016年法国欧洲杯”专题页面，向公众推荐涉案被诉侵权作品。

原告认为被告的行为已严重侵害了原告对涉案足球赛事节目的广播权或其他权利。同时,被告的行为亦分流了本属于原告网站的用户流量,构成对原告的不正当竞争。故请求法院判令被告赔偿原告经济损失及为维权支出的合理费用300万元。

被告上海聚力传媒技术有限公司辩称,首先,其对涉案足球赛事节目构成《著作权法》意义上的作品且属于类电影作品(视听作品)的定性没有异议,但其通过网络实时直播的方式播放涉案作品的行为并未侵害涉案足球赛事节目广播权,该行为涉及的权利应属于《著作权法》第十条第一款第(十七)项规定的"应当由著作权人享有的其他权利"。其次,在被告制作的"智取法兰西"节目中,涉案足球赛事节目以背景屏幕的方式予以呈现,是为了配合节目的录制而对涉案足球赛事节目的适当引用,属于合理使用。再次,被告录制的"智取法兰西"节目以竞猜、答题为主,与原告节目的受众、传播渠道均不同,二者不存在竞争关系,也不会给原告带来损失,不构成对原告的不正当竞争。最后,原告未能提供有效证据证明其获得涉案足球赛事节目所支出的成本,其主张的赔偿金额缺乏相应的证据证明。故请求法院驳回原告全部诉请。

【法院裁判】

上海市浦东新区人民法院经审理认为,本案争议焦点为涉案足球赛事直播节目是否构成《著作权法》意义上的类电影作品(视听作品);如构成类电影作品(视听作品),则涉案被诉行为侵害原告就涉案足球赛事节目所享有的何种权利类型。

第一,关于涉案足球赛事节目独创性的问题。涉案足球赛事节目作为经过素材选择、机位设置、画面的剪辑、编排等步骤,并融入回放、特效等因素,属于文学艺术领域的"独创性的表达",且具有可复制性,可以作为《著作权法》规定的类电影作品(视听作品)加以保护。理由如下:我国法律对类电影作品(视听作品)的构成要件做了详尽的规定,涉案足球赛事节目是否属于类电影作品(视听作品)的关键在于独创性以及固定性的认定。首先,我国《著作权法实施条例》规定,只有具备"独创性"的劳动成果才能成为《著作权法》意义上的作品。而《著作权法》对于电影和类电影作品(视听作品)独创性的要求,一般而言只要体现了作者的个性,满足最低限度独创性的要求即可,并非将独创性的高低作为判断电影和类电影作品(视听作品)与录像制品的标准。其次,从当前足球赛事现场直播的产业实践来看，直播的足球赛事节目始终处于可复制的状态，数字信号承载的连续画面确定可感知。从涉案足球赛事直播节目的摄制过程来看，在节目进行过程中，球场上一旦出现犯规、进球，导播通常立即插播犯规、进球的回放镜头，该回放镜头亦可充分说明涉案足球赛事节目在摄制同时即实现了固定，符合我国《著作权法》类电影作品（视听作品）“摄制在一定介质上”即固定性的要求。

第二，关于侵害作品的权利类型的问题，涉案侵权行为既不属于广播权控制的行为，也不属于信息网络传播权控制的行为，而是侵害了原告对涉案足球赛事节目“应当由著作权人享有的其他权利”。理由如下：首先，根据我国 2010 年《著作权法》第十条①的规定，广播权是以无线方式公开广播或者传播作品，以有线传播或者转播的方式向公众传播广播的作品，以及通过扩音器或者其他传送符号、声音、图像的类似工具向公众传播广播的作品的权利。此处的“有线转播”仅限于将无线广播信号通过有线电缆传送给特定区域的受众，并不包含互联网转播。尽管广播权的内涵和外延存在法律解释的空间，但这种解释应当尊重既有的产业格局，不宜破坏现有的利益平衡。其次，我国《著作权法》仅规定了属于交互式传播的信息网络传播权，并未规定“向公众传播权”。涉案足球赛事的互联网实时转播属于非交互式传播。因此，应认为涉案侵权行为侵害了原告对涉案足球赛事节目“应当由著作权人享有的其他权利”。

基于此，上海市浦东新区人民法院依法认定涉案足球赛事节目构成《著作权法》意义上的类电影作品（视听作品），被告未经原告许可侵害了原告就涉案足球赛事直播节目享有的其他权利，遂判决被告赔偿原告经济损失及合理开支共计 220 万元。被告不服一审判决提起上诉。二审法院驳回上诉，维持原判。

【案例评析】

随着互联网技术的发展，作品的传播方式发生了巨大的变化。从前互联网时代的《伯尔尼公约》到互联网时代的《世界知识产权组织版权条约》，作品传播方式的变化打破了版权各项权利类型的既有边界。在我国现行《著作权法》语境下，足球赛事直播节目应通过《著作权法》还是《反不正当竞争法》加以保护、电

---

① 现为《著作权法》第十条第一款第（十一）项规定：“广播权，即以有线或者无线方式公开传播或者转播作品，以及通过扩音器或者其他传送符号、声音、图像的类似工具向公众传播广播的作品的权利，但不包括本款第十二项规定的权利。”

影和类电影作品(视听作品)独创性的认定应采用何种标准、足球赛事直播节目是否系著作权法意义上的作品等问题在理论界和司法界仍存在较大争议。

一、足球赛事直播节目的保护路径——《著作权法》抑或《反不正当竞争法》

从进入司法领域的案件来看,足球赛事直播节目的保护路径在《著作权法》与《反不正当竞争法》之间摇摆。学者对此亦众说纷纭、莫衷一是。笔者认为,作为智力成果的一种,足球赛事直播节目属于《著作权法》规制的范围,《反不正当竞争法》并非解决此类纠纷的适当路径。

首先,从《著作权法》和《反不正当竞争法》的适用关系来看。关于知识产权专门法和《反不正当竞争法》的关系,最高人民法院曾指出,要妥善处理好知识产权专门法与《反不正当竞争法》的关系,在激励创新的同时,又要鼓励公平竞争。《反不正当竞争法》补充保护作用的发挥不得抵触知识产权专门法的立法政策,凡是知识产权专门法已作穷尽性规定的领域,《反不正当竞争法》原则上不再提供附加保护,允许自由利用和自由竞争,但在与知识产权专门法的立法政策相兼容的范围内,仍可以从制止不正当竞争的角度给予保护。从上述司法政策可知,《反不正当竞争法》所提供的保护不能与《著作权法》立法政策相抵触。凡是《著作权法》已作穷尽性规定的领域,《反不正当竞争法》不应当再提供附加保护。当前,我国学术界及司法界对足球赛事直播节目的性质主要有作品、录像制品、广播信号三种意见。但无论是通过作品的著作权还是录像制作者权、广播组织权的相关邻接权加以保护,足球赛事直播节目均可以在也应该在《著作权法》框架内予以解决,足球赛事直播节目的保护属于《著作权法》已作穷尽性规定的领域,《反不正当竞争法》不应再提供附加保护。

其次,从足球赛事直播节目交易特点来看。通过《反不正当竞争法》规制足球赛事直播节目,将给足球体育赛事以授权、许可为核心的市场交易带来极大不稳定。《著作权法》系权利保护法,著作权及相关权利的权利内容和保护范围均有明确的法律规定,其具有清晰的权利边界,且系具有排他性的对世权。而《反不正当竞争法》系行为规制法,其保护的系未上升为权利的法益,其系因其他经营者的不当行为所触发的被动性保护,其保护的范围、内容需个案认定。故适用《反不正当竞争法》对足球赛事直播节目进行保护,只是一种消极的权益保护,而非积极的赋权保护。这种消极的权益保护无法满足足球赛事直播节目许可市场以权利为前提的授权机制的需求,不能为足球赛事直播节目的许可、转让等流转提供必要的法律保障。

最后,从履行国际条约的义务来看。我国已于2006年批准加入《世界知识产权组织版权条约》,该条约规定作者享有"向公众传播权",即以授权将其作品以有线或无线方式向公众传播,包括将其作品向公众提供,使公众中的成员在其个人选定的地点和时间可获得这些作品,此处的"向公众传播权"明显包括通过网络直播的方式进行的传播。因此,将足球赛事直播节目的网络直播纳入《著作权法》的调整范围亦是全面履行加入国际条约义务的应有之义。

因此,无论是从法律适用的顺位关系、市场交易特点还是从履行加入国际条约的义务等方面来看,足球赛事直播节目均可以也应该在《著作权法》框架内予以保护。

二、足球赛事直播节目的性质认定——作品抑或制品

我国《著作权法》将连续画面分为作为著作权保护的电影和类电影作品(视听作品)以及作为邻接权保护的录像制品。据此,实践中出现了电影和类电影作品(视听作品)与录像制品的区别在于独创性的有无还是独创性的高低的争议。对此,笔者认为,电影和类电影作品(视听作品)与录像制品作为动态连续画面,其区别仍在于独创性的有无而非独创性的高低。

首先,将独创性的高低作为判断连续画面是否构成作品的标准并无法律依据。我国《著作权法实施条例》第二条仅将独创性的有无作为判断是否构成《著作权法》意义上的作品的条件,并未对独创性高低提出要求。诚然,根据作品的类型、表达形式、创作手段的不同,判断某种类型作品是否具有独创性的元素、角度、方式、侧重点可能有所不同,如文字作品着重于考量人物、情节与故事背景,美术作品更多关注线条、色彩、形状,而音乐作品则更侧重旋律、和声、节奏等。但是否构成作品的法定标准应当只有一个,那就是独创性的有无。

其次,将独创性的高低作为判断标准将给权利的保护带来较大不确定性。正如美国著名大法官霍姆斯所言,由仅仅受过法律训练的法官来判断作品的价值是件危险的事情。由于每位法官的年龄、受教育程度、美学修养、生活阅历等不同,其对作品创作高度和艺术价值的理解可能也不同。如果作品独创性的高低最终需要法官来裁判,很有可能会出现一位法官认定某作品独创性高而另一位法官认定该作品独创性低甚至缺乏独创性的现象。如此,将给法律适用的统一性带来极大困难,权利保护也由此存在较大不确定性。

最高人民法院在《关于充分发挥知识产权审判职能作用推动社会主义文化大发展大繁荣和促进经济自主协调发展若干问题的意见》中指出:"要妥善处理

作品的独创性与独创高度的关系,既维护给予作品著作权保护的基本标准的统一性,又注意把握各类作品的特点和适应相关保护领域的特殊需求,使保护强度与独创高度相协调。要妥善适用著作权法有关著作权的概括性规定,及时保护创作者的新权益。”故笔者认为,在处理独创性有无与独创性高低的关系上应坚持以下三项规则:一是给予作品著作权保护的基本标准原则上是统一的,只要体现作者的个性就满足独创性的最低要求;二是作品独创性的高低关系作品的保护强度,而非给予作品著作权保护的条件;三是《著作权法》要给保护创作者的新权益留下足够的空间。

最后,涉案足球赛事直播节目独创性分析路径。如前,一连续画面是否属于《著作权法》意义上作品的判定标准是独创性的有无,且在判定中仍应坚持体现作者个性的最低独创性要求。那么如何判定一连续画面是否具有了最低的独创性要求?对此,笔者认为,对连续画面客体性质的判定可以遵循这样一个层进式方式展开:最底层为固定机位拍摄的有伴音或无伴音的连续画面,如交通摄像头拍摄的监控画面,或者绑在动物身上的摄像头录制的画面。该类连续画面未经过拍摄人的任何选择,属于机械录制,故该类画面应为录像制品。上一层为使用少量镜头及简单镜头切换、无拍摄内容上的构思及镜头衔接上的创作的连续画面,如课堂教学录像、名人演讲视频、风景画面录像等。该类连续画面尚未体现创作者的智力投入和画面取舍,系以忠实记录、还原拍摄内容为目的的连续画面,仍属于录像制品的范畴。再上一层,运用多镜头,实现了拍摄画面镜头景别的变化,画面的调度、选择,画面剪切的连续性,节奏的变化,声音与画面的搭配等效果。该层次的连续画面是录像制品与作品的分界线,该类连续画面体现了创作者对连续画面的选择、编辑、处理,反映了创作者的个性,可以构成《著作权法》意义上的类电影作品(视听作品)。最上层为有明确的创作意图并将创作意图完美呈现的视频类艺术作品,该类作品充分体现作者的创作意图和连续画面的美感,熟练并专业运用多景别拍摄技巧,镜头连续性上达到专业水准、注重“蒙太奇”效果的使用、画面和声音之间的艺术搭配等,典型代表为高水准的电影创作等。

涉案足球赛事节目通过多机位的设置、镜头的切换、慢动作的回放、精彩镜头的捕捉、故事的塑造,并加以导播创造性的劳动,充分体现了创作者在其意志支配下的对连续画面的选择、编辑、处理,故根据上述层进式判断方法,可以将其认定为《著作权法》意义上的类电影作品(视听作品)。

三、判断足球赛事直播节目是否具有独创性应当避免的误区

首先，不能因为摄制者无法控制比赛本身的比赛进程、运动员动作、比赛结果等客观情况，就否定其拍摄的独创性。正如摄影师不能控制非洲草原上老虎的捕猎进程、运动方向、捕猎结果等，但其拍摄并剪辑完成的《动物世界》无疑可构成《著作权法》保护的作品。

其次，不能将体育赛事与体育赛事节目等同起来。比如，体操运动员表演的艺术体操和花样滑冰运动员表演的花样滑冰虽然都是《著作权法》保护的“表演”，但若前述“表演”是由一台固定摄像机摄录且未进行剪辑，或者是运动场内的监控录像，那么该“表演”节目也会因为其独创性较低甚至没有独创性而不能认定为作品。与此相反，摄影师拍摄城市交通早晚高峰主题的纪录片，虽然镜头中拥堵的车流和地铁中密集的人群都不是在“表演”，但据此拍摄的纪录片仍是《著作权法》保护的作品。

最后，足球赛事直播节目构成《著作权法》意义上的作品并不意味着所有的体育赛事节目均构成作品。大型足球赛事直播节目通过机位设置、镜头的切换、“蒙太奇”手法的运用、慢动作回放、精彩镜头的捕捉、故事的塑造以及导播自身风格的融入，已具有了区别于普通录像制品的显著特征，特别是随着 VR、AR 等现代技术手段在转播中的应用，相信足球赛事转播的创作空间和独创性水平会进一步提高。但是，体育赛事节目类型多样，它既包括 NBA、足球比赛、奥运会开幕式等大型比赛活动的转播，也包括如跳高、跳远、举重等纯竞技项目的转播。因此，一项体育赛事节目是否构成《著作权法》意义上的作品，仍需根据是否符合最低独创性的标准进行个案判断。

笔者认为，知识产权制度具有公共政策性，著作权制度作为知识产权制度重要的组成部分，其自身的产生、发展必然要遵循知识产权公共政策性这一本质特征。著作权制度既不可能凭空产生，也不可能通过多方模仿、借鉴而达到成熟。著作权制度只有扎根于它所要服务的社会，随着社会的变迁而不断调整、适应才能达到调整各方利益、促进产业发展和社会进步的目的。

【典型意义】

本案系涉体育赛事直播节目的典型案件。近年来，我国体育产业发展迅速，市场规模持续增长。但在知识产权保护领域，体育赛事直播节目的定性和保护路径在理论界和司法界颇具争议，不同法院作出的判决存在较大差异。在此背

景下，本案判决从我国参加的国际条约、《著作权法》基本理论和产业实践出发，对体育赛事直播节目的性质、保护路径和方式进行了详细的论述，说理充分，对人民法院审理此类案件具有较强的指导意义。本案的审理、宣判引起理论界、实务界和产业界的极大关注，中央电视台、广东电视台、东方卫视等电视媒体，《人民法院报》《中国知识产权报》纸质媒体对该案进行了深度报道。上海电视台新闻综合频道根据该案制作专题法制节目“盗播风云”。该案是全国首例认定体育赛事构成视听作品的案件，本案庭审被评为“第三届全国法院百场优秀庭审”。

【案例索引】

案号：

一审：上海市浦东新区人民法院（2017）沪 0115 民初 88829 号（2020 年 4 月 8 日）

二审：上海知识产权法院（2020）沪 73 民终 581 号（2021 年 4 月 20 日）

审判组织：

一审：金民珍、徐俊、姜广瑞

二审：张本勇、杨韡、范静波

编写人：姜广瑞

03

IPTV 平台直播体育赛事行为的侵权认定

——咪咕公司与安徽联通著作权侵权纠纷案

裁判要旨

1. 结合节目画面拍摄中的机位设置、同类场景的不同镜头表达方式、慢动作回放、特写镜头、现场精彩镜头捕捉等各方面判断，排超赛事节目符合《著作权法》意义上类电作品的独创性要求而构成作品。

2. 中国排球协会作为赛事主办方，在章程中宣示其权利且在向下层层授权时未放弃权利，系赛事著作权主体。

3. 授权链条上游的排球之窗在授权原告独占性享有 IPTV 平台播放权后，又授权被告的上级内容来源方中视体育央视新媒体播放权，对该权利从排球之窗与中视体育之间协议的签订背景、约定内容、当事人意思表示和履行行为等角度进行解读，并不包括 IPTV 平台播放权。

基本案情

原告：咪咕视讯科技有限公司（以下简称咪咕公司）

被告：中国联合网络通信有限公司安徽省分公司（以下简称安徽联通）

原告咪咕公司诉称，其通过排球协会—体育之窗—排球之窗层层授权独占性获得了“2019～2020 中国女子排球超级联赛第二阶段第九轮——辽宁华君 VS 天津渤海银行”比赛（以下简称涉案赛事）的全部全媒体权利（包括 IPTV 平台播放权），被告在其经营的安徽联通 IPTV 平台的“CCTV5＋体育赛事”频道直播了涉案赛事，侵害了其享有的著作权中的其他权利，故诉至法院，要求被告承担赔偿经济损失及合理费用 31 万元的侵权责任。

被告安徽联通辩称，其不认可涉案赛事节目构成作品，同时认为，即使构成作品，其制作方中视体育也因受托制作时未明确约定著作权归属而成为著作权人，且涉案赛事在IPTV平台上的播出正是中视体育行使其拥有的央视新媒体播放权，同时，被告在整个过程中仅负责信号传输和技术保障等基础电信服务，故请求法院驳回原告诉请。

上海市浦东新区人民法院一审查明：中国排球协会在《中国排球协会章程》明确了其作为排超赛事主办方拥有通过电视或广播对排超赛事进行直播和录播的播放权。2019～2020排超赛事相关知识产权的使用及许可第三方再使用的权利经历了从排球协会—体育之窗—排球之窗层层授权的过程。2018年1月18日，排球之窗将联赛全部全媒体权利、维权权利等在中国地区独占性授权给咪咕公司，特别明确了全媒体的授权包括了IPTV。2020年10月20日，排球之窗出具《权利确认函》，再次强调了2018年1月18日对咪咕公司的授权是独家的，包括IPTV。排球之窗、中视体育于2019年11月签订合作协议，该协议"鉴于"部分载明排球之窗拥有2016～2021中国排球超级联赛五个赛季的完整知识产权。该协议同时约定，排球之窗将其拥有的标的赛事版权中的卫视独家版权及央视新媒体播放权授予中视体育，对于央视新媒体播放权，协议表述为"即中央电视台相关新媒体、数字平台直播、延播、重播、点播权利"，未具体细化。该协议还约定，中视体育负责制作并播出部分场次。2019年12月14日，在被告经营的IPTV平台的"CCTV5＋体育赛事"频道直播了涉案赛事。

【法院裁判】

上海市浦东新区人民法院经审理认为，从赛事性质来看，涉案赛事在机位设置、同类场景的不同镜头表达方式、慢动作回放、特写镜头表达人物情绪、现场精彩镜头捕捉等各方面，都符合类电作品独创性的要求。从作品权利人来看，排球协会作为赛事主办方，在向下层层授权时，并未放弃自身所拥有的知识产权，系涉案赛事的著作权人，否定了中视体育因制作赛事而成为著作权人的观点。从咪咕公司和中视体育先后获得排球之窗的授权情况来看，该案中，原告授权链条上游的排球之窗，在授权原告独占性享有包括IPTV平台播放权在内的全媒体权利之后，又授权被告的上级内容来源方中视体育卫视独家版权和央视新媒体播放权。由于央视新媒体播放权并非法定概念，合同中亦未对其进行细化和明确，故从排球之窗与中视体育之间合作协议的签订背景、约定内容、当事人的意思表示和履行行为进行解读,最终认定央视新媒体播放权在合作协议中的含义,并不包括 IPTV 平台播放权。被告并非单纯的 IPTV 信号传输方,应对外承担侵权责任。

咪咕公司、安徽联通不服一审判决,向上海知识产权法院提起上诉。

咪咕公司上诉称,一审法院判赔金额过低,不仅不足以弥补咪咕公司的经济损失,也无法达到制止侵权的震慑效果,故请求依法改判全额支持咪咕公司在原审中主张的经济损失 30 万元。

安徽联通辩称,咪咕公司并不享有涉案赛事节目著作权,安徽联通经合法授权播放涉案赛事节目,不构成侵权。

安徽联通上诉称,(1)咪咕公司对涉案赛事节目享有著作权的认定系事实认定错误;(2)中视体育有权就其制作的涉案赛事节目在央视新媒体平台进行直播,安徽联通 IPTV 平台系央视新媒体平台,该平台上关于涉案赛事节目的播出行为合法正当;(3)在咪咕公司没有证据证明合理支出的情况下,一审判决全额支持咪咕公司合理费用主张缺乏依据。故请求撤销一审判决第一项、第二项,驳回咪咕公司全部诉讼请求。

咪咕公司辩称,(1)中国排球协会作为涉案排球赛事的管理、组织者,为中国女子排球超级联赛原始版权方,咪咕公司经由合法授权,依法独家享有涉案赛事通过 IPTV 等新媒体的方式进行直播的权利,安徽联通主张中视体育为涉案赛事节目原始权利人,以及涉案赛事不落入咪咕公司获得的授权客体范围均没有事实及法律依据;(2)安徽联通关于涉案赛事节目合法源于中视体育的主张缺少权利基础,且无法形成完整授权链,安徽联通亦非仅提供基础电信服务的技术中立方,其为涉案 IPTV 平台实际运营方,未经授权在其运营的 IPTV 平台上直播涉案赛事,无相应法定免责事由,构成侵权;(3)咪咕公司为维权支出差旅费、公证费、律师费等,一审法院根据相应情况酌定合理费用为 1 万元,认定事实正确。

上海知识产权法院经二审,确认了一审查明的事实。

另查明:咪咕公司一审提交的证据显示,央视网 2014 年 9 月 5 日发布的文章《观点:一张图看懂央视新媒体》中记载,央视新媒体涉及电视端(二维码等多屏互动)、PC 端(央视网、CBOX 客户端)、移动端 App(央视新闻、央视影音、央视体育、央视悦动)、社交媒体(频道栏目微博、频道栏目微信)。网易网 2014 年 11 月 7 日发布的文章《央视付费频道“无缘”IPTV》中记载,IPTV 停播央视 3、5、6、8 加密频道,互联网电视、视频盒子再遇“生死劫”。

上海知识产权法院二审认为,本案争议焦点主要是咪咕公司的诉讼主体是否适格,安徽联通是否构成侵权,以及一审判赔金额是否合理。二审法院经审查认为,咪咕公司提供了其享有涉案赛事的全部全媒体权利的完整授权链条,中视体育是否制作了涉案赛事节目,并不影响咪咕公司根据授权享有的著作权,咪咕公司是本案适格的诉讼主体;根据一审查明的事实以及咪咕公司提交的央视新媒体的网页介绍,安徽联通主张央视新媒体包括 IPTV 欠缺依据,其行为构成侵权;鉴于没有证据证明咪咕公司因侵权行为遭受的损失或者安徽联通的违法所得,一审法院综合考虑涉案赛事的类型、安徽联通经营平台的经营规模、影响力、安徽联通的主观过错程度、侵权行为的存续时间、侵权所涉地域范围、维权支出的合理性等因素,酌情确定判赔经济损失和合理费用的金额,并无不当,予以确认。综上所述,上诉人咪咕公司、安徽联通的上诉请求均不能成立,应予驳回;一审判决认定事实清楚,适用法律正确,应予维持。最终,二审驳回上诉,维持原判。

【案例评析】

本案系针对未经授权在 IPTV 平台接入直播频道进行体育赛事直播行为侵权认定的全国首例判决,对进一步规范体育赛事在 IPTV 等新媒体端口的传播具有重大意义。本案的争议焦点集中在三个方面:

一、体育赛事节目独创性的认定

体育赛事节目是否构成《著作权法》意义上的作品,一直存在争议,争议背后体现了对作品获得《著作权法》保护的门槛设定。无论是之前的《著作权法实施条例》还是 2020 年《著作权法》,其有关作品独创性的条文都表述为“具有独创性”,明显采纳独创性有无而非独创性高低的标准。以独创性有无来考察体育赛事节目是否构成作品,要结合节目画面拍摄中的机位设置、同类场景的不同镜头表达方式、慢动作回放、特写镜头、现场精彩镜头捕捉等各方面来判断制作者在呈现比赛内容的过程中,是否存在表达方式上智力投入方面的独创性(巧思、个性),如有,则构成作品(2010 年《著作权法》语境下的类电作品,2020 年《著作权法》语境下的视听作品)。本案针对被告否定涉案赛事节目作品性质的抗辩,具体分析了其所具备的表达上的独创性,在此不再赘述。特别需要说明的是,将体育赛事节目纳入《著作权法》作品保护范围，丰富了著作权内涵[①]，且与节目制作巨大的商业投入相匹配，亦能满足体育赛事许可市场以权利为前提的授权机制规范和发展的需求，符合法律和实践双逻辑。当然，并非任何体育赛事节目都能构成作品，如单一机位的机械录制可能产生录音录像制品。

二、体育赛事节目著作权的归属及IPTV直播播放权的性质

被告不认可作为赛事主办方的排球协会拥有涉案赛事的著作权，认为被告上游权利来源方（中视体育）系涉案赛事的制作者，应为著作权人。实践中，赛事主办者通常不会直接制作节目，而会层层向下授权，最终节目的制作者往往系授权链条中的某一主体所委托的专业制作团队。此时，赛事节目的原始著作权人是赛事主办方还是具体制作方，不能一概而论，需结合实际情况进行法律层面上的分析。首先，赛事主办者不能仅在赛事章程、赛事规则等无法直接约束受托制作人的法律文件中单方宣示对赛事视频享有著作权，而应当在层层授权中明确其著作权人的地位，特别应在具体的赛事视频委托制作合同中与赛事摄制方明确约定著作权的归属，否则摄制方可能因其摄制行为而成为著作权人。本案中，排球协会作为赛事主办方，在章程中宣誓其著作权人地位的同时，在向下层层授权时，并未放弃自身所拥有的知识产权，排球之窗与中视体育的委托制作合同中，也明确约定了著作权的归属，故法院对中视体育因制作赛事而成为著作权人的观点予以否定。赛事主办者享有所主办赛事的著作权，是其拥有体育赛事节目的商业开发和缔约权的逻辑前提，不但能够促进体育产业内部市场化改革的推进与新经济增长点的培育，而且在外部关系上能够使媒体产业依据合同取得对抗第三方侵权的救济依据，从而为与体育赛事转播权开发有关的经营者提供必要

---

① 体育赛事节目构成作品或者录音录像制品，其所对应的权利体系和产生的法律效果迥异：构成作品的情况下，权利人将获得包括发表权、署名权、广播权、信息网络传播权、摄制权、改编权、其他权利等在内的完整开放的权利体系；而构成录音录像制品的情况下，权利人仅能获得复制权、发行权、出租权、通过信息网络向公众传播并获得报酬权、广播组织权等封闭的邻接权。可以预见，单纯的邻接权无法为节目传播和开发提供周延的法律保护，如缺乏广播权或其他权利应对未经许可的网络直播、转播行为；如广播组织权，其主体不包括网络广播组织，权利性质仅为禁止权；如权利人利用该赛事节目制作游戏、MV、开发广告等都将缺乏法律上的权利基础。

且全面的制度保障。[①] 这种认定,同样体现了法律逻辑、实践逻辑的双统一。

IPTV 直播播放权在 2010 年修正的《著作权法》法律框架内,是在信息网络条件下进行的,故不属于广播权规制范围;同时,IPTV 直播也不能以交互式方式使用户通过互联网在任意的时间、地点获得节目,故该行为亦不属于信息网络传播权的范畴,但仍应受我国《著作权法》保护,属于"应当由著作权人享有的其他权利"。在 2020 年修正的《著作权法》法律框架内,则应属于广播权范畴。因为 2020 年《著作权法》将"广播权"的范围从"无线广播 + 以有线或无线方式转播"扩大为"以有线或者无线方式公开传播或者转播",这一修改使普遍存在的网络非交互式传播行为(如本案的 IPTV 直播行为)落入广播权的涵射范围。

三、先后授权情形下的合同条款解读

实践中体育赛事节目授权链条一般较为复杂,往往不是赛事主办者直达传播者的,中间还有赛事运营机构等主体,链条越长,出现交叉分支的可能性越大。此时,正确解读授权条款对厘清各方权利边界显得十分必要。本案中,原告授权链条上游的排球之窗,在授权原告独占性享有包括 IPTV 平台播放权在内的全媒体权利之后,又授权被告的上级内容来源方(中视体育)央视新媒体播放权。由于央视新媒体播放权并非法定概念,合同中亦未对其进行细化和明确,故只能从排球之窗与中视体育之间合作协议的签订背景、约定内容、当事人的意思表示和履行行为进行解读:排球之窗在明确授权原告独占性享有包括 IPTV 平台播放权在内的全媒体权利之后,客观上不可能再将该权利授予其他任何一方,从排球之窗与中视体育签订的合作协议内容看,亦未对央视新媒体概念进行细化和明确,结合 2020 年 10 月 20 日排球之窗出具的《权利确认函》,排球之窗再次明确了其将 IPTV 播放权独家授予原告、未授予任何第三方的主观意图。综上,央视新媒体播放权在合作协议中的含义,并不能包括 IPTV 平台播放权,因此,被告关于其

---

① 我国目前的法律框架下,体育赛事主办方并非当然的赛事节目著作权人,但其作为赛事节目的著作权人,是符合产业发展趋势的。2018 年 12 月 11 日,《国务院办公厅关于加快发展体育竞赛表演产业的指导意见》公布,其中的(十六)提道:"……完善与体育赛事相关的法律法规,加强对体育赛事相关权利归属、流转及收益的保护。赛事相关权利归各级单项体育协会以及其他各类社会组织、企事业单位等合法办赛的赛事主办方所有……"2023 年 1 月 1 日起施行的《体育赛事活动管理办法》第二十五条第一款规定:"体育赛事活动的名称、标志、徽记、吉祥物、口号、举办权、赛事转播权和其他无形资产权利受法律保护,主办方和承办方可以进行市场开发依法依规获取相关收益,任何组织和个人不得侵犯。"尽管大趋势是认可赛事主办方的著作权人地位,然而在现有法律框架内,体育赛事主办方应在章程和授权实践中进行权利方面的宣告、规划和安排。

播放涉案赛事有合法权利来源的抗辩,法院不予采纳。我们假设涉案合作协议明确央视新媒体播放权包含 IPTV 平台播放权,被告也确实获得了中视体育合法的授权,那么,从授权先后顺序来看,排球之窗对同一权利进行先后重复授权,咪咕公司作为在先的被许可人取得 IPTV 播放权①,被告的播放行为尽管从定性上说同样构成侵权,然而被告的主观过错程度因有所不同而彻底影响相应赔偿责任的确定。此种认定,进一步提示体育赛事节目被授权方在授权合同签订时,需要进一步规范授权内容,明确获得授权播放的具体平台,如使用不具有固定法律内涵和公认实践内涵的词汇,可能产生相应的侵权责任风险。

【典型意义】

本案判决对体育赛事独创性认定、著作权归属、先后授权情况下的界限厘清等问题进行了有益的认定和探索,同时,该案系针对未经授权在 IPTV 平台接入直播频道进行体育赛事直播行为侵权认定的全国首例判决,对进一步规范体育赛事在 IPTV 等新媒体端口的传播具有重大意义。本案亦入选 2021 年度 AIPPI 中国分会版权十大热点案件、2021 年中国新文娱十大影响力案例、2021 年度上海版权十大典型案例。

【案例索引】

案号:

一审:上海市浦东新区人民法院(2020)沪 0115 民初 51653 号(2021 年 6 月 17 日)

二审:上海知识产权法院(2021)沪 73 民终 687 号(2021 年 12 月 15 日)

审判组织:

一审:宫晓艳、徐婷姿、姜广瑞

二审:凌崧、杨馥宇、陈瑶瑶

编写人:徐婷姿

---

① 2018 年 4 月 20 日公布的《北京市高级人民法院侵害著作权案件审理指南》第 3. 10 条规定:"【多重许可、转让的权属判断】受让人或者被许可使用人通过合同取得约定的著作权或者专有使用权,著作权人在合同约定范围内就相同的权利再次处分的,不予支持。著作权人对相同权利重复进行转让或者许可的,在能够查清先后顺序的真实情况下,认定在先受让人或者被许可使用人取得著作权或者专有使用权,但有相反证据的除外。"

04

有声读物网络传播平台的侵权责任认定

——腾讯公司与荔支公司著作权侵权纠纷案

裁判要旨

音频平台作为网络服务提供者,明知或者应知音频平台主播传播侵权音频,未采取制止侵权的必要措施,构成帮助侵权,应承担相应的民事责任。在认定主观上是否明知或应知时,应综合考虑权利作品的知名度、侵权规模、侵权音频的存在形式及上传者身份等因素。在认定是否采取制止侵权的必要措施时,应审查平台有无采取删除、屏蔽、断开链接等必要措施,或者提供技术支持等行为。

基本案情

原告:深圳市腾讯计算机系统有限公司(以下简称腾讯公司)

被告:广州荔支网络技术有限公司(以下简称荔支公司)

原告腾讯公司诉称,原告推出的"企鹅 FM"是中国互联网领域知名的网络电台服务平台。原告花费了大量资金采购版权、聘请主播录制并制作有声书。《三体》是一部具有极高知名度的科幻小说,曾获得科幻小说世界级的最高奖——"雨果奖",并曾获得"银河奖",入围"轨迹奖""星云奖"决选。《三体》已经被翻译成多种语言、出版到美国等 20 多个国家,其实体书发行量超过 2900 万册。2016 年 5 月,腾讯科技(深圳)有限公司与小说《三体》的作者刘慈欣签署《独家合作协议》,刘慈欣出具《授权书》。根据《独家合作协议》和《授权书》,原告获得了将文字作品《三体》录制成音频作品的独占性授权。原告有权对侵犯其独占性权利的行为进行维权。被告荔支公司开发、经营的"荔枝"应用软件,自称为"一款声音互动 App,致力于打造全球化的声音互动平台",其通过其官网和"荔枝"

应用软件提供了大量未经授权的《三体》有声小说的在线收听、播放、缓存下载服务。被告本身并未出资购买文字作品版权，而是通过非法手段提供了原告斥巨资而获取的具有极高知名度的有声小说，使众多网络用户不访问原告网站并下载原告的“企鹅FM”客户端即可获取《三体》有声小说，直接减少了原告通过其正版《三体》有声小说可获取的收益，导致原告网站访问量以及原告的“企鹅FM”客户端下载安装量下降，实现了“食人自肥”“损人利己”的目的，严重侵害了原告对涉案作品享有的著作权。相反，被告获得了广大网络用户的关注，得以吸引更多网络用户安装使用被告的“荔枝”软件，并进而获得了更多的收益。被告荔支公司在原告发送警告函严重警告的情况下，仍然对相关音频不采取下架措施，恶意十分明显。原告认为，被告的上述行为，严重破坏了网络电台市场现有的健康生态链及正常的商业秩序，侵害了原告的信息网络传播权、复制权、改编权及基于著作权享有的其他权利。故请求法院判令被告赔偿原告经济损失500万元及为维权支出的合理开支171,481.79元，并刊登声明，消除影响。

被告荔支公司辩称，(1)关于原告主张的荔支公司侵犯的权利，荔支公司认为用户将涉案小说录制成音频仅涉及复制权，不涉及改编权；涉诉音频均由用户录制，荔支公司作为平台方不涉嫌侵害原告的复制权；原告所获授权的网络传播权仅为信息网络传播权，但不含其他权利，即将作品进行直播的权利，原告无权针对直播行为主张任何权益。(2)荔支公司系信息网络存储空间服务提供者，涉诉音频由用户上传至荔枝App，荔支公司对用户上传的海量音频无事先审查的义务和能力，且在荔枝App显著位置提供了投诉渠道，尽到了平台方的合理注意义务。荔支公司为用户提供信息网络存储空间服务，并无事先监控的义务和能力。《荔支服务协议》第5.4条系为了便于用户使用平台提供的技术服务，便于用户对其上传的音频通过荔支平台进行推广，并非为了荔支公司对用户上传的音频进行实际使用，荔支公司亦并未使用用户上传的声音，不能据此约定推定荔支公司具有更高的注意义务。(3)原告自始未发送有效的通知，荔支公司已及时屏蔽涉案音频，不存在过错。(4)原告索赔金额过高，无事实和法律依据。本案不适用消除影响的责任承担方式。故请求法院驳回原告全部诉请。

法院经审理查明：文字作品《三体》《三体Ⅱ·黑暗森林》《三体Ⅲ·死神永生》的作者均为刘慈欣。2016年5月27日，腾讯科技（深圳）有限公司（甲方）与刘慈欣（乙方）签订《独家合作协议》，其中约定：乙方将文字作品授权给甲方，授权内容为《三体》三部。授权期限自2016年5月20日起至2020年5月19日止。

授权性质为独占性授权。授权使用方式为乙方将授权作品的录制成音频作品的权利独占性授予被授权方,被授权方有权在授权期限内将其改编录制成音频作品,改编录制完成后的音频作品的著作权及录音制作者权利归甲方永久所有。完成后音频作品以任何形式进行使用,包括录制现场直播、复制、信息网络传播等。甲方及其关联公司(包括腾讯公司,在本协议中统称为"甲方")有权按照本协议约定使用授权内容。乙方授权甲方以"腾讯公司"的名义对本协议授权范围内使用任何授权内容的侵权行为(以下简称盗版)追究法律责任。授权和盗版行为包括但不限于:(1)未经甲方和乙方许可将授权作品录制成音频作品或将未经许可录制的音频作品在任何领域(包括但不限于信息网络)进行复制、发行、传播;(2)未经甲方和乙方许可将甲方录制的关于授权作品之音频作品在任何领域(包括但不限于信息网络)进行复制、发行、传播。甲方可对包括但不限于前述的任何侵犯其独占性权利的行为进行制止和打击,甲方对授权作品之改编权、录制成音频作品的权利、信息网络传播权、音频作品之录音制作者权利可择一维权主张,亦可全部维权主张。2016 年 5 月 27 日,刘慈欣(授权方)与腾讯公司(被授权方)签订《授权书》,其中约定:授权作品为《三体》,作者刘慈欣,所授权利为被授权方可将授权作品录制成音频作品,以及经录制完成后的音频作品著作权之信息网络传播权。授权类型为独占性专有授权。授权期限为 2016 年 5 月 20 日至 2020 年 5 月 19 日;该授权期限届满不影响被授权方实施的维权行为。维权权利为被授权方有权以腾讯公司的名义制止、打击侵权和盗版行为。

在被告荔支公司运营的网页及荔枝 App 中搜索"三体",存在数十个主播账户上传的大量《三体》音频,部分为全集音频,播放量较大。部分主播为荔枝独家内容主播、荔枝成长主播、荔枝认证有声书主播。荔枝银牌独家直播主播"竹子竹子"于 2020 年 4 月 8 日在 iphone 端荔枝 App 中进行直播"刘慈欣科幻小说~女音讲述",直播内容包括《三体》小说的相关内容。荔支公司与用户之间的《荔枝个人直播协议及隐私协议》,约定用户在荔枝平台提供直播服务期间产生的所有成果(包括但不限于个人直播音频,及与本协议事项相关的任何文字、图片、音频等,以下统称"主播成果")的全部知识产权(包括但不限于著作权、商标权等知识产权以及相关的一切衍生权利)的所有权归荔支公司所有。荔支公司有权对上述知识产权成果进行自主使用并获得收益,包括但不限于编辑、推广、展示,或许可荔支公司网络合作伙伴使用,或提供给荔支公司其他用户搜索、收听、下载、分享等。荔支公司有权以自己的名义对上述用户让渡的知识产权进行单独维权，荔支公司主张权利过程中所需的任何文件，用户均应积极配合并提供。

2019 年 4 月、7 月及 2020 年 4 月、5 月，原告向被告发送《下线告知函》等要求对《三体》等链接停止侵权。被告荔支公司在收到原告通知后，未及时删除涉案音频，至 2020 年 5 月底才完成删除所有涉案音频的操作。

【法院裁判】

上海市浦东新区人民法院经审理认为，即使涉案被控侵权音频系网络用户上传，被告荔支公司仍构成间接侵权。在涉案权利作品具有较高知名度的情况下，相关音频内容侵害著作权的可能性极高，荔支公司对此应当承担更高的注意义务，应在平台的日常经营管理中及时发现。被告荔支公司在接到原告发送的侵权通知后未能及时作出删除、屏蔽侵权音频或断开链接等合理的反应。故被告荔支公司构成帮助侵权，应对涉案网络用户侵害作品著作权的行为承担侵权责任。

上海市浦东新区人民法院于 2021 年 6 月 3 日作出（2019）沪 0115 民初 85544 号民事判决，判决：（1）被告荔支公司于本判决生效之日起 10 日内赔偿原告腾讯公司经济损失人民币 500 万元；（2）被告荔支公司于本判决生效之日起 10 日内赔偿原告腾讯公司为制止侵权行为所支付的合理开支人民币 171，481.79 元；（3）被告荔支公司于本判决生效之日起 10 日内，就著作权侵权行为在其官网首页连续 15 日刊登声明，消除影响（声明内容须经本院审核）；（4）驳回原告腾讯公司的其余诉讼请求。

一审宣判后，荔支公司向上海知识产权法院提起上诉。上海知识产权法院于 2022 年 8 月 31 日作出（2021）沪 73 民终 818 号民事判决，驳回上诉，维持原判。

【案例评析】

流量经济时代对文化创意产业业态的影响巨大，知名作品的衍生有声书更是为平台带来了巨大流量。对知名度较高的作品全平台大规模侵权的行为，增加了知识产权权利人的维权难度，也对平台责任的司法认定提出挑战。《著作权法》修改前后，对于侵犯著作权行为的认定有所变化，在被告行为侵犯多项著作权时，应审慎处理。

一、音频作品信息网络传播权侵权中平台责任的认定

(一)平台性质的判断——侵权作品直接提供者和网络服务提供者

《最高人民法院关于审理侵害信息网络传播权民事纠纷案件适用法律若干问题的规定》第三条规定,“网络用户、网络服务提供者未经许可,通过信息网络提供权利人享有信息网络传播权的作品、表演、录音录像制品,除法律、行政法规另有规定外,人民法院应当认定其构成侵害信息网络传播权行为。通过上传到网络服务器、设置共享文件或者利用文件分享软件等方式,将作品、表演、录音录像制品置于信息网络中,使公众能够在个人选定的时间和地点以下载、浏览或者其他方式获得的,人民法院应当认定其实施了前款规定的提供行为”。

网络服务提供者是提供了侵权作品还是仅作为信息网络存储空间,需要从平台性质出发进行判断。本案中,一方面,被告荔支公司的《服务协议和隐私政策》中明确其提供信息存储空间服务和互联网直播服务;另一方面,原告腾讯公司取证的被控侵权音频节目,被告平台均标明了主播的名称。因此,在无相反证据的情况下,结合被告运营模式,能够认定荔支公司系网络服务提供者,相关音频由网络用户提供。

(二)侵权样态的判断——直接侵权与间接侵权

在侵权音频系由相关网络用户发布,网络服务提供者仅是通过其经营的平台提供了信息存储空间的网络服务,网络服务提供者不构成直接侵权。但即使涉案被控侵权音频系网络用户上传,网络服务提供者仍可能构成间接侵权。

《信息网络传播权保护条例》第二十二条规定,“网络服务提供者为服务对象提供信息存储空间,供服务对象通过信息网络向公众提供作品、表演、录音录像制品,并具备下列条件的,不承担赔偿责任:(一)明确标示信息存储空间是为服务对象所提供,并公开网络服务提供者的名称、联系人、网络地址;(二)未改变服务对象所提供的作品、表演、录音录像制品;(三)不知道也没有合理的理由应当知道服务对象提供的作品、表演、录音录像制品侵权;(四)未从服务对象提供作品、表演、录音录像制品中直接获得经济利益;(五)在接到权利人的通知书后,根据本条例规定删除权利人认为侵权的作品、表演、录音录像制品”。《最高人民法院关于审理侵害信息网络传播权民事纠纷案件适用法律若干问题的规定》第七条第二款规定,“网络服务提供者明知或者应知网络用户利用网络服务侵害信息网络传播权,未采取删除、屏蔽、断开链接等必要措施,或者提供技术支持等帮助行为的,人民法院应当认定其构成帮助侵权行为”。第九条规定,“人民法院应当

根据网络用户侵害信息网络传播权的具体事实是否明显，综合考虑以下因素，认定网络服务提供者是否构成应知：（一）基于网络服务提供者提供服务的性质、方式及其引发侵权的可能性大小，应当具备的管理信息的能力；（二）传播的作品、表演、录音录像制品的类型、知名度及侵权信息的明显程度；（三）网络服务提供者是否主动对作品、表演、录音录像制品进行了选择、编辑、修改、推荐等；（四）网络服务提供者是否积极采取了预防侵权的合理措施；（五）网络服务提供者是否设置便捷程序接收侵权通知并及时对侵权通知作出合理的反应；（六）网络服务提供者是否针对同一网络用户的重复侵权行为采取了相应的合理措施；（七）其他相关因素”。根据《著作权法》第四十二条第二款之规定，录音录像制作者使用他人作品制作录音录像制品，应当取得著作权人许可，并支付报酬。

本案中，可以从以下几个方面判断网络服务提供者是否构成间接侵权。

1. 涉案权利作品的知名度。涉案作品《三体》是中国最具知名度的科幻小说之一，具有很高的商业价值。在涉案权利作品具有较高知名度的情况下，被告荔支公司应当认识到著作权人通常不会允许他人在向公众开放的网络平台上免费传播其收费作品，其平台上的小说等音频内容系由作者自行上传或由网络用户取得著作权人许可后制作上传的可能性极小，相关音频内容侵害著作权的可能性极高，荔支公司对此应当承担更高的注意义务，应在平台的日常经营管理中及时发现。

2. 侵权音频的存在形式及上传者身份。本案中，大多数音频名称中直接标明“三体”或“刘慈欣”字样，部分主播对于《三体》是全集录制播放，在部分主播播放《三体》音频的页面下方含有“大家还在听”“你可能还喜欢”“优质播单推荐”的链接，链接的主播名称有的包含“三体”，被推荐链接的主播粉丝数达到几千人甚至上万人。被告平台有众多主播传播《三体》音频，有的主播系排名靠前的主播，如银牌独家直播主播、独家内容主播、优秀主播等。对于独家主播等有影响力的主播，荔支公司对其播出的内容有更高的注意义务。

3. 是否采取制止侵权的必要措施。原告腾讯公司自 2019 年 4 月 1 日即通过邮件向荔支公司发送侵权通知，并提供了刘慈欣出具的授权书及侵权音频列表，上述通知已构成有效通知。此后，腾讯公司又多次向荔支公司发送侵权通知。但被告平台仍有大量侵权音频，包括一些有影响力的主播在腾讯公司发出侵权通知后，均继续在平台提供《三体》音频。因此，荔支公司在接到原告发送的侵权通知后未能及时作出删除、屏蔽侵权音频或断开链接等合理的反应。

综上，网络服务提供者明知或者应知其平台主播传播侵权音频，其未采取制止侵权的必要措施，构成帮助侵权，应承担相应的民事责任。

二、音频作品著作权侵权的权利厘清

（一）改编权、复制权和信息网络传播权

音频作品被侵权的情况中，多涉及改编权、复制权、信息网络传播权等著作权权利。对于改编权，《著作权法》上的改编权是指“改变作品，创作出具有独创性的新作品的权利”。在保留原作品基本表达的情况下，通过改变原作品创作出新作品的行为，属于《著作权法》中规定的改编行为。如果侵权音频仅是针对权利作品仅进行朗读，朗读行为未改变文字表达的方式，不属于改编行为。如果侵权音频改变了原作品的基本表达，产生的新作品，则属于改编行为。对于复制权和信息网络传播权，《著作权法》上的复制权是指“以印刷、复印、拓印、录音、录像、翻录、翻拍、数字化等方式将作品制作一份或者多份的权利”，信息网络传播权是指“以有线或者无线方式向公众提供，使公众可以在其选定的时间和地点获得作品的权利”。在网站及应用程序上提供涉案作品的有声读物，同时包含了复制和信息网络传播行为，未经著作权人许可的，侵犯了著作权人对权利作品享有的复制权和信息网络传播权。

（二）网络直播侵犯音频著作权的权利类型判断

直播即直接播送，是一种向公众直接提供内容的实时传播行为。本案中，被控侵权行为系在直播间中朗读权利作品并通过网络进行公开播送的行为，该项传播行为的关键在于通过网络实时直播。网络实时直播采用了非交互式的传播方式，与信息网络传播权所控制的行为不同，公众不能在其个人选定的时间和地点获得作品，只能在指定的时间获得作品。在 2020 年《著作权法》修正之前，网络直播行为侵犯的权利类型不属于第十条第（一）项至第（十六）项中的任何一项，主要侵犯第十条第（十七）项“应当由著作权人享有的其他权利”，即“他项权”。2020 年《著作权法》修正之后，侵犯的权利应当归为《著作权法》第十条第（十一）项之“广播权”。

本案中，对于被告荔支公司是否构成侵权。被告荔支公司提供了主播的用户信息（包括手机号、姓名及身份证），该信息在被告后台显示，网页前台信息仅显示了直播名称及波段号，即使被告荔支公司提供的主播身份信息系真实，据此可以认定直播行为的实施者为相应主播，但被告荔支公司与用户之间的《个人直播协议及隐私协议》约定，用户在平台提供直播服务期间产生的所有成果（主播

成果）的全部知识产权（包括但不限于著作权、商标权等知识产权以及相关的一切衍生权利）的所有权归荔支公司所有。荔支公司有权对上述知识产权成果进行自主使用并获得收益，包括但不限于编辑、推广、展示，或许可荔支公司网络合作伙伴使用，或提供给荔支公司其他用户搜索、收听、下载、分享等。荔支公司有权以自己的名义对上述用户让渡的知识产权进行单独维权。并且荔支公司直播开设充值入口，向收听直播的用户提供充值赠送金币服务，《主播提现规则》规定了主播提现时，平台亦可以获得一定比例的费用。因此，被告未经原告许可，通过网络公开直播原告享有著作权的作品，直接实施了侵权行为，属于直接侵权行为。

三、超过法定赔偿最高限额判赔的考量因素

关于赔偿损失，因原告没有证据证明其因侵权所受到的损失或者被告因侵权所获得的利益，应适用法定赔偿。但如果综合案件多种因素，能够证明金额明显超过法定赔偿的最高限额时，可以在法定赔偿最高限额之上酌情确定赔偿数额。

1. 权利作品的知名度。《三体》的知名度很高，获得了多项国际奖项，特别是2015 年获得“雨果奖”最佳长篇奖以后，作品的知名度在更大范围内提升。特别是在音频 App 行业中，对于知名度较高的作品，向音频软件授权的费用通常较高，对于知名度不高的作品，授权价格则相对较低。

2. 侵权平台的规模及侵权具体事实。被告荔支公司的荔枝 App 规模很大，在音频软件行业内属于头部公司，注册用户、活跃用户及音频节目数量均较大。在如此大的平台上，本案中侵权主播数量多，部分主播粉丝数量多，特别是部分主播对《三体》进行了全集侵权，侵权的规模较大、播放量也很大。被告平台上的侵权行为集中在《三体》热度较高的时间段，在原告发送通知后仍继续侵权，也反映出其主观过错程度。

3. 关于赔偿金额的确定。对于难以证明权利人受损或者侵权人非法获利的具体数额，但有证据证明前述数额确已超过法定赔偿最高限额的，不应适用法定赔偿方法，而应综合全案的证据情况，在法定赔偿最高限额以上合理确定赔偿数额。

4. 侵权成本与侵权所获利益的综合考量。作为大型音频平台，实施如此大规模的侵权行为，虽然音频大部分是免费提供的，但被告获得的流量及其他利益是很大的，且侵权成本很低，不用付出授权费用就任意大规模、长时间使用权利作品。所以在确定赔偿金额的时候,要考虑判决的示范和导向作用,如果侵权付出的代价远远小于侵权获得的利益,将会助长侵权行为的发生和持续。本案的判赔应体现出严格保护知识产权,加大赔偿力度的价值导向。

【典型意义】

互联网时代催生了多元化的文化创意产业形态,有声书作为新兴的阅读体验渠道,孕育了大量音频平台。本案涉案作品《三体》曾获第73届"雨果奖"最佳长篇小说奖,具有较大社会影响力。在对权利作品全平台大规模侵权时,音频平台侵权责任的认定标准需要明确,对音频平台侵权责任的认定以及在确定判赔金额时,应坚持严格保护知识产权、加大赔偿力度的价值导向。该案的判决有助于规范有声书翻录、播出行为,强化平台主体责任,督促平台完善内部版权监控和管理机制,从而促进新兴文化业态的有序发展。本案获评2021年度上海版权十大典型案例。

【案例索引】

案号:

一审:上海市浦东新区人民法院(2019)沪0115民初85544号(2021年6月3日)

二审:上海知识产权法院(2021)沪73民终818号(2022年8月31日)

审判组织:

一审:倪红霞、王潇、林新建

二审:吴盈喆、邵勋、叶菊芬

编写人:王潇

05

卡牌类游戏规则的作品定性

——杭州游卡公司与常游公司等著作权侵权及不正当竞争纠纷案

裁判要旨

《著作权法》不保护抽象的思想，只保护对思想的表达。对无情节或者情节性较弱的卡牌游戏文字说明适用《著作权法》保护，应从思想和表达二分法规则出发，若游戏规则的特定呈现方式足以达到独创性表达的程度，则可以受到《著作权法》的保护。若涉案卡牌游戏规则对于特定时期历史人物的选择与人物事迹的凝练具有创作的空间，且卡牌规则的文字说明系作者基于史料、民间故事而对某些历史人物的艺术化再加工，该说明部分属于在卡牌游戏所依据的历史素材以及建立在素材基础上的独创性表达，可以受到《著作权法》的保护。

基本案情

原告：杭州游卡网络技术有限公司（以下简称杭州游卡公司）

被告：广州常游信息科技有限公司（以下简称常游公司）

被告：广州大娱信息科技有限公司（以下简称大娱公司）

被告：上海二三四五网络科技有限公司（以下简称二三四五公司）

原告杭州游卡公司诉称，《三国杀》游戏（以下简称权利游戏）是原告关联公司杭州边锋网络技术有限公司、北京游卡桌游文化发展有限公司出版发行的系列卡牌游戏，目前已经推出纸盒版、PC 网游版和手游版等多种形式。权利游戏在标准版的基础上陆续推出了一系列新产品。2015 年 12 月 1 日，原告杭州游卡公司整体受让权利游戏的知识产权，自此成为权利游戏及其衍生品的著作权人。原告发现，被告常游公司作为出品人、所有人，被告大娱公司作为运营方，在有充分的条件与机会接触到原告权利游戏的情况下，共同推出了一款名为《三国KILL》的游戏。在该游戏中，两被告不仅使用了与原告游戏人物名称相同的角色姓名、技能名称，还大量使用了与原告独创的人物形象构成实质性相似的武将头像和装备，在说明文字上亦大量雷同，并且在游戏界面的颜色、文字和图标及其组合上与原告的作品构成实质性相似。两被告通过游戏官网及苹果应用商店、安卓应用商店、微博、微信公众号等多种渠道，对被控侵权游戏《三国 KILL》进行推广、宣传和提供下载服务，并通过被控侵权游戏的运营获得了巨大商业利益，同时也使众多游戏玩家混淆误认了权利游戏和被控侵权游戏之间的关系，使原告蒙受了巨额经济损失。故起诉请求：(1)判令被告常游公司、大娱公司停止侵权。(2)被告二三四五公司停止为侵权提供帮助的行为。(3)三被告发表声明，消除影响。(4)三被告向原告连带赔偿经济损失及维权费用共计 500 万元。后原告发现被控侵权游戏《三国 KILL》更名为《极略三国》，原告认为虽然游戏名称发生变化，但游戏内容尤其是文字内容没有根本变化，故原告主张更名后的《极略三国》亦为侵权游戏。诉讼过程中，原告申请撤回要求被告二三四五公司停止侵权及承担赔偿责任的诉讼请求，并增加一项诉讼请求，要求判令被告常游公司、大娱公司停止在《三国 KILL》(含更名后的《极略三国》)游戏中全面模仿原告《三国杀》游戏实施不正当竞争的行为。

被告常游公司、大娱公司共同答辩称，(1)原告在 2017 年 6 月才登记为权利游戏的著作权人，其在起诉时并非著作权人，无权提起本案诉讼。(2)权利游戏的文字内容不具有独创性，不构成文字作品，游戏中的武将名称、技能描述、战功系统等文字内容属于思想领域的范围，权利游戏与意大利卡牌游戏《BANG!》、日本卡牌游戏《三国志》、国内卡牌游戏《英雄杀》《三国斩》等构成相似，故不受《著作权法》保护。(3)被告大娱公司运营的《极略三国》游戏有单独的软件著作权，虽然部分文字内容与《三国 KILL》游戏存在重叠，但系不同的游戏软件，《三国 KILL》游戏的研发系借鉴《EXCEL 杀》游戏，被控侵权游戏的内容与权利游戏存在较大差别，不会造成混淆，不构成著作权侵权。(4)被告常游公司和大娱公司在 2014 年至 2015 年是游戏开发和联运关系，在常游公司享有软件著作权的情况下，大娱公司无法识别该游戏是否侵权。大娱公司 2016 年接手该游戏后，与常游公司再没有任何合作，二者无侵权的故意也未共同实施侵权行为，不应当承担共同侵权责任。(5)两被告的游戏产品与原告权利游戏在市场中不构成竞争关系，没有任何证据证明被告的游戏给原告造成了巨大损失，且被告常游公司因实际经营不善已停止经营,被告大娱公司运营该款游戏的团队也已经解散,两被告均未通过被控侵权游戏获利,原告主张500万元经济损失的赔偿请求没有事实和法律依据,即便法院判令两被告承担侵权责任,也只能在原告起诉之日起向前推算二年计算。(6)被控侵权游戏《三国KILL》在2017年4月1日已停止运营,原告要求停止侵权已无实际履行的必要。综上,请求驳回原告全部诉请。

被告二三四五公司答辩称,(1)二三四五公司的网站系软件下载网站,其对网络用户上传的软件均不进行实质性审查,被控侵权游戏软件系网络用户通过"2345软件大全"和"2345手机助手"上传。(2)二三四五公司从未与两被告建立有关被控侵权游戏软件的商务推广合作,没有帮助侵权的合意,也从未对该游戏软件进行过宣传、推介、置顶、排行等,没有从中获取经济利益,作为网络服务提供商,二三四五公司在没有过错的情况下,不应承担赔偿责任。(3)被控侵权游戏软件并非知名游戏软件,在二三四五公司的网站下载量较小,其在接到诉状后即删除了被控侵权游戏软件。

法院查明:权利游戏为一款卡牌类游戏。2008年年初,案外人黄某等人成立的北京游卡桌游设计工作室创作完成并发表了权利游戏的纸盒版初版。2008年12月,北京游卡桌游文化发展有限公司成立后,北京游卡桌游设计工作室以知识产权出资的方式将权利游戏注入北京游卡桌游文化发展有限公司,并在同期完成了《三国杀游戏标准版说明书》。2010年10月18日,北京游卡桌游文化发展有限公司出具一份《关于〈三国杀〉著作权的说明》,载明:2009年6月18日,该公司将权利游戏的版权和类似保护形式的所有权利和利益完全转让给杭州边锋网络技术有限公司;2009年9月1日,该公司与杭州边锋网络技术有限公司签订《形象授权合作协议》,约定北京游卡桌游文化发展有限公司有权利用杭州边锋网络技术有限公司享有著作权或授权的游戏形象进行复制、发行和销售。2010年10月18日,杭州边锋网络技术有限公司经申请取得了国家版权局颁发的著作权登记证书,载明2008年12月8日创作完成、2009年8月31日首次发表的《三国杀游戏标准版说明书》的著作权人为杭州边锋网络技术有限公司。2015年12月1日,杭州边锋网络技术有限公司与原告杭州游卡公司共同出具一份《权属证明》,载明:杭州边锋网络技术有限公司的权利游戏及其衍生产品的著作权及一切衍生权利全部转让给原告杭州游卡公司。同日,北京游卡桌游文化发展有限公司、杭州边锋网络技术有限公司、原告杭州游卡公司三方又签署《维权资格和债权转让协议》,约定:针对2015年12月1日以前市场上任何侵犯权利游戏知识产权和竞争权益的行为，原告杭州游卡公司均有权以自己的名义进行维权。2017 年 9 月 21 日，国家版权局向原告杭州游卡公司颁发著作权登记证书，对原告杭州游卡公司受让取得的作品《三国杀游戏标准版说明书》著作权予以登记。权利游戏先后获得了一系列荣誉。

被控侵权游戏为卡牌类的手机游戏，结合桌面推理游戏的规则，融入中国历史三国文化。2013 年 11 月 22 日，被告常游公司取得了国家版权局颁发的两份计算机软件著作权登记证书，软件名称为《常游安卓版蓝牙三国 kill 游戏软件》和《常游 IOS 版三国 kill 游戏软件》，前者开发完成和首次发表日期为 2013 年 10 月 10 日，后者开发完成和首次发表日期均为 2013 年 8 月 18 日。2016 年 7 月 22 日，被告大娱公司取得了软件名称为《大娱极略三国卡牌竞技软件》的计算机软件著作权登记证书，开发完成和首次发表日期为 2016 年 5 月 30 日。2016 年 8 月 19 日，大娱公司又取得了软件名称为《大娱三国 KILL 卡牌竞技软件》的计算机软件著作权登记证书，开发完成和首次发表日期为 2015 年 9 月 30 日。被告常游公司、大娱公司自述，常游公司于 2013 年开始运营被控侵权游戏，2014 年至 2015 年两被告共同运营游戏，2016 年游戏转让与大娱公司，大娱公司于 2017 年 4 月 1 日在 www. sanguoq. com 网站发布公告，将该款游戏更名为《极略三国》。

上海市卢湾公证处出具的（2017）沪卢证经字第 158 号公证书记载，链接为“www. sanguoq. com”的网址，有“关注公众号三国 KILL”文字和二维码，及 iOS 版本和安卓版本的下载按键；并有微信公众号和官方微博的二维码；网页底部标注“版权所有广州大娱信息科技有限公司”。链接为“www. sanguoq. com/s/”的网址，网页显示了其官方微信、官方网站、官方微博。经查询，《三国 KILL》游戏的运营单位系被告大娱公司，首页网址为 www. sanguoq. com 的网站，主办单位为被告大娱公司，审核通过时间为 2016 年 8 月 29 日，名为“蓝牙三国 KILL”的新浪微博，首页标明“蓝牙三国 KILL、新浪第三方应用蓝牙三国 KILL 官方微博”字样，被告常游公司自认该微博系其运营，并已于 2018 年 1 月清空所有内容。（2017）沪东证经字第 1206 号公证书记载，原告委托代理人使用该处提供的苹果手机，打开“App Store”搜索到名为“三国 KILL – 经典单机三国卡牌策略桌游”的应用软件，点击该应用软件，进行试玩并充值。（2017）沪东证经字第 5454 号公证书记载，名为“网络游戏电子标签”、链接为“www. sq. ccm. gov. cn”网站，显示被控侵权游戏《三国 KILL》的出品单位为被告常游公司，运营单位有被告大娱公司等 6 家单位。（2017）沪东证经字第 34411 号公证书记载，使用该处电脑上网,在搜狗微信搜索中输入“极略三国”,查看“【818】那个叫作《极略三国》的游戏”的搜索结果。(2017)沪东证经字第34413号公证书记载,链接为“www.sanguoq.com”的网站,页面底部标明“广州大娱科技有限公司版权所有”,产品页面显示有《极略三国》游戏,点击进入该游戏标识右下方有“去KILL网看看”的链接。(2017)沪东证经字第34414号公证书记载,使用该处电脑上网,在九游网搜索“三国KILL”“极略三国”,可见被控侵权游戏《三国KILL》《极略三国》的链接。

将被控侵权游戏《三国KILL》(含更名后的《极略三国》)与权利游戏的文字内容进行比对,可见:关于武将名称及其技能名称和技能内容,被控侵权游戏的武将技能均是用两个字的词汇加以描述,绝大多数技能名称与权利游戏完全一致;被控侵权游戏使用或长或短的一句、两句话对武将技能加以描述,其中用以描述武将技能的文字内容与权利游戏虽略有不同,但文义无实质性差别。关于基本牌、锦囊牌、装备牌的名称和内容,该些卡牌在被控侵权游戏中均有对应的卡牌,被控侵权游戏相应卡牌的名称与权利游戏几乎相同,仅个别字或词汇有细微差别;卡牌的文字内容也高度近似,部分内容在表达上略有不同,但文义无实质性差别。关于权利游戏的战功系统与被控侵权游戏成就系统,被控侵权游戏至少有55张武将成就卡牌与权利游戏武将战功卡牌的文字内容相同或高度近似,不同之处仅为场次数字,但文义无实质性差别。

将权利游戏与在先游戏的文字内容进行比对,可见权利游戏与《BANG!》游戏存有诸多不同。权利游戏与《三国志》游戏除武将名称相同外,武将的技能名称和技能内容均存在较大差别。

【法院裁判】

上海市浦东新区人民法院经审理认为,(1)在无相反证据的情况下,根据著作权登记证书、《权属证明》等证据可以认定,原告杭州游卡公司经过合法授权取得涉案权利游戏的著作权,并有权以自己的名义诉讼维权。(2)对于权利游戏的文字内容是否构成作品,首先应当把其中不受保护的思想抽象出去,再把属于公有领域的部分过滤掉,然后对剩余的部分判断是否符合作品独创性的要求。首先,涉案权利游戏标准版游戏手册的“新手上路”部分,主要用于说明游戏玩家如何确定身份、挑选武将、分发起始手牌、进行回合流程、武将死亡、奖励与惩罚、游戏结束及获胜规则,应当作为思想的一部分,从作品中抽象出来,不受《著作权法》保护。其次,作品的表达形式及/或内容应当是作者独立完成且不同于公有领域业已存在或他人在先作品。本案权利游戏的时代背景为中国古代三国时期,游戏中的人物角色及其事迹大多源于《三国演义》等文学作品、《三国志》等史料及关于三国的民间传说,故权利游戏中的人物角色名称及其事迹本身不属于《著作权法》保护的对象,但对这些素材具有独创性的表达可以归入《著作权法》的保护范畴。再次,判断权利游戏的表达是否与在先游戏构成相同或相似。通过比对可见,权利游戏的玩法规则与《BANG!》游戏相似,此类玩法规则属于思想范围,不受《著作权法》保护。权利游戏与在先发表的《三国志》游戏除武将名称相同外,武将的技能名称和技能内容均存在较大差别,二者对相同历史人物及其事迹的具体表达并不相同,如前所述,依据该公有素材创作完成的作品都各自享有其著作权,因此不能以此认定权利游戏抄袭了在先游戏作品《三国志》。最后,将权利游戏的思想部分抽象出去并把属于公有领域的部分过滤掉后,对剩余的部分再进一步判断是否符合作品独创性的要求。其一,权利游戏对基本牌、装备牌、锦囊牌的具体名称和内容的表达,具有一定独创性。其二,权利游戏对武将角色的选取及其技能名称、战功称号的设计表达,也具有一定独创性。其三,权利游戏中用以描述武将技能内容、战功获得条件等的文字内容,同样具有一定的独创性。综上,可以认定涉案权利游戏的文字内容符合《著作权法》保护的文字作品特征,应当认定作者对其创作部分享有著作权。(3)判断作品是否构成著作权侵权,应当从被控侵权作品的作者是否"接触"过要求保护的权利人作品、被控侵权作品与权利人作品之间是否构成"实质相似"两个方面进行判断。本案中,权利游戏的发表时间最早可以追溯至2008年、2009年,在同类题材的卡牌游戏中具有较高的知名度和美誉度,而被控侵权游戏的发表时间晚于权利游戏,由此可以认定原告的权利游戏创作并发表在先,被控侵权游戏的开发者完全有可能实际接触权利游戏。《著作权法》保护的是具体表达,对两部作品是否构成实质性相似,应运用"抽象—过滤—比较"方法和整体观感法进行分析、判定。经比对分析,整体而言,两款游戏的卡牌名称大部分相同、卡牌的文字内容高度雷同,二者相同、相似的部分在权利游戏中比例较高,且在整个卡牌游戏中处于重要位置,构成游戏的主要部分,会导致游戏玩家对两款游戏产生相同、相似的玩赏体验,故可以认定被控侵权游戏与权利游戏构成实质性相似。综上,可以认定被控侵权游戏侵害了原告对权利游戏享有的著作权,被控侵权游戏权利人的行为使上述文字内容处于公众在选定的时间和地点可以获得的状态,侵犯了原告对权利游戏享有的信息网络传播权。

综上,上海市浦东新区人民法院作出(2017)沪 0115 民初 27056 号民事判决,判决:(1)被告常游公司、大娱公司应于本判决生效之日起立即停止实施侵害原告杭州游卡公司对《三国杀》游戏所享有著作权的行为;(2)被告常游公司、大娱公司应于本判决生效之日起 10 日内连带赔偿原告杭州游卡公司经济损失 50 万元;(3)被告常游公司、大娱公司应于本判决生效之日起 10 日内连带赔偿原告杭州游卡公司合理开支 64,600 元;(4)被告常游公司、大娱公司就其实施的涉案侵权行为应于本判决生效之日起 30 日内在 www.sanguoq.com 网站首页连续 30 日、《中国知识产权报》除中缝以外的版面上刊登声明、消除影响(声明的内容需经本院审核);(5)驳回原告杭州游卡公司的其余诉讼请求。

一审判决后,被告常游公司、大娱公司提出上诉,并在二审期间提出撤回上诉的请求,最终上海知识产权法院裁定准许上诉人撤回上诉,一审判决发生效力。

【案例评析】

本案系一起"换皮"类卡牌游戏的著作权侵权和不正当竞争诉讼。权利游戏是知名卡牌游戏《三国杀》。换皮,即行为人替换掉游戏中的美术形象部分,其余部分,包括文字、情节、规则、玩法、数值等内容均与原游戏实质性相似。对于"换皮"行为,近年来基本上采用类电影作品保护的方式对情节性较强的网络游戏进行《著作权法》上的规制,或适用《反不正当竞争法》。对无情节或者情节性较弱的卡牌游戏文字说明能否适用著作权法保护,尚无明确的答案。

《著作权法》不保护抽象的思想,只保护对思想的表达。本案通过思想表达区分的方式将具有独创性的卡牌规则视为游戏说明书予以《著作权法》保护。在具体审查中,可采用层层过滤的方法。

首先,将思想抽象出去,如概括性的玩法规则。权利游戏中关于游戏玩家如何确定身份、挑选武将、分发起始手牌、进行回合流程等用以描述出牌规则、胜负条件、模式等的文字内容,属于对游戏玩法规则的概括性描述,应当从作品中抽象出来,不受《著作权法》保护。

其次,过滤掉属于公有领域的部分,涉案游戏的角色及其事迹大多源于三国时期的文学及传说,属于公有领域,不属于《著作权法》保护的对象,但对这些素材具有独创性的表达可以归入《著作权法》保护的范围。

最后,判断剩余的部分是否符合作品独创性的要求。其一,对基本牌、装备牌、锦囊牌,单个字词均为公有领域的素材,但将其组合体现了作者对表达元素的取舍、设计。其二,对武将角色的选取及其技能名称、战功称号的设计具有一定独创性。其三,用以描述武将技能内容、战功获得条件等的文字具有一定的独创性。上述内容整体组成了以三国角色作为人物主体,三国典故体现技能特点的游戏说明书,具备了《著作权法》对作品的独创性要求,可作为文字作品予以保护。

本案从思想和表达二分法规则出发,认定作者对于三国时期人物的选择与人物事迹的凝练具有创作的空间,将卡牌文字说明概括为"作者基于史料、民间故事而对某些三国人物的艺术化再加工",在卡牌游戏所依据的历史素材以及建立在素材基础上的表达进行了区分。本案为游戏规则的著作权保护开辟了新的思路,对游戏的知识产权保护有重要意义。

【典型意义】

《著作权法》不保护抽象的思想,只保护对思想的表达。若游戏规则的特定呈现方式足以达到独创性表达的程度,则可以受到《著作权法》的保护。本案判决认为,游戏规则如果足够具体,符合独创性的要求,可视为游戏说明书受到《著作权法》保护。涉案游戏规则在表达上具有一定的创作空间,不同主体创作的游戏规则说明具有个性化特色,具有独创性,属于我国《著作权法》保护的作品。法院在审查中,可采用层层过滤的方法。首先,将权利游戏的思想部分抽象出去;其次,把属于公有领域的部分过滤掉;最后,判断剩余的部分是否符合作品独创性的要求。涉案游戏中,基本牌、装备牌、锦囊牌卡牌的具体名称和内容的表达、武将角色的选取及其技能名称、战功称号的设计表达,上述表达组合的整体可视为游戏说明书,应认定为作品。本案为游戏规则的著作权保护开辟了新的思路,对游戏的知识产权保护有重要意义。本案入选 2019 年中国十大最具研究价值知识产权裁判案例。

【案例索引】

案号:

一审:上海市浦东新区人民法院(2017)沪 0115 民初 27056 号(2019 年 1 月 10 日)

二审：上海知识产权法院（2019）沪73民终176号（2019年9月24日）
审判组织：
一审：宫晓艳、邵勋、姜广瑞
二审：刘静、杨韡、易嘉

编写人：宫晓艳

06

实用艺术品著作权保护的独创性认定

——梵华公司与美旋公司等著作权侵权纠纷案

裁判要旨

实用艺术品具备实用性与艺术性的双重属性。在现行《著作权法》下,当其实用功能与艺术美感能在物理上或观念上相独立,且艺术设计部分达到一定水准的创作高度时,可作为美术作品获得《著作权法》保护。其中,创作高度标准可从创作者和公众认知两个角度综合认定。从创作者角度,实用艺术品的造型应体现出作者在美学领域的独特创造力,且艺术性应强于实用性;从公众认知角度,应使一般公众足以将其看作艺术品。

基本案情

原告:梵华家具(上海)有限公司(以下简称梵华公司)

被告:上海美旋实业有限公司(以下简称美旋公司)

被告:上海韫旋实业有限公司(以下简称韫旋公司)

原告梵华公司诉称,其托西班牙设计师设计了涉案15件家具并享有独占性使用权,将上述家具在我国销售和参展。涉案家具的造型设计具有独特的艺术美感,其立体造型及设计效果图构成美术作品,分解设计图属于图形作品,依法受《著作权法》保护。原告发现,两被告在其共同经营的明日世界家具场馆陈列了的15件家具与原告的家具造型相同,侵害了原告的著作权。故起诉请求判令两被告停止侵权、消除影响并赔偿损失83.58万元。两被告共同辩称,家具是实用艺术品,不受《著作权法》保护;被控侵权家具系韫旋公司自行设计,美旋公司代加工后陈列在展厅用于内部学习交流以激发灵感,从未销售也不想销售;与原告家具类似的产品很多,被告模仿的是他人的家具,双方的家具不构成实质性相似。

法院经审理查明:原告系一家经营家具的公司。2013 年 7 月,原告与西班牙设计师 Dedeu Fernandez Jorge 所在的公司签订《家具设计著作权许可协议书》,约定该公司许可原告在中国(除台湾地区)独占使用其家具设计图纸及设计方案,原告及其关联公司自 2012 年开始支付的费用均为作品许可费。2016 年 12 月,双方再次签订相同内容的许可协议,并附有授权产品清单,包括涉案 15 件家具。2013 年 3 月至 2016 年 2 月,原告陆续收到设计师通过电子邮箱发送的涉案 15 件家具的设计图纸,图纸中包含家具的整体效果图及平面、立面、剖面的详细尺寸图。上述家具采用几何组合的方式,由大量三角形、多边形、条形或圆形等几何块面拼接、组合、堆叠而成。上述家具中,除 CIRCLES 茶几和 PERSEO 沙发外,其余 13 件分别在 2013 ~ 2015 年的中国国际家具展览会上展出。原告开有实体店并接受家具定制业务,除 ARANYA 茶几、PLEC 餐桌和 CIRCLES 茶几外,其余 12 件家具均曾定制销售,成交价从 1 万余元到 7 万余元不等。

两被告的"明日世界设计中心"场馆内陈列有大量家具,其中包括原告主张两被告侵权的 15 件家具。经比对,上述家具除与原告的 ARANYA 餐椅的椅背、椅面设计、ARANYA 书架的挡板、CIRCLES 茶几的底座高度有区别外,其余造型设计与原告的基本相同。

【法院裁判】

上海市浦东新区人民法院经审理认为,本案的主要争议焦点在于,原告关于涉案家具立体造型的主张是否成立。涉案家具同时具有实用功能和艺术美感,系实用艺术品。当其实用功能与艺术美感能够相互独立,且艺术设计部分达到一定水准的艺术创作高度时,其中具有美感的部分可以作为美术作品获得著作权法保护。

关于原告主张的设计要点的实用功能与艺术美感是否能相互独立。上述设计即便进行改动,也不会影响其实用功能的实现,故其实用功能与艺术美感均可在观念上分离。

关于以上设计要点是否达到一定水准的艺术创作高度。涉案 15 件家具中,PLEC 餐桌、GEODA 玄关柜及 3 件 FRACTAL 家具所涉及的造型均是几何线条和面块的不同组合,通过模拟出山谷、山峰、飞鸟等形态,达到一种源于现实又区别于现实的艺术效果。上述造型的艺术性明显高于实用性,甚至无任何实用功能,均达到了一定水准的艺术创作高度，能够使一般公众将其看作艺术品，故构成美术作品。但其余10件家具的造型设计较为简单，这种"简洁美"没有体现出实用艺术品作为美术作品所需要的艺术创作高度，也与同类家具区别不大，不构成美术作品。

关于两被告是否构成侵权。原告的前述5件家具均曾展出，其中4件还曾销售，两被告作为家具行业经营者，存在接触的可能。被告的相应家具与前述5件家具的独创性造型部分的构成、组合相同，整体外观亦相同，但被告无法提供设计图，亦未就此作出合理解释，本院有合理的理由相信两被告曾接触到原告的上述家具。两被告称与前述设计类似的家具很多，但未提交证据予以证明。综上，两被告共同侵犯了原告对涉案作品享有的复制权、发行权。

上海市浦东新区人民法院于2018年7月23日作出（2017）沪0115民初32234号民事判决，判决两被告立即停止侵害原告对涉案5个作品享有的复制权、发行权；两被告共同赔偿原告经济损失20万元及为制止侵权行为支出的合理开支4.1万元；驳回原告的其余诉讼请求。宣判后，两被告提出上诉。上海知识产权法院于2019年7月30日作出（2018）沪73民终452号民事判决，驳回上诉，维持原判。

【案例评析】

随着社会的发展，一方面，人们对生活品质的要求越来越高，导致对实用物品的需求也超出功能需求，而开始越来越追求审美方面的需求；另一方面，技术进步也使产业界能提供更多融入了美感要素的实用物品。随着3D打印技术的进一步发展，人们日常生活中会出现越来越多的实用艺术品。实用艺术品作为一种富有美感并适于工业应用的产品，可以其外观作为外观设计专利权的客体获得保护。同时，作为一种由线条、平面、颜色及其组合构成的立体造型，也可能作为《著作权法》的客体获得保护。

一、《著作权法》对实用艺术品的保护现状

受《著作权法》保护的实用艺术品，又可称为实用艺术作品。《伯尔尼公约》第二条第一款将"实用艺术作品"规定为与"图画、油画、建筑、雕塑、雕刻及版画"等美术作品并列的文学艺术作品的范围；第二条第七款允许成员规定保护实用艺术品的范围和条件，并强调若实用艺术品的来源国未对实用艺术品提供专门保护，则实用艺术品应作为艺术作品受到保护。世界知识产权组织编的《著作权与邻接权法律术语汇编》将实用艺术作品定义为"具有实际用途的艺术作品，无论这种作品是手工艺品还是工业生产的产品”，其编写的《保护文学和艺术作品伯尔尼公约(1971年巴黎文本)指南》还明确指出，实用艺术作品涵盖小摆设、首饰、家具、壁纸、装饰品、服装等。具体到各国立法层面，《美国版权法》第一百零一条规定，实用物品的设计应视为“绘画、图形或雕塑作品”，但只有且仅以该设计中所含之绘画、图形或雕塑的特征可使其区别于且能独立于物品的实用功能而存在者为限。《德国著作权法》第二条第一款第(四)项规定，受保护的著作包括“建筑艺术、实用艺术著作及其草图在内的美术著作”，将实用艺术品规定为美术作品。《日本著作权法》第二条第二款规定，美术作品包括美术工艺品。①

我国现行立法中，《著作权法》未将实用艺术作品明确列明为《著作权法》的保护客体，提及“实用艺术作品”的是1992年国务院发布的《实施国际著作权条约的规定》(2020年修订)第六条第一款。但该款仅规定了对外国实用艺术作品的保护期，而未明确外国实用艺术作品的作品类型及其认定标准，更未涉及对我国实用艺术品的保护问题。在此情况下，只能回归我国《著作权法》关于作品的定义，并结合实用艺术品与立体美术作品相同的表达方式，来确定其作品类型进而确定其认定标准。司法实践中一般从美术作品的角度，将满足一定条件的实用艺术品认定为美术作品，如瑞士英特莱格公司诉可高(天津)玩具有限公司等“乐高积木”案、②琼·保罗·戈尔捷诉汕头市佳柔精细日化有限公司等“人体香水瓶”案③；对于不满足条件的实用艺术品，则不予保护，如英特－宜家系统有限公司诉台州市中天塑业有限公司“宜家儿童椅凳”案④。我国《著作权法修订草案(送审稿)》中，将实用艺术作品单列为一种作品类型，即玩具、家具、饰品等具有实用功能并有审美意义的平面或者立体的造型艺术作品，并规定保护期为25年。

二、实用艺术品认定为美术作品的条件

与书法、绘画等纯粹为满足人们美感需求的传统美术作品相比，实用艺术作品具备实用性(功能性)和艺术性(美学性)的双重属性。若将实用艺术作品作为美术作品进行保护，可能会使保护范围延及其功能性层面，而这属于《专利法》而非《著作权法》的保护领域。因此，将实用艺术品认定为美术作品时，其在认定

① 参见《十二国著作权法》，《十二国著作权法》翻译组译，清华大学出版社2011年版，第147页、第365页、第720页。

② 北京市高级人民法院民事判决书，(2002)高民终字第279号。

③ 北京市第二中级人民法院民事判决书，(2006)二中民初字第7070号。

④ 上海市第二中级人民法院民事判决书，(2008)沪二中民五(知)初字第187号。

条件上应与传统美术作品有一定区别。王迁教授认为,实用艺术品应符合以下三个条件才能作为美术作品受到《著作权法》保护:(1)实用艺术品中的实用功能和艺术美感必须能够相互独立,包括物理上的独立和观念上的独立。(2)实用艺术品中能够独立存在的艺术设计具有独创性。(3)实用艺术品应当达到较高水准的艺术创作高度。[①] 以上观点被实务界普遍采纳。由于达到较高艺术创作水准的作品必定具备独创性,故该类案件审理中最大的难点在于实用功能和艺术美感独立与否的认定(以下称可分离性标准),以及是否达到较高水准的艺术创作高度的认定(以下称创作高度标准)。

(一)关于可分离性标准的认定

《著作权法》追求的目的是鼓励创作。一般而言,创作者都会不知不觉受到先人的启发,故必须允许人们自由使用他人作品中所蕴含的思想,从而鼓励他人在此基础上创作出更为丰富的具有独创性的表达。因此,《著作权法》只保护具有独创性的表达,而不保护思想,哪怕是具有开创性的思想。这是《著作权法》的基本原理,也是《著作权法》和《专利法》在基本功能上的区别。《与贸易有关的知识产权协定》第九条第二款明确规定,版权保护应延及表达,而不延及思想、工艺、操作方法或数学概念之类。我国《著作权法》虽未对此作出明确规定,但理论界及实务界均普遍认同该原理。思想和表达间并非一直泾渭分明,当对某种思想只有一种或极其有限的表达时,思想和表达就会混在一起,无法在二者之间划出明确的界限。此时若对表达进行保护,会导致表达所依附的思想本身也被垄断,因此在此情形下将表达也视为思想而不予保护,这就是所谓的混同原则。[②]

就实用艺术品而言,其实用功能属于“思想”范畴,艺术美感则属于“表达”范畴。实用功能和艺术美感作为抽象出来的概念,均需附着于某种载体甚至是同一载体。当二者附着于不同物质载体时,其界限比较分明,这就是前面所说的“物理上的独立”。当二者附着于同一载体时,只有能通过某种方式将艺术美感从实用功能中分离或者说独立出来,《著作权法》才对该美感表达予以保护,这就涉及“观念上的独立”。

关于物理上的独立,是指可以将承载美感的部件从整个实用艺术品上拆卸下来。此种类型在司法实践中比较容易判断,如在蓝盒国际有限公司诉多美滋

① 参见王迁:《著作权法》,中国人民大学出版社2015年版,第96~98页。

② 参见王迁:《著作权法》,中国人民大学出版社2015年版,第50~51页。

婴幼儿食品有限公司等“小熊游乐行李车”案①中，产生争议的实用艺术品为带有熊脸图案面板的行李车，该熊脸面板具有一定的艺术美感，其与行李车中的功能性部分也即车体通过锁扣相连，在物理上可以与车体分离而单独存在，法院将该面板认定为美术作品。

关于观念上的独立，是指实用艺术品中的实用功能和艺术美感融合在一个物体上，无法从物理上加以分离，但改动艺术部分的设计不会影响实用功能实现的情形。例如，在前述“人体香水瓶”案中，香水瓶的美感部分（瓶体的人体造型）与实用功能部分（瓶体作为装香水的容器）合二为一，无法在物理上分离。但即便香水瓶不是设计成人体造型而是其他造型，也不会影响其作为容器的功能。因此，上述香水瓶的艺术美感能与其实用功能在观念上分离，法院据此认定人形香水瓶可以作为作品受到《著作权法》保护。相反，对于仅仅是出于功能需求而设计的某种表达，即便其具备一定的美感，但由于该功能所决定的物品形状同物品功能不可分离，出现了思想与表达的混同，而不受《著作权法》保护。例如，为降低汽车高速行驶时遇到的空气阻力及保持车身平稳而将汽车外观设计为流线型，无论该设计具有多高的价值，甚至可能获得设计类的奖项，也不能受到《著作权法》的保护。否则，可能会使《著作权法》沦为保护实用技术方案的工具，与《著作权法》的立法目的相悖。

（二）关于创作高度标准的认定

根据我国《著作权法实施条例》第四条的规定，美术作品是指绘画、书法、雕塑等以线条、色彩或者其他方式构成的有审美意义的平面或立体的造型艺术作品。根据以上定义，“审美意义”是认定美术作品的一个重要概念，这也是美术作品作为一种体现了“美”的价值取向的作品类型对于创造性高度的特殊要求。但在实践中，由于对“美”的观念极具主观性、个人性且不断发展变化，对“审美意义”的认定并没有严格而统一的标准。因此，在传统美术作品的实际认定中，一般认为只要创作者将其对美学的独特观点在物质载体上以可视的方式表现出来，符合最低限度的创造性的要求，就能构成美术作品，较少涉及对于“审美意义”高低与否的判断。而实用艺术品要获得《著作权法》保护，需要满足比传统美术作品更高水准的创作高度要求。之所以有这样的要求，主要基于以下原因：

---

① 上海市浦东新区人民法院民事判决书，(2014)浦民三（知）初字第67号；上海市第一中级人民法院民事判决书，(2015)沪一中民五（知）终字第30号。

1. 对实用艺术品的双重保护模式。如前所述,具有一定美感的实用品有可能受到《著作权法》和外观设计《专利法》的双重保护,但二者的保护条件不同:(1)取得模式不同。获得外观设计专利权需要经过申请程序、支付申请费用、等待较长时间;而作品完成即取得著作权,也无须支付任何费用。(2)保护期限不同。外观设计专利权的期限只有10年;而著作权的保护期限为作者终生及死后50年。即便《著作权法》修改草案将实用艺术作品的保护期定为25年,但仍比专利保护期长得多。(3)保护范围不同。就美术作品而言,无论在何种载体上,只要使用了与实用艺术品相同或实质性相似的表达,均构成侵权;但外观设计专利权的保护必须以相同或类似产品为载体,不能脱离该产品而单独存在。由此可见,实用艺术品作为美术作品获得保护的门槛较低,程序成本几乎为零,而保护力度却较高。在追求生活品质的现代社会,许多日用品都或多或少有一些美感。若不对实用艺术品的"审美意义"或者说创作高度作出一定的要求,而将美感较低的实用品均给予《著作权法》的保护,设计者将不再有动力去申请外观设计专利权,导致外观设计专利权的制度设计落空。

2. 基于公共利益的考虑。与绘画、雕塑等传统美术作品的载体相比,实用艺术品一般用于工业化大规模生产,且必须满足人们的某种实用需求。基于这一点,在对实用艺术品进行著作权保护时,应考虑到对公共利益的影响,避免因过度保护而不当挤占其他市场主体的经营空间。如果将实用艺术品在设计中的每一点变化和更新都认定为美术作品并由设计者垄断,则有可能出现日常消费的所有产品均可获得《著作权法》的保护,使设计者对物品的实用性功能实现事实上的垄断,会阻碍竞争,不利于科技进步、文化繁荣、社会发展。

基于以上理由,我国理论界和实务界都将实用艺术品达到一定创作高度作为保护条件。艺术或美本身就是一个难以界定的概念,创作高度的判断更是难上加难。在审判实践中,一般可以从创作者角度及公众认知角度两个方面进行综合认定:(1)从创作者角度来看,由于美术作品体现了作者在美学领域的独特创造力,那么对于既有欣赏价值又有实用价值的实用艺术品而言,其要作为美术作品获得保护,也应体现出作者在美学领域的独特创造力,且应明显强于其在实用功能方面的创造力。(2)从公众认知角度来看,实用艺术品应达到一定的艺术程度,使一般公众足以将其看作艺术品,也即一般公众看到该设计的第一感觉是"好美"而非"好有用"。例如,在前述"乐高积木"案和"宜家儿童椅凳"案中,法院均指出"(实用艺术作品的)艺术性要求该物品具有一定的艺术创作高度,这种创作程度至少应使一般公众足以将其看作艺术品”。当然,无论是美学与实用功能领域创造力的比拼,还是一般公众认知的判断,在实践认定中也并无更有可操作性的认定标准,而更需要裁判者的自由裁量权。

本案中,原告主张的涉案家具的具体设计均可在观念上相分离,满足可分离性标准。有5件家具的部分造型无任何实用功能,部分造型的艺术性明显强于实用性;同时,该5件家具通过线条和面块的不同组合,模拟出山谷、山峰、飞鸟等形态,从而达到一种源于现实又区别于现实的艺术效果,使一般公众足以将其看作艺术品。因此,这5件家具达到了较高的艺术水准,构成美术作品。但其余10件家具的造型设计较为简单,与同类家具区别不大,这种“简洁美”也没有体现出实用艺术品作为美术作品所需要的艺术创作高度,不构成美术作品。

【典型意义】

随着社会的发展,人们对生活品质的要求越来越高,对实用物品也会提出更多的审美需求;而技术的进步,也使产业界提供更多符合公众审美需求的实用物品成为常态;同时,面对实用艺术品更新迭代快,设计风格表达与实用性混合的特点,完善对实用艺术品的司法保护也显得越发迫切和重要,故本案虽止,但意义不止,而本案不仅为家具作为实用艺术品如何保护探索了路径,也为实用艺术品认定为美术作品提供了参考,具有一定的实践和理论探索意义。本案入选2020年《人民法院案例选》、2019年上海版权十大典型案例、2019年中国十大最具研究价值知识产权案例。

【案例索引】

案号:

一审:上海市浦东新区人民法院(2017)沪0115民初32234号(2018年7月23日)

二审:上海知识产权法院(2018)沪73民终452号(2019年7月30日)

审判组织:

一审:倪红霞、叶菊芬、孙宝祥

二审:胡宓、黄旻若、杨馥宇

编写人:叶菊芬

07

“换皮”网络游戏实质性相似的司法认定

——暴雪公司等与四三九九科技公司等著作权侵权及不正当竞争纠纷案

裁判要旨

游戏规则通过以游戏设计要素为内核的游戏资源制作得以外在呈现，这种外在呈现即表达。结合涉案游戏的特点和玩家体验，涉案游戏地图的行进路线、地图进出口的设计、人物的类型、技能和武器组合等整体构成了涉案射击类游戏规则的具体表达。通过过滤效率支配因素、软硬件标准等外部条件决定因素等，被控侵权游戏在前述要素方面与主张著作权作品构成实质性相似，侵犯了原告网络游戏整体作为视听作品享有的著作权。

基本案情

原告：暴雪娱乐有限公司（Blizzard Entertainment, Inc.）（以下简称暴雪公司）

原告：上海网之易网络科技发展有限公司（以下简称网之易公司）

被告：广州四三九九信息科技有限公司（以下简称四三九九科技公司）

被告：四三九九网络股份有限公司（以下简称四三九九股份公司）

原告暴雪公司和网之易公司诉称，网络游戏《守望先锋》是暴雪公司开发的一款第一人称团队射击游戏，是电子竞技领域内颇具影响力的游戏。网之易公司是暴雪公司在中国的合作伙伴，独家拥有在中国运营《守望先锋》的权利。四三九九科技公司开发、制作、传播、运营和营销一款名为《英雄枪战》的手机移动端游戏，四三九九股份公司参与该游戏的营销和推广。原告发现，未经原告许可，《英雄枪战》中大量抄袭、使用了《守望先锋》的游戏内容，包括玩法和模式、胜负条件、人物设计与特色、游戏界面、战斗地图等，这些元素构成《守望先锋》的核心要素和独创性表达。从整体性的角度来看，原告认为，被告游戏的整体画面构成对《守望先锋》整体画面的改编，侵犯了《守望先锋》作为类电作品的改编权以及署名权。故二原告起诉请求判令：(1)二被告立即停止侵害二原告的著作权和不正当竞争行为；(2)二被告连带赔偿二原告经济损失及合理费用共计人民币(以下币种同)300万元；(3)二被告在指定的位置消除影响。

二被告辩称，不同意原告的诉讼请求。FPS游戏(First - person Shooter Game，第一人称射击类游戏)与RPG游戏(Role - playing Game，角色扮演类游戏)不同，没有丰富的剧情设计，大量连续画面不是预先设定好的，而是多位玩家按照游戏规则、通过各自操作所形成的动态画面，系比赛情况的客观表现，其过程具有随机性和不可复制性，比赛结果具有不确定性，故射击类游戏的整体画面不应认定为类电作品。[①]

上海市浦东新区人民法院经审理查明：原告暴雪公司于2015年6月17日创作完成网络游戏《守望先锋》。2016年5月24日，《守望先锋》在我国正式上线。原告网之易公司，经暴雪公司合法授权取得《守望先锋》在中国境内的独家运营权。《守望先锋》在全球电子竞技领域具有较高的影响力和知名度。四三九九科技公司开发、运营一款名为《英雄枪战》的手机移动端游戏，四三九九股份公司参与该游戏的营销和推广。2017年6月22日，《英雄枪战》在iOS系统上线。网络上，有众多关于两个游戏相似性的评论。原告提供了多份公证书对于涉案两款游戏进行比对，经比对：(1)英雄特征、使用武器和英雄技能方面，两款游戏中的13个对应英雄的角色类型及生命值均相同或近似，英雄技能的文字描述差异较大，技能细节上有区别，但每个对应英雄的技能最终效果较为一致。《守望先锋》的技能多为主动触发，《英雄枪战》中对应的技能受手机游戏操作的局限性，有些系被动技能；《英雄枪战》的部分英雄技能与《守望先锋》的部分英雄技能存在合并或拆分的情况。(2)五张游戏地图方面，原告地图的细节设计较为丰富，墙面、街角均零星布置了装饰物、广告牌或摆放植物，更接近真实场景设计。被告地图的细节呈现较少，无零星装饰物的点缀或植物的摆设。上述五张地图的具体分场景图中，在建筑物整体外观造型、地面纹路及材质、美术用色和背景取材、建筑

---

① 根据2020年11月11日全国人大常委会通过第三次修正的《著作权法》第三条第(六)项的规定，原《著作权法》中的电影作品和类电作品现已修改为视听作品。后文不再赘述。

物的材质选择、有无掩体、围栏及墙面装饰物等各方面均差异较大,但是在建筑物的布局排列、建筑物进出口位置设计、楼梯相对位置的摆设、建筑物的相对高矮顺序、相同视角下建筑物占画面的面积大小、玩家行进路线、血包存放点的摆设等方面较为相似。(3)九位英雄技能特效方面,被告游戏中对应英雄的技能释放效果与原告主张的九位英雄技能释放效果在颜色、外观上均较为相似,仅在外观细节的纹路、火焰光晕的大小等方面有细微差异。(4)取胜条件方面,原告主张权利的五张地图与被控侵权的五张地图,对应玩法均为占点玩法:两支队伍必须争夺并守住同一个目标点,在任意一队对该目标点获得100%控制时,该队获得该回合的胜利。第一支赢得两个回合的队伍即可获胜。

【法院裁判】

上海市浦东新区人民法院经审理认为,《守望先锋》游戏是主创人员付出大量劳动、团队合作的智慧结晶,从其运行效果来看完全符合《著作权法》关于独创性的要求,而且涉案游戏呈现出来的都是连续的动态画面,故可将《守望先锋》游戏认定为类电作品。

就网络游戏著作权侵权判定而言,关键在于区分思想和表达。涉案游戏地图的行进路线、地图进出口的设计、人物的类型、技能和武器组合等整体构成了对FPS游戏规则的具体表达。结合本案的比对结果,被控侵权游戏与《守望先锋》在五张游戏地图的游戏玩法、行进路线、该地图相对位置建筑物的排列、进出口的位置选择、该地图的取胜条件、血包点的存放位置、绝大部分英雄的类型、技能和武器描述、武器释放效果等方面均存在大量的相似,可以认定构成实质性相似。

《守望先锋》具有较高知名度且发布时间早于《英雄枪战》。被告四三九九科技公司自认,在创作《英雄枪战》时,对于《守望先锋》进行了一定程度的借鉴。在此情况下,四三九九科技公司仍开发、运营与《守望先锋》游戏实质性相似的网络游戏,侵犯了原告对《守望先锋》游戏整体享有的著作权。从《英雄枪战》游戏整体动态画面中可见,其人物造型及名称、武器造型、场景地图的美术画面、人物名称等设计均与《守望先锋》不同,玩家从外观上可以与原作品区别。前述创作行为系在保留原作品基本表达的基础上,通过改变原作品的表现形式而创作出新的作品。《英雄枪战》相较于原作品《守望先锋》在外观美术效果上已经具有一定程度的独创性,构成对原告类电作品《守望先锋》改编权的侵权。

上海市浦东新区人民法院据此判决二被告承担停止侵权、消除影响及赔偿损失的民事责任。一审判决后,二被告提出上诉。二审期间,二被告撤回上诉,一审判决发生法律效力。

【案例评析】

一、涉案网络游戏的作品性质

我们熟知的电影电视类视听作品的制作方法一般是拍摄。相较而言,网络游戏在制作方法上是较为特殊的一种视听作品,它不是拍摄而是研发出来的。网络游戏本身具有双重属性:就代码而言是计算机软件;就感官而言是视听作品。获得网络游戏的目的不是实现某种功能需求,也不是阅读编程代码,而是实现或满足感官上的视听享受。网络游戏的价值不在于它作为软件的运行,更不在于作为软件的代码文本,而在于其连续活动画面带来的视听享受。

大型网络游戏的制作往往都是复杂的系统工程,由众多团队分工配合研发而成。就此而言,网络游戏作为一种视听作品类型不同于以往常规形态的视听作品,在没有专门立法对网络游戏保护的情况下,将符合条件的网络游戏作为视听作品的一种纳入《著作权法》进行保护成为产权激励的一种必然选择。

根据《著作权法实施条例》的规定,电影作品和以类似摄制电影的方法创作的作品,是指摄制在一定介质上,由一系列有伴音或者无伴音的画面组成,并且借助适当装置放映或以其他方式传播的作品。其中,对"摄制在一定介质上"的理解,可以结合《伯尔尼公约》对于类电影作品的描述(assimilated works expressed by a process analogous to cinematography,即以类似摄制电影的方法表现的作品),其本质在于表现形式而非创作方法。我国作为《伯尔尼公约》的成员方,对类电影作品的保护不应与该公约的精神相抵触。故"摄制在一定介质上"是指将连续的影像固定在物质载体上。网络游戏通过电脑进行设计、研发和传播,属于《伯尔尼公约》对类电影作品的界定范畴。

具体到某一类型的网络游戏是否可以视为类电作品上,其判断标准有二:画面的独创性和画面的连续性。关于画面的独创性,本案射击游戏的场景地图、英雄外观造型、游戏英雄人物及武器的绑定、游戏的取胜条件、用户界面的设置等均是游戏开发者预先设定。从其运行的整体画面效果看,场景地图细腻逼真,英雄造型绚丽丰满,蕴含了游戏开发者大量的智力成果,符合《著作权法》规定的独创性要求。关于画面的连续性,射击类网络游戏玩法的实质是英雄在地图中使用武器、技能进行团队作战,无论是英雄的移动还是使用武器释放技能的过程,呈现出来的都是连续的动态动画。基于上述分析,本案所涉枪战射击类网络游戏可认定为类电作品。

有观点认为,枪战射击类游戏与角色扮演类游戏最大的不同在于,后者具有情节性,即游戏画面很大程度是预先设定好一定的故事情节,玩家只能按游戏主线发展,玩家对游戏的操作程序很低,类似于电影观看的体验。而射击类游戏没有情节设计,所涉游戏画面独创性源于每个玩家的独有操作和自由意思表达,故不构成类电作品。

对此,笔者认为,与角色扮演类游戏不同,枪战射击类游戏无NPC(非玩家角色)场景动画,无游戏人物的背景交代,无相对完整的故事情节,更注重玩家自主操作的交互式体验。在即时射击类游戏中,场地地图是固定的、每位英雄的技能是固定的、技能的释放效果是固定的、玩家可以控制的只有两项:人物(或武器)技能的释放时间、释放角度和人物的移动路线(包括前进、闪躲、跳跃等和前进路线的选择)。这种选择,其根本目的是获得最终战斗胜利,而不是为了"创作"具有美感或者有艺术感的动态画面呈现。玩家对游戏的操作更多是基于技术的考虑,对游戏画面的产生并没有独创性的贡献,并非《著作权法》意义上的创作。预先设定的故事情节并不是类电作品的必备要素,如在某些风光片或纪录片作品中,没有预设的故事情节,但不会妨碍其构成电影或类电作品。而网络游戏中连续动态画面因玩家操作不同产生的不同画面,其实质是因操作产生的不同选择,并未超过游戏设置的画面,不是脱离游戏之外的创作。无论该连续活动画面是唯一固定,还是随着不同操作而发生不同变化,这些都不影响类电作品的认定。

二、传统方法对网络游戏著作权侵权判定的启示

以往讨论电影或类电作品一般不涉足非画面的保护,但是对网络游戏类视听作品来说,由于其特殊的研发规律,来自商业实践的挑战迫使我们不断追寻网络游戏作品的本相,这里集中需要讨论它的非画面保护问题。商业实践中较为突出的问题就是"换皮"游戏的大量涌现对原创游戏产业形成的冲击。所谓"换皮"游戏,其本质就是在全面改变游戏外部美术造型的基础上,对游戏资源核心内容进行抄袭,从而最大限度地简化最耗费经济和时间成本的关键研发阶段,直接实现游戏的逻辑自洽。

对这一问题的破解,需要我们首先考察著作权侵权判定司法实践的演变历程。传统文字作品著作权司法保护经历了从字面保护到非字面保护的过程。在方法论上,著名的汉德法官提出摘要层次法对文字作品的思想与表达进行区分,实现对文字作品非字面内容的保护,通过对文字作品解构的方法夯实著作权侵权判定。

这种侵权判定的方法已经从文字作品延伸到计算机程序。计算机程序作品兼具文字作品与实用工具的双重属性,既是作品又是工具。获取计算机程序的目的一般不是阅读或欣赏,而是满足特定的功能需求。从计算机程序研发形成的过程来看,大体存在三个层次:一是需求规格层,即程序的功能需求和性能指标设计,类似于文字作品的主题和创作目标;二是处理逻辑层,即程序的组织结构、处理流程设计、程序算法、数据结构和用户界面等"非代码"部分,既存在《著作权法》视为表达的元素,也存在不属于著作权保护范畴的技术设计;三是编码表达层,即程序的代码,包括源代码和目标代码,是研发的最终成果。

从计算机程序著作权保护的历史来看,最早的著作权保护仅停留在逐字逐句的代码复制或者翻译。但一系列判例表明,计算机程序的著作权保护已经延及字面代码之外的结构、顺序和组织,延续了文字作品对非字面复制的规制。达成共识的是通过抽离、过滤和比较的三步检验法,来确定表达并进而展开实质性相似的比对。

对文字作品进行解构的方法不仅可以延及计算机程序,还可以延及网络游戏类视听作品。当然,这种通过思想与表达区分展开的解构实践,必须遵循产业规律,把握利益衡量,严格限定表达范畴,防止垄断有限表达,同时避免对公有领域的侵蚀。

三、涉案网络游戏基于研发流程的内容解构

本案所涉第一人称射击类游戏,其研发流程一般来说,包括五个阶段:立项、DEMO 版本阶段、ALPHA 版本阶段、BETA 版本阶段、商业化量产及测试阶段。

第一阶段立项解决的是游戏类型及定位问题,根据不同的需求确立游戏服务的目标用户和游戏内容的制作方向。

第二阶段是 DEMO 研发,根据立项需求,达成一个团队认可的最小可运行版本,主要承载验证技术和实现核心玩法的使命。比如,FPS 类游戏,在 DEMO 中首先要实现该类游戏的基本玩法,即实现移动与射击功能。

第三阶段是 ALPHA 阶段,在 DEMO 通过之后,据此展开功能性的开发工作。此时,对应的用户界面、美术、动作动画、通讯实现等均需要在这个阶段完成核心部分。这里具体包括两个部分,游戏资源制作及游戏功能调试。游戏资源制作又分为游戏场景、游戏角色及用户界面三个部分:游戏场景,就 FPS 类游戏而言,即对战地图。通常策划人员会构建整体地图的路线设计,保证地图的可玩性。之后场景美术团队介入,丰富路线周围实景。游戏角色,策划人员先赋予游戏角色背景资料,并结合背景资料设计各具特色的英雄并添加相应的技能,然后美术和音频部分介入细化。用户界面,帮助玩家有效触达游戏内容,帮助玩家上手游戏。在拥有了资源后,需要通过功能调试串联游戏资源,让玩家进行体验。通过对于游戏内容不断的迭代开发,对于核心战斗反复打磨,对于游戏玩法的不断试错,确保游戏的逻辑自洽。这个阶段通常要耗费巨大的人力、物力及时间成本。

第四阶段是 BETA 版本阶段,在核心功能完成后就进入了内容拓铺及体验打磨阶段。内容拓铺大部分都是美术方面的工作,对角色、场景、特效、界面做最后的整合及批量制作。

以上第二到第四阶段,是游戏研发过程中最重要的阶段。最后是第五阶段即商业化量产及测试阶段。

通过对涉案网络游戏研发流程的梳理,可以搭建一个抽象的思想和表达二分法的金字塔(见图 1)。位于金字塔顶端的是游戏立项阶段解决的游戏类型定位即第一人称视角的团体在线射击游戏。第二层是围绕顶端定位具体化的基本规则。如射击类游戏的基本玩法“移动”和“射击”功能需要在 DEMO 阶段解决。又如,射击类游戏的玩法或规则,如占点、攻防、护送等不同玩法的选定。第三层金字塔的内容为游戏资源的核心部分制作。又可分为三部分:一是与战斗目标相匹配的地图行进路线设计和整体布局;二是游戏人物的初始人设策划,赋予每位人物不同侧重的参数值和各具特色的技能或武器技能;三是用户界面的整体布局。第四层金字塔内容是功能调试,将游戏资源串联起来,打磨游戏规则与游戏资源的契合度,不断的验证与纠错,完善游戏的逻辑自洽,最终形成连贯流畅的整体画面。第五层金字塔内容是游戏资源的进一步细化制作。美术和音频部分继续介入,包括场景地图的具体布置、外观的细化设计、人物的外观、武器外观及技能特效画面的细化设计、用户界面的丰富和整合等。

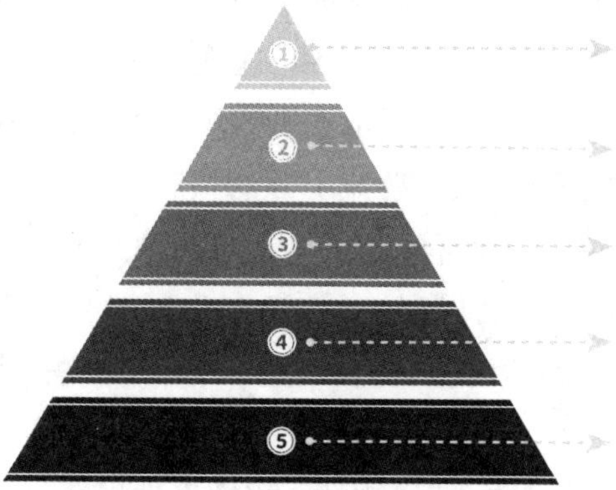

图1 思想和表达二分法金字塔模型

四、思想表达二分法在涉案网络游戏侵权判定中的适用

作为《著作权法》基础理论两大基石之一的思想表达二分法在著作权侵权判定中发挥了重要作用。在涉案网络游戏思想与表达的区分实践中，显而易见的是，位于金字塔顶端的核心玩法及围绕核心玩法的具体战斗目标，属于思想范畴，无法通过《著作权法》进行保护。而位于金字塔底层的游戏场景外观造型、人物的美术形象、武器装备的美术形象、用户界面的布局用色及图案、背景音频等，属于表达的范畴，可通过《著作权法》对于各要素实现具体作品类型的保护。关键是判断位于金字塔第三层和第四层的内容究竟属于思想抑或表达。

前述金字塔的第三层和第四层设计架构是否属于《著作权法》保护的"表达"范畴，应当结合游戏的特点和玩家体验综合判断。与其他类型的网络游戏不同，第一人称视角的射击游戏中，玩家一旦进入游戏，追求的是完美的配合，精准的打击，高效的取胜。游戏画面的精细度和美感度诚然是玩家选择 FPS 游戏的考量因素，但不是最重要的考量因素。团队成员的技能配比，行径路线的选择和运用，血包的存放位置，取胜条件的权衡等才是 FPS 游戏玩家更看重的因素。因此，当玩家开始进入 FPS 游戏时，英雄人物的外观造型，地图上建筑的种类选择，建筑物的造型设计，色彩的运用等有美学效果的外部呈现均被淡化和抽离，地图的行进路线、射击点和隐藏点的位置选择、所选人物的技能在当局战斗中的优势和缺陷、自己和队友的人物选择搭配、对方人物的选择搭配以及血包的摆放等游戏设计要素被凸显。而这些游戏设计要素，大部分存在于金字塔第三层的设计中，并且在第四层的功能调试里与游戏的玩法规则融合。这恰恰构成了对金字塔顶端游戏基本规则的表达。游戏资源与游戏玩法的契合度越高，对于顶端游戏规则的还原度越高。因此，游戏地图的行径路线、地图进出口的设计、人物的类型、技能和武器组合等构成了对第一人称射击类游戏规则的具体表达。

无论是抛开游戏的具体规则设计、仅谈游戏资源的核心部分制作，抑或抛开游戏资源的核心部分制作、仅谈游戏的具体规则，均不应当纳入网络游戏著作权客体进行保护。只有将游戏的规则设计与核心资源制作通过功能调试加以融合，实现逻辑自洽后，才可以纳入表达的范畴，从而进入《著作权法》保护的视线范围。

在表达确定的基础上，通过过滤效率支配因素、软硬件标准等外部条件决定因素，被控侵权游戏在前述要素方面与主张著作权作品构成实质性相似，就侵犯了原告网络游戏整体作为视听作品享有的著作权。本案正是基于前述逻辑方法，判定被告网络游戏构成著作权侵权。

司法实践中也有观点提出可以通过《反不正当竞争法》来规范游戏“换皮”现象。对此，笔者认为，《反不正当竞争法》一般不宜介入网络游戏的非画面保护。《反不正当竞争法》只是在有限范围内提供知识产权的补充保护，但该补充保护作用的发挥不得抵触知识产权专门法的立法政策，凡是知识产权专门法已作穷尽性规定的领域，《反不正当竞争法》原则上不再提供附加保护。

最后需要强调的是，面对新技术新产业的发展，著作权司法不应固守本位，而应在产业规律的基础之上，运用著作权基本原理回应产业实践的迫切需求，通过有效的产权激励鼓舞产业实践。

【典型意义】

网络游戏是否可以作为类电作品进行整体保护，需衡量该网络游戏画面是否由一系列有伴音或无伴音的具有独创性的连续画面组成。“换皮”游戏，本质上是在全面改变网络游戏的美术造型基础上，对游戏设计的底层逻辑和游戏资源的核心制作进行抄袭，从而最大限度简化核心游戏资源制作及功能调试阶段，直接实现逻辑自洽。在“换皮”游戏著作权侵权案件中，如何界定“表达”，如何进行整体比对进而判断“实质性相似”，是本案审查认定的重点与难点。本案被AIPPI（国际保护知识产权协会）中国分会评为2019年度版权十大热点案件，本案案例分析入选《人民法院案例选》。

【案例索引】

案号：

一审：上海市浦东新区人民法院(2017)沪0115民初77945号(2019年11月13日)

二审：上海知识产权法院(2020)沪73民终148号(2021年7月23日)

审判组织：

一审：金民珍、徐俊、孙闫

二审：何渊、陈瑶瑶、陆玉凤

编写人：徐俊、孙闫

商标民事侵权纠纷案件

08

正品分装行为的商标侵权判定

——克鲁勃上海公司与信裕公司等侵害商标权纠纷案

裁判要旨

将正品分装入非法制造的假冒注册商标的包装中的行为是否构成商标侵权，应综合考量正品分装行为中对注册商标的使用是否属于合理使用、分装行为是否破坏了正品的品质、是否损害了商标权利人的商品商誉，是否排除商标权利用尽原则等条件。刑事诉讼的证明标准为排除合理怀疑，而民事诉讼的证明标准为高度盖然性，刑事诉讼的证明标准高于民事诉讼的证明标准。对于被告人在刑事诉讼中自认的事实，即使未在刑事案件中作为定罪量刑的依据，但仍可根据民事诉讼中的自认规则，结合相关证据，在民事案件中予以认定。

基本案情

原告：克鲁勃润滑剂（上海）有限公司（以下简称克鲁勃上海公司）

被告：上海信裕润滑技术有限公司（以下简称信裕公司）

被告：邹某

被告：袁某国

原告克鲁勃上海公司系外国法人独资企业，成立于2002年1月12日，经营范围包括区内从事润滑剂及其相关产品为主的仓储（除危险品）、分拨业务及区内售后服务等。经克鲁勃润滑剂慕尼黑欧洲两合公司授权，原告取得第9722186号"KLÜBER LUBRICATION"等克鲁勃系列商标（核定使用在第4类工业用油、润滑油等商品上）的许可使用权及获得侵权赔偿的权利，授权期限自2017年1月1日起。

被告信裕公司成立于2007年4月18日，经营范围为从事润滑油的销售等，该公司曾是克鲁勃润滑油经销商。该公司法定代表人、实际控制人邹某(占股99.505%)在未经克鲁勃系列注册商标权利人许可的情况下,指使袁某国等公司员工,将低价购入的其他品牌润滑油自行灌装至专门订制的容器内,并贴附印制有权利人注册商标的贴纸,再以正品“克鲁勃”品牌润滑油的价格对外销售,从中非法获利。后邹某、袁某国于2019年6月被公安机关抓获,经审计,邹某等人制造、销售上述自行灌装的假冒“克鲁勃”润滑油的非法经营数额共计26万余元。上海市浦东新区人民法院作出(2019)沪0115刑初4810号刑事判决,以邹某、袁某国犯假冒注册商标罪,判处有期徒刑并处罚金。

此外,邹某还指使袁某国等公司员工,向他人定制小罐,将大罐正品克鲁勃润滑油分装成小罐润滑油,加贴自行委托印制的假冒克鲁勃系列注册商标的标识后予以销售。邹某在公安机关供述称,其无法实现原装润滑油的真空生产环境,在自行分装过程中会有一些杂质混进润滑油中,影响油的品质,但是其在分装时会十分小心,尽量减少杂质。袁某国在公安机关供述称,分装的目的是拓宽小罐克鲁勃润滑油的市场,并赚取更多利润。被告信裕公司的多名员工在公安机关的询问笔录中证实,信裕公司的分装活动在2016年至2017年。根据信裕公司员工的证言及其提供的产品出库记录统计,信裕公司灌装及分装克鲁勃润滑油的销售金额为300万余元,邹某在刑事案件审理中对该出库记录不持异议。

原告认为,三被告的灌装、分装行为侵害了其商标权,侵权恶意明显,非法获利数额巨大,且假冒润滑油与正品在产品质量上相距甚远,已给克鲁勃品牌及消费者造成损害,故诉请法院判令三被告立即停止商标侵权行为,连带赔偿原告经济损失2500万元,及合理费用25万元。

三被告辩称,原告主张的侵权行为已经在另案刑事诉讼中进行了认定,并由相关人员承担了刑事责任,不存在其他的侵权行为。分装的润滑油系被告信裕公司通过合法渠道购买的克鲁勃品牌正品,涉案分装行为中的商标使用属于指示性合理使用,故分装行为不构成侵权。被告邹某、袁某国作为公司员工系职务行为,不应当承担侵权责任。请求驳回原告诉请。

【法院裁判】

上海市浦东新区人民法院经审理认为,被告被控侵权行为包含灌装和分装两种情况。关于涉案将其他品牌的低价润滑油灌装为克鲁勃品牌润滑油并进行销售的行为,属于《商标法》规制的未经许可,在同一种商品上使用与其注册商标相同的商标的行为,侵害了原告的注册商标专用权。

关于将大罐正品“克鲁勃”品牌润滑油分装成小罐“克鲁勃”品牌润滑油的行为:(1)被控分装小罐上贴附商标的行为属于《商标法》意义上的使用行为。被告自行购入小罐,将正品分装入上述小罐中,并贴附假冒“克鲁勃”标识,其作用是向客户表明分装后的小罐润滑油源于克鲁勃品牌权利人。此种标识添附行为并没有改变商标的来源识别功能,并非为了说明、描述、指示商品而正当使用涉案商标,不属于指示性使用等合理使用。(2)被控分装行为破坏了商标的品质保证功能。被控分装行为系被告在不具备润滑油灌装环境和条件、不保证包装罐符合润滑油灌装要求的情况下进行的,完全不能保证润滑油应当达到的洁净程度,不能保持润滑油原有的品质,使相关公众对该商品的认可度和信赖度降低,在一定程度上会损害原告的品牌声誉。(3)被控分装行为不适用商标权利用尽原则。适用商标权利用尽原则时,使用人必须保证商品源于商标权利人,且销售中不能对商品进行任何形式的改变,不能影响商标的来源识别功能和品质保证功能。被控分装行为破坏了润滑油的包装,或将低等级润滑油标识为高等级润滑油,损害了产品的质量和商标权利人的信誉,不能适用商标权利用尽原则。综上,涉案分装行为属于《商标法》规定的“给他人的注册商标专用权造成其他损害的”商标侵权行为。

关于责任承担。邹某作为信裕公司的大股东和实际控制人,应与信裕公司共同承担侵权的民事责任。被告袁某国系信裕公司员工,仅获得工资收益,并不参与利益分成,故不应与信裕公司及邹某共同承担赔偿责任。根据邹某的自认及信裕公司多位员工的证言,证实被告信裕公司及邹某至少从 2017 年开始实施灌装及分装行为,故本案侵权行为的涉案金额不能仅以刑事案件中认定的金额为限。综合邹某的供述,信裕公司员工的证言及提供的出库记录、定制假冒油桶、标识的数量等因素后,法院判决被告信裕公司、邹某连带赔偿原告经济损失人民币 200 万元,合理开支人民币 15 万元。

【案例评析】

本案系商标权刑事案件的被告人被判处刑罚后,商标权利人又对其另行提起的侵害商标权纠纷民事案件。未在刑事部分予以评价的正品分装行为是否构成商标权侵权、已经被判处刑罚的被告是否还需承担民事侵权责任及如何承担,解决这些问题,一方面需要厘清民事侵权与刑事犯罪的边界,及民事诉讼与刑事诉讼之间不同的证明标准;另一方面需要依托"三合一"审判机制的优势,借助刑事案件中搜集的相关证据来固定民事案件的相关事实,以弥补权利人的举证难问题。

商标权系由《商标法》赋予的权利,《刑法》对商标权的保护不能脱离《商标法》规定的范畴,否则便成了无本之木。若某种行为构成假冒注册商标罪,则该行为必然还依据《商标法》构成民事侵权。本案被告将其他品牌润滑油自行灌装至贴附"克鲁勃"商标的容器中并予以销售的行为,构成假冒注册商标罪,已得到刑事判决的认定,则该行为还当然构成民事侵权。《商标法》第六十七条第一款规定:"未经商标注册人许可,在同一种商品上使用与其注册商标相同的商标,构成犯罪的,除赔偿被侵权人的损失外,依法追究刑事责任。"因此,尽管被告已经承担了刑事责任,仍然不能免除其应承担的民事侵权责任。

相反,未被追究刑事责任的行为,并不意味着该行为必然不构成民事侵权。例如,在同一种商品上使用与注册商标近似的商标,或者在类似商品上使用与注册商标相同或者近似的商标,容易导致混淆的行为,并未受到刑法规制,但构成民事侵权。针对定牌加工、正品分装等在同一种商品上使用与注册商标相同商标的行为,是否构成民事侵权仍存在一定的争议,公诉机关抑或考虑到刑法的谦抑性,或证据未达到"排除合理怀疑"程度等情况,而未提起公诉,但不影响权利人就该行为主张民事侵权责任。

一、正品分装行为的侵权判定

将大包装商品拆分为小包装商品销售是市场较为常见的一种销售方式,特别是一些大包的进口商品,分装后便于销售。在此过程中必然会涉及商品的重新包装,也会涉及对权利人商标的使用。正品分装过程中的商标使用行为是否构成商标侵权在司法实践中尚有一定的争议。在浙江省余杭区人民法院审理的"不二家"商标侵权案中,被告钱某某未经不二家公司许可,将不二家公司生产的糖果分装到其自行印制的不同的包装盒中销售,法院认为,虽然商品本身源于不二家公司,从相关公众的角度看,并未产生商品来源混淆的实际后果,但商品的外包装除了发挥保护与承载商品的基本功能外,还发挥着美化商品、宣传商品、提升商品价值等重要功能,钱某某的行为会降低相关公众对涉案商标所指向的商品声誉,从而损害涉案商标的信誉承载功能,属于《商标法》规定的"给他人的注册商标专用权造成其他损害的行为",构成商标侵权。在江苏省南京市中级人民法院审理的老凤祥股份有限公司与苏果超市有限公司等侵害商标权纠纷上诉案中，超市销售的铅笔由正品十支装分包成四支装，法院认为，被控侵权铅笔本身为正品，且包装上使用了与涉案注册商标相同的标识，并明确标注了该商品的生产厂家，已足以说明商品的来源，超市等销售的被控侵权商品不足以导致消费者对商品的来源产生混淆和误认。故法院驳回了老凤祥股份有限公司的诉讼请求。在上海市第三中级人民法院审理的非法制造"费列罗"注册商标标识罪案中，被告人刘某等委托他人非法制造带有"费列罗"注册商标的标签、塑料盒等包装材料，对"费列罗"正品巧克力进行包装后销售，并篡改了部分生产日期，法院以非法制造注册商标标识罪对被告人进行定罪量刑。

笔者认为，正品分装行为是否构成商标权侵权，不能一概而论，而应结合个案，从被控分装行为是否属于商标性使用、分装是否影响商品质量、是否适用商标权用尽原则等方面进行综合评判。

（一）正品分装是否属于商标性使用

一般而言，商标侵权以属于《商标法》意义上的商标性使用为前提。《商标法》第四十八条规定："本法所称商标的使用，是指将商标用于商品、商品包装或者容器以及商品交易文书上，或者将商标用于广告宣传、展览以及其他商业活动中，用于识别商品来源的行为。"认定属于商标使用行为的关键在于，该行为是否能够用于识别商品的来源。本案被告信裕公司原系克鲁勃品牌润滑油的经销商，由于客户需要小罐的润滑油，故将购买的大罐克鲁勃润滑油分装入其自行定制的小罐油桶中，并在油桶上贴附了原告的权利商标。被告信裕公司的上述商标贴附行为，其主观上是为明示润滑油的来源，让消费者了解该润滑油的出处，从而提高润滑油的销量；客观上，消费者亦能通过包装上的商标判断商品的来源。因此，被告信裕公司在正品分装销售时贴附商标的行为完全满足商标性使用的条件。

被告信裕公司提出，其在分装时使用权利商标是为了说明其销售的是克鲁勃品牌润滑油，因此属于对商标的合理使用。合理使用，是指尽管使用了与他人相同或近似的商标，但不会产生识别商品来源的功能，如描述性使用、说明性使用、指示性使用等，其本质上不是对他人注册商标的使用。如《商标法》第五十九条规定，对他人注册商标中含有的商品通用名称、图形、型号等，他人可以正当使用。但本案涉案行为不属于对权利商标的合理使用。首先，本案的克鲁勃系列商标，显著性强，并非通用标志或描述性标志，被告信裕公司的使用行为不可能构成描述商品性质的描述性使用。其次，说明或指示自己提供的商品的用途、服务对象和真实来源的说明性使用、指示性使用行为,必须善意、合理且符合商业惯例,以不使消费者混淆为前提。① 换言之,若销售者对他人商标的使用仅仅是指示性的,那么消费者便不会误认为该商品源于商标权人。被告信裕公司定制小号油罐,贴附原告商标,且完全模仿了正品的包装装潢,消费者仍会认为这些产品直接源于原告,且其目的是增加润滑油的销量,主观上不具有善意。因此,被告的行为亦不构成说明性或指示性使用。

(二)正品分装是否影响了商品质量

商标对商品具有质量保证功能,《商标法》第一条关于"促使生产、经营者保证商品和服务质量,维护商标信誉"的立法目的就有所体现。同时,《商标法》第七条"商标使用人应当对其使用商标的商品质量负责"、第四十二条"转让注册商标的……受让人应当保证使用该注册商标的商品质量",以及第四十三条"许可人应当监督被许可人使用其注册商标的商品质量。被许可人应当保证使用该注册商标的商品质量"等,对商标权人的品质控制权和商标实际使用人的品质保证义务作出了规定。消费者会以商标作为判断商品质量的因素,商标因此还承载着商标权人积累的商誉。若商标使用人的商品质量与商标权人的商品质量存在差异,则意味着商标权人丧失了对该商品的品质控制力,其商誉也可能遭受损害。

本案涉及的商品是润滑油,润滑油作用于机械设备之中,能够降低机械摩擦力,减少机械运转时的磨损,延长机械使用寿命。一旦润滑油中混入了灰尘、发丝、水汽等杂质,则这些杂质会不可避免地改变润滑油的凝点、流动性等物理或化学性质,甚至可能加速机械设备的磨损、腐蚀,引发机械故障。将大罐润滑油分装为小罐的行为,特别区别于对物质结构较稳定的如铅笔、文具等商品的分装,更容易因为混入这些杂质而降低润滑油的功效,影响其品质。被告邹某亦在刑事案件的讯问笔录中承认,原装润滑油的生产过程都是真空的,但其不具备真空分装的环境和条件,其能采取的措施,只有操作小心、第一时间完成封口等,尽量让杂质少些混入润滑油中。综上可以认定,本案的分装活动无法保证分装润滑油的品质,实际已对润滑油的品质产生了影响,破坏了克鲁勃系列商标的品质保证功能。

---

① 参见王迁:《知识产权法教程》(第7版),中国人民大学出版社2021年版,第643页。

（三）正品分装是否适用商标权用尽原则

商标权用尽，是指享有商标权的商品经由商标权人或被许可人以合法方式销售或转让后，商标权人对该特定商品上的商标权即告穷竭，其无权禁止合法取得该商品的所有权人在市场上再行销售或直接使用。换言之，合法取得正品后进行转售的行为，并不侵害商标权。但在转售时，还必须保证不对商品进行改变，否则，一旦对商品质量造成影响，仍然会破坏商标的品质保证功能，损害商标权人的商誉。最高人民法院在相关裁判中指出，从商标标示特定商品与特定来源之间联系的功能出发，通常可以根据改装程度是否足以实质性影响商品性质以及消费者的选择，来判断改装后再次出售的行为是否构成商标侵权。①

被告的正品克鲁勃润滑油来源合法，但被告在将润滑油再次销售时，破坏了正品包装，如前所述，其改变程度已经影响了商品质量，并进一步影响消费者的选择，可能会对商标权人的商誉造成影响，故其分装行为不适用商标权用尽原则。

综上，被告信裕公司在正品分装过程中对权利商标的使用属于商标性使用，未落入注册商标的合理使用范畴，且该分装行为影响了商品质量，对权利人造成损害，亦无法适用商标权用尽原则，故构成商标侵权。

二、刑民交叉案件中不同的证明标准不影响证据的互认

鉴于知识产权案件中当事人对于侵权行为的举证比较困难，故权利人在取证困难时，往往会借助行政执法或刑事侦查手段获取证据，从而优先考虑行政或刑事保护，待有定论后再提起民事赔偿。同时依托知识产权“三合一”审判机制，审判人员在审理刑事案件后，继续审理关联民事案件，将对案情有更深入的、客观的了解。因此，“先刑后民”的审理模式发挥了较大的优势，这也是长期以来审判实践中对于审理中发现犯罪线索后普遍采用刑事优先原则的原因。但在知识产权侵权案件中，一方面，刑事处罚并不能覆盖知识产权权利人受到的经济损失，民事案件的审理并非必须以刑事案件的处理结果为依据；另一方面，“先刑后民”原则适用在此类案件中，也可能带来在先刑事判决认定构成犯罪，而民事审判中认为不构成侵权的尴尬。最高人民法院在2021年审结的“香兰素”案中指出：本案被诉侵权行为已涉嫌侵犯商业秘密犯罪，本院将依法将相关线索移送公安机关处理。表明根据案件的具体情况，知识产权案件亦可以采用“先民后刑”

① 最高人民法院民事裁定书，（2019）最高法民申4241号。

的诉讼程序,先对民事赔偿部分作出判决,再追究侵权人的刑事责任,而不必一味地遵循"先刑后民"原则。但无论是"先刑后民"还是"先民后刑",抑或"民刑同行",均不影响不同程序之间有条件的证据互认。基于民事案件与刑事案件不同的证据标准,在刑事案件中未被采纳的证据可能会在民事案件中被采纳。

本案中,基于取证上的原因,商标权利人同样采取了"先刑后民"的诉讼策略,前期通过公安机关的介入固定了相关侵权证据,包括取得了被告人及证人的口供,为其主张民事赔偿打下了基础。刑事诉讼和民事诉讼采用不同的证明标准,刑事诉讼要求综合全案证据,对所认定事实已排除合理怀疑;民事诉讼则要求能够确信待证事实的存在具有高度盖然性。因此,刑事诉讼的证明标准高于民事诉讼。但尽管刑民衔接案件的证据标准不同,未被刑事诉讼所采信的相关证据,仍可用于民事诉讼中的事实认定,因此民事案件中的判赔金额往往可能高于刑事案件中认定的犯罪金额。

被告邹某及信裕公司其他公司员工在公安机关的讯问笔录中,均证实信裕公司实施灌装及分装行为的时间至少从 2017 年开始,至 2019 年 6 月案发结束;信裕公司员工向公安机关提供的出库记录证实,该公司侵权持续时间内灌装及分装的销售金额至少为 300 万余元;相关人员的笔录还证实,邹某曾删除过部分出库记录。被告邹某在刑事诉讼中对上述证据均不持异议。由于无法准确区分罐装及分装的具体金额,邹某供述的灌装金额没有确切的证据证实,故在刑事案件中,囿于较高的证据标准,仅认定邹某等人灌装润滑油的非法经营额为 26 万余元。但在民事案件中,上述证据和邹某的自认均可作为确定其民事侵权损害赔偿额的依据。结合"克鲁勃"品牌的知名度、被告实施侵权行为的主观恶性、被告灌装及分装行为的利润较高、公安机关查获的侵权标贴、油罐的数量等因素,判决被告赔偿经济损失 200 万元,符合民事证据的认定标准。

【典型意义】

本案涉及商品正品分装行为的商标侵权判定及知识产权刑民衔接中不同的证明标准对案件处理的影响。商标具有区别不同商品或服务来源的基本功能,销售者自行将权利人商标使用在正品分装的商品上,以获取更多的利益,消费者亦根据商品上的商标来判断该商品是否源于商标权人。因此,被告在分装商品上贴附权利人商标的行为属于商标性使用,而非善意的指示性使用。同时,商标还具有商品品质保证、广告宣传等衍生功能。当商品的品质保证功能受到破坏时,势必会对原告的商品及品牌声誉造成损害。因此,损害商标品质保证功能的商品分装行为属于商标侵权行为。

刑事诉讼与民事诉讼具有不同的证明标准,证据确实、充分是刑事案件的定罪标准,而在民事诉讼中,可以根据自认规则采信当事人对事实的陈述。本案的处理对于正品分装销售行为的商标侵权判定及厘清知识产权刑民衔接中案件事实的认定与证明标准具有一定的价值。本案获评 2021 年上海法院加强知识产权保护力度典型案件和 2021 年中国十大最具研究价值知识产权裁判案例。

【案例索引】

案号:

一审:上海市浦东新区人民法院(2020)沪 0115 民初 26507 号(2021 年 4 月 19 日)

二审:上海知识产权法院(2021)沪 73 民终 596 号(2021 年 11 月 29 日)

审判组织:

一审:倪红霞、陆光怡、王潇

二审:何渊、杨馥宇、陈瑶瑶

编写人:倪红霞、杨岸松

09

商业标识侵权纠纷中通用名称抗辩的司法审查

——科·汉森公司与胜诺熊公司等侵害商标权及不正当竞争纠纷案

裁判要旨

虽有特定的历史起源、发展过程和长期唯一的提供主体以及客观的市场格局的原因,但仍保持着产品和品牌混合属性的商品名称,仍具有指示商品来源的意义的商标,不能被认定为通用名称。涉案商业标志虽系益生菌菌株名称,但并未有国家标准、行业标准等规范性文件认定其为通用名称或型号,且原告系唯一经营主体并积极维护该商业标识的使用秩序,故其不应被认定为通用名称,相应的商标权利及有一定影响的商品名称权益均应予保护。

基本案情

原告:科·汉森有限公司(CHR. HANSEN A/S)

被告:广州胜诺熊生物科技有限公司(以下简称胜诺熊公司)

被告:广州必慧龙生物科技有限公司(以下简称必慧龙公司)

被告:珠海经济特区尔康药业有限公司(以下简称尔康药业公司)

被告:上海市浦东新区航头镇新菁婴母婴用品店(以下简称新菁婴店)

原告发现,"圣诺熊"多款产品在产品包装及产品网页、配料表及相关宣传活动中使用与"LGG""BB-12"系列商标构成近似的标识。被告胜诺熊公司系"圣诺熊"产品总经销商,开设经营"圣诺熊"产品旗舰店、官方网站和微信公众号。

被告必慧龙公司是经被告胜诺熊公司授权的经销商，在淘宝网开设店铺销售“圣诺熊”产品。被告尔康药业公司是被诉产品的实际生产者。被告新菁婴店在其实体店铺中销售“圣诺熊”产品。

原告认为，四被告构成对“LGG”的商标侵权。四被告在其生产、销售和宣传的多款益生菌营养补充剂产品包装及网页宣传上使用与“BB－12”构成相同或者近似的标识，导致消费者混淆，构成擅自使用有一定影响的商品名称。诉请判令停止商标侵权及不正当竞争行为，消除影响及赔偿经济损失（包括合理开支）100 万余元。后原告申请撤回要求被告新菁婴店承担赔偿经济损失的主张。

四被告辩称，第一，被诉产品不构成商标侵权或不正当竞争。“LGG”“BB－12”为特定益生菌种的通用名称、通用型号，缺乏显著性。被诉产品的包装上突出使用的是“圣诺熊 sanbear”等商标及标识，并未突出显示“LGG”“BB－12”字样。第二，被告胜诺熊公司、必慧龙公司、新菁婴店为被诉产品的销售方，能够说明商品来源，系合法善意经营。被告尔康药业公司作为被诉产品的受托生产商，对委托企业资质及注册商标权利状况经过合理必要的审查，已尽到注意义务。

原告科·汉森有限公司（CHR. HANSEN A/S）系丹麦公司，创立于 1874 年，是全球知名益生菌供应商之一。“LGG”系鼠李糖乳杆菌菌株，1983 年分离出来并获得专利。1987 年，案外人维利奥公司获得“LGG”菌株的研究和开发权利，现原告经授权为全球范围内该菌株的唯一经营者。原告在第 5 类婴儿食品、乳酸杆菌、乳酸菌等上注册第 G745098 号、第 G697132 号、第 G991379 号“LGG”商标，其中第 G991379 号商标还核定使用于第 29 类、第 32 类“乳酸杆菌；乳酸菌；营养酸奶”等商品。上述商标均在有效期内。凤凰资讯、网易、腾讯等及报纸杂志就 LGG 与原告的对应关系等做了大量报道。“LGG”菌株被广泛应用于国内外婴幼儿奶粉及配方辅助食品中。妈咪爱、美赞臣等多家公司或品牌与原告合作推出产品。上述产品除标注自身品牌，还会以较大字体标注“LGG”或“含鼠李糖乳杆菌（LGG©）”，并在产品配料表中标注“鼠李糖乳杆菌 LGG©”。

20 世纪 80 年代，原告从乳品发酵剂分离出具有调节人体肠道菌群与提高人体免疫力功能的“BB－12”益生菌菌株，于 1985 年开始在世界范围内使用于食品和食品补充剂。早在 80 年代，原告就通过捷成洋行向中国销售产品，并在 2003 年之后先后在北京、天津、上海设立办事处。原告在出售相应菌株产品时，购销双方除经销协议外，还签订《商标许可协议》。协议中约定不得将商标“BB－12”用作产品名称使用。

2007年,原卫生部发布《新资源食品卫生审查批件》,认定“鼠李糖乳杆菌GG”“动物双歧杆菌BB－12”符合《食品卫生法》(已失效)和《新资源食品卫生管理办法》(已失效)的规定,批件中生产企业显示为“科·汉森有限公司”。

【法院裁判】

上海市浦东新区人民法院经审理认为,首先,原告系“LGG”系列商标权人,其享有的商标权利依法受到保护。“BB－12”经过长时间的使用和大量宣传,已足以使相关公众将其与原告的该款菌株产品联系起来,构成有一定影响的商品名称。其次,关于被告主张“LGG”“BB－12”缺乏显著性、系通用名称的抗辩。本院认为,被告未提交证据证明有国家标准、行业标准等规范性文件认定“LGG”“BB－12”属于通用名称或通用型号。被告以原卫生部公布的《可用于婴幼儿食品的菌种名单》和《咨询函及国家卫生健康委员会信访回复函》为依据。但回函等并不属于规范性文件。原卫生部相关文件中的菌株号与《商标法》中的通用名称内涵并不相同,不能以此为据证明“LGG”“BB－12”已成为国家标准或行业标准规定的通用名称或通用型号。故涉案标识不属于法定的通用名称或通用型号。“LGG”“BB－12”也不构成约定的通用名称或型号,理由如下:从“LGG”词汇的发展历史以及它与相关概念之间的逻辑关系来看,“LGG”为臆造词。从客观的市场格局来看,原告独家经营“LGG”菌株产品,并获得较多荣誉,拥有较大的市场份额,具有较高的知名度。“LGG”作为原告商品来源的意义,并没有通用化,不能认定为通用名称。并且原告积极制定并维护商标使用规则,防止商标淡化。原告通过官网、媒体报道等积极宣传商标信息、积极将商标与自己的特定产品相联系,纠正商标被错误引用等防止或制止商标退化的行为。故即使部分公众对其进行通用化使用,也不应将其认定为通用名称或型号,否则会使权利人的权益受到损害,也会破坏已有的市场秩序。再次,被诉产品未经原告许可,在产品外包装、网页宣传突出使用与“LGG”“BB－12”近似的被诉侵权标识,起到了识别商品来源的作用,构成商标侵权及擅自使用有一定影响的商品名称。配料表对菌株号的使用及网页中关于菌株号及功能的描述性使用并非作为标识来源性质的使用,不构成商标侵权或不正当竞争。最后,关于民事责任承担。被告胜诺熊公司不仅为被诉产品京东店铺等的经营者,还代生产商支付加工费用和下达生产计划,应认定为被诉产品的组织生产者。被告必慧龙公司为被诉产品的销售商,对其销售被诉产品应为明知。被告尔康药业公司系受托加工被诉产品。

被告新菁婴店系被诉产品的销售商。四被告侵犯了涉案权利商标的注册商标专用权，被告胜诺熊公司、尔康药业公司、必慧龙公司的被诉行为还构成擅自使用有一定影响的商品名称。

上海市浦东新区人民法院于2020年11月25日作出（2019）沪0115民初20342号民事判决：（1）被告胜诺熊公司、必慧龙公司、尔康药业公司、新菁婴店立即停止侵害第G745098号、第G697132号、第G991379号注册商标专用权的行为；（2）被告胜诺熊公司、必慧龙公司、尔康药业公司立即停止涉案不正当竞争行为；（3）被告胜诺熊公司、必慧龙公司、尔康药业公司在《中国市场监管报》上刊登声明，消除影响；（4）被告胜诺熊公司、必慧龙公司、尔康药业公司赔偿经济损失人民币80万元及为制止侵权所支付的合理开支。

宣判后，原、被告均提起上诉。上海知识产权法院驳回上诉，维持原判。

【案例评析】

一、通用名称的定义

通用名称、图形、型号，是指在一定范围内被普遍使用的某一商品或服务种类的名称、图形或型号（为便于行文，以下统称通用名称）。《商标法》第五十九条第一款规定："注册商标中含有的本商品的通用名称、图形、型号，或者直接表示商品的质量、主要原料、功能、用途、重量、数量及其他特点，或者含有的地名，注册商标专用权人无权禁止他人正当使用。"因而，在商标侵权纠纷的诉讼中，通用名称、图形、型号抗辩（以下统称通用名称抗辩）是一种重要的商标正当使用抗辩事由。

司法实践中，在认定通用名称时常将其区分为法定通用名称及约定俗成通用名称两种类型。根据《最高人民法院关于审理商标授权确权行政案件若干问题的规定》第十条的规定，诉争商标属于法定的商品名称或者约定俗成的商品名称的，人民法院应当认定其属于商标法第十一条第一款第（一）项所指的通用名称。同样，根据该条规定，所谓法定通用名称是指依据法律规定或者国家标准、行业标准属于商品通用名称的；而所谓约定俗成通用名称是指相关公众普遍认为某一名称能够指代一类商品的情况。需要指出的是，虽然《最高人民法院关于审理商标授权确权行政案件若干问题的规定》主要针对商标授权确权行政纠纷中的法律适用，但无论是在行政程序中适用《商标法》第十一条审查商标显著特征，还是在商标民事纠纷中适用《商标法》第五十九条认定商标正当使用抗辩，其中的“通用名称、图形、型号”系具有相同含义的法律概念,因而该规定亦是商标民事侵权纠纷案件中认定通用名称的重要依据。

二、法定通用名称的认定

依据法律规定或者国家标准、行业标准属于商品通用名称的,即为法定通用名称。此处的“法定”事实上是一个较为宽泛的概念,其既包括国家的法律法规这样具有法律效力的条文,亦包括国家标准、行业标准这样的规范性文件。因而,在司法实践中需较为准确地把握“法定”的范围,避免因为相关司法解释中所采取的宽松定义而将法定通用名称的标准设定过低导致法定通用名称抗辩泛化适用。

值得注意的是,国家行政管理机关所出具的官方文件类型较为多样,既包括规定、规范、标准等,也包括批示、复函等,司法实践中对于何种官方文件可以作为法定通用名称认定的援引依据较难把握。例如,在本案中被告方即主张原卫生部公布的《可用于婴幼儿食品的菌种名单》以及国家卫生健康委员会针对被告圣诺熊公司致函咨询的《咨询函及国家卫生健康委员会信访回复函》均构成认定“LGG”为法定通用名称的依据。对此,应从官方文件的法律效力及内容关联性两方面进行考察。

首先,官方文件应具有对某一行业或某类主体普遍适用的法律效力。根据《最高人民法院关于审理商标授权确权行政案件若干问题的规定》的规定,构成法定通用名称的依据限于“依据法律规定或者国家标准、行业标准”,这类法律法规或规范性文件的特征是对于所有主体或某一行业、某类特定主体具有普遍适用价值,而非仅针对某一特定主体或特定问题的具体规定或解释。而在本案中,国家卫生健康委员会针对被告圣诺熊公司所咨询问题的回复函虽属行政主管部门出具的官方函件,然其仅为针对特定问题的回复,并不具有对外的行政效力,并非具有普遍适用性的规范性文件,亦不构成本案中法定通用名称的认定依据。

其次,官方文件应具有将某一标识作为商标法上通用名称的意思表示。例如,在“稻花香”侵害商标权纠纷案①中,最高人民法院认为,《主要农作物品种审定办法》规定的通用名称是指根据该品种审定办法审定公告的主要农作物品种名称,用以指代该特定品种,其与《商标法》意义上指代某一类商品的通用名称含义并不完全相同,不能仅以审定公告的名称为依据,认定该名称属于《商标法》意

① 最高人民法院民事判决书,(2016)最高法民再374号。

义上的通用名称。而在本案中,原卫生部所公布的菌种名单中以列表形式列明了菌种名称及对应的拉丁学名、菌株号,表明该等菌种可用于婴幼儿食品之中,该名单并非正式的国家标准,且名单中大多数菌株号均为有效注册商标,这也进一步印证了该名单中列明相应菌株号并非将其作为行业中一类商品的通用名称,而是将该等标识用于指示特定经营主体所生产的特定菌株产品。

三、约定俗成通用名称的认定

根据《最高人民法院关于审理商标授权确权行政案件若干问题的规定》第十条的规定,约定俗成的通用名称是指相关公众普遍认为能够指代一类商品的名称。因而,不同于法定通用名称,约定俗成的通用名称的认定标准应当是相关公众已经普遍认为某一名称是一类产品或服务的通用名称。实践中,可以从以下几方面考察某一标识是否构成约定俗成的通用名称:

考察对象应限于以消费者为主的相关公众。根据《最高人民法院关于审理商标民事纠纷案件适用法律若干问题的解释》第八条的规定,商标法所称相关公众,是指与商标所标识的某类商品或者服务有关的消费者和与前述商品或者服务的营销有密切关系的其他经营者。在市场经济之下的商业社会中,消费者是商业标识的最主要受众。因而考察一个名称是否成为通用名称,最重要的是考察该名称所使用的商品或服务领域消费者的认知状态。正如美国最高法院在“Booking. com”商标案①中所指出的,一个名称是否为通用名称取决于其对于消费者的意义。而除相关消费者外,与标识所标示的商品或服务的营销密切相关的经营者亦属于相关公众的范畴。例如,在“HONDA”侵害商标权纠纷案②中,最高人民法院即认为被诉侵权商品运输等环节的经营者即属于涉案商标的相关公众。

考察范围一般应当以全国作为地域范围。根据《最高人民法院关于审理商标授权确权行政案件若干问题的规定》第十条第二款的规定,约定俗成的通用名称一般以全国范围内相关公众的通常认识为判断标准,然而对由于历史传统、风土人情、地理环境等原因形成的相关市场固定的商品,法院可以认定其为相关市场内的通用名称。随着互联网经济的蓬勃发展及物流交通的愈加便利,市场上的商品及服务在全国范围内具有高度流通性及信息共享性,特别是在现在加快

---

① See United States PTO *v.* Booking. com B. V. , 140 S. Ct. 2298.

② 参见最高人民法院民事判决书,(2019)最高法民再 138 号。

建设全国统一大市场的背景下，司法机关对于通用名称的认定原则上应当以全国范围作为考察的地域维度。然而，我国历史悠久、幅员辽阔，某些名称在一定地域范围内因为历史传承及地方文化风俗等因素可能已经成为某一局部的稳定市场格局之下的被相关公众认可的通用名称，司法实践对于该类名称的通用名称主张一般亦予以支持。

考察方式可采文献调查、消费者调查等。实践中，约定俗成的通用名称的判定可以通过多种方式开展。从比较法来看，在美国为代表的域外司法实践中认定一个名称是否为通用名称最为重要的方法就是消费者调查法，该方法已经成为美国在有关通用名称的诉讼中“几乎不可或缺”的证据。[①] 然而，正如美国最高法院在“Booking. com”商标案[②]中提出的，判断消费者是否实际上将某个术语视为一个类别的名称，或者是否将其视为能够区分该类别中某一成员的术语的证据不仅包括消费者调查，还包括字典、消费者和竞争对手对该术语的使用情况，以及与消费者如何理解该术语含义有关的其他证据。对于约定俗成的通用名称认定，我国司法实践中最为常见的方法是文献调查法。《最高人民法院关于审理商标授权确权行政案件若干问题的规定》第十条第一款规定，被专业工具书、辞典等列为商品名称的，可以作为认定约定俗成的通用名称的参考。除司法解释所列举的专业工具书及辞典之外，行业调查报告、媒体宣传报道、相关专业学术期刊报纸等文献亦可以作为认定是否构成约定俗成通用名称的参考。如在本案中，原告为证明“LGG”及“BB－12”并非通用名称提交了大量文献资料，其中的媒体报道、专业报纸杂志、原告与产业链相关经营者合作协议等资料均有力证明了上述两标识作为商业标识已经与原告及原告产品形成了稳定的对应关系，且该对应关系得到了消费者、学术界及同行业其他经营者的认可。

四、通用名称认定的其他考量因素

（一）标识自身的显著性

商标显著特征有强弱之分，与构成商标标志本身、商标指定使用商品、商标指定使用商品相关公众的认知习惯、商标指定使用商品所属行业的实际使用情况等因素都有关系。[③] 商标的显著性分为固有显著性及获得显著性。一般来说，

---

① 参见金海军：《商标与通用名称问题的消费者调查方法——实证与比较》，载《暨南学报（哲学社会科学版）》2013 年第 10 期。

② See United States PTO *v.* Booking. com B. V. , 140 S. Ct. 2298.

③ 参见郎胜主编：《中华人民共和国商标法释义》，法律出版社 2013 年版，第 23 页。

标识本身越独特,所使用的商品类别与标识可能的本身含义相差越大,标识所使用商品所属行业其他经营者使用类似标识的越少,那么该标识在指定商品之上的固有显著性就越高。此外,根据《商标法》第十一条,即使是缺乏显著特征的标识,亦可以经过使用获得显著性从而在某类商品或服务上作为商标注册。标识自身的显著性越强,被淡化为通用名称的难度越大,具体到案件中则对于提出通用名称正当使用抗辩的被告方的举证要求越高。

本案中,原告主张的标识"LGG"并非本身具有通行含义的常用词语,而是臆造词,将其用作菌株产品之上具有较强的显著性,可以起到识别来源的意义。同理,"BB－12"作为臆造词,亦因在菌株产品上具有较强显著性而不易被淡化为通用名称。因而,被告若要证明该商标已经被淡化为通用名称,具有较大的证明难度。

(二)权利人对涉案标识作出的反淡化努力

即便是显著性较强的商标,当其所标识的商品在某一领域占据主要市场份额的情况下亦可能因其营销上的成功而逐渐被相关公众以该标识指代一类商品,进而存在淡化为通用名称的风险。[①] 因此,对于具有显著性的商标,权利人为防止涉案标识淡化为通用名称所作出的努力亦是认定其是否构成通用名称的参考因素,这要求权利人主观上必须具备将涉案标识作为商标使用的意图且客观上作出了防止其商标淡化为通用名称的有效举措。本案中,原告在从事市场经营时,在购销协议、商标许可协议中始终要求交易相对方以约定方式使用其商标并避免直接作为产品名称使用。同时,原告亦通过各种宣传途径积极将商标与其特定产品相联系,纠正商标的错误引用,以防止或制止商标显著性的淡化。原告的该种商标反淡化努力客观上起到了维持商标与其特定商品稳定联系的作用,对于判定涉案商标是否已经成为通用名称具有意义。

然而,实践中需要注意的是,就因显著性不足或经过淡化已经成为某种商品或服务通用名称的标识而言,使用人所做的营销、宣传等商业上的投入并不能作为其主张享有商标权益的理由。例如,在"沁州黄"侵害商标权纠纷案[②]中,最高人民法院指出注册商标权人不能因其在该商品市场推广中的贡献主张对该商品

---

① 商标初始具有较强固有显著性但在经营销售过程中淡化为通用名称的典型案例包括"84 消毒液"案[最高人民法院民事判决书,(2002)民三终字第 1 号]、"席梦思"案[最高人民法院行政裁定书,(2017)最高法行申 2200 号]等。

② 最高人民法院民事裁定书,(2013)民申字第 1642 号。

的通用名称享有商标权,从而权禁止他人使用该通用名称来表明商品品种来源。同样,美国最高法院在"Booking. com"商标案[①]中亦认为,无论一个通用名称的使用者投入了多少金钱及努力来进行促销,都无法剥夺其竞争制造商使用一个商品的通用名称来命名该商品的权利。

五、通用名称使用抗辩中被诉侵权人标识使用情况的考察

根据《商标法》第五十九条的规定,通用名称正当使用抗辩的成立要件有二:一是权利人所主张的商标中包含商品的通用名称,二是被诉侵权人的使用行为符合正当使用的要求。[②]

商标的正当使用,也在一些文献中被称为商标的合理使用,指经营者为了说明自己所提供的商品或服务,便于消费者辨认,可以对他人注册商标中所包含的信息依法不经注册商标权人许可而使用。[③] 我国目前并无法律规定明确商标正当使用的构成要件。从比较法看,《欧盟商标指令》(EU)2015/2436 序言第 27 段对于商标正当使用的定义为:"商标专用权并不赋予商标所有人禁止第三人合理地且符合诚实信用的工商业惯例地使用标识或标记"。实践中,法院认定正当使用通常会考虑被诉侵权人是否具有善意使用意图、被诉侵权人的使用方式是否超出合理范围或存在突出使用情况、被诉侵权人的适用是否会构成相关公众的混淆误认。[④] 对于使用通用名称类正当使用抗辩,可主要考量使用行为主观方面是否出于善意以及客观上面是否具有必要性与合理性、是否构成了商标性使用三个方面。

(一)主观方面:是否具有作为通用名称正当使用的善意

在商业活动中,市场经营主体的善意往往表现为遵守商业道德并遵循行业中的诚实信用惯例,这亦即《欧盟商标指令》中"符合诚实信用的工商业惯例"的

---

① See United States PTO *v.* Booking. com B. V. , 140 S. Ct. 2298.

② 例如,在"九制"侵害商标权及不正当竞争纠纷中,广东省高级人民法院指出适用《商标法》第五十九条第一款进行通用名称正当使用抗辩的成立前提,应包括注册商标含有本商品的通用名称以及他人的使用行为具有正当性两项。广东省高级人民法院民事判决书,(2019)粤民终 1861 号。

③ 参见郎胜主编:《中华人民共和国商标法释义》,法律出版社 2013 年版,第 112 ~ 113 页。

④ 参见晏景、曹佳音:《商标侵权诉讼中抗辩事由的审查与认定》,载《人民司法》2022 年第 11 期。然而关于商标正当使用抗辩是否需要使用行为客观上不具有混淆可能性,也存在不同观点,例如,在"FENDI"案再审判决中,上海市高级人民法院指出,"客观上可能导致消费者产生混淆的商标使用行为并非一概不构成商标合理使用,为指示说明商品或服务用途、来源等真实信息而使用他人商标的行为即使可能导致混淆,也应当以使用目的是否善意、方式是否合理、是否符合诚信的商业惯例作为合理使用的判断标准"。上海市高级人民法院民事判决书,(2019)沪民再 5 号。

含义。本案中,原告提交的证据显示,其在中国境内销售相关菌株产品时,均通过购销协议及商标许可协议对“LGG”及“BB - 12”标识为原告享有权利的商标及下游厂商、经销商使用该两标识的方式进行了明确约定,即不得将商标作为下游产品的产品名称使用,商标应当作为通用名称的修饰词紧跟通用名称使用如“包含 LGG©益生菌”“包含 BB - 12™益生菌”等。正是因为原告在市场经营中严格规范了下游经营者对其产品所附带商标的使用方式并进行权利声明,使“LGG”及“BB - 12”两商标作为非通用名称的商标性使用已经成为益生菌产品相关市场的惯例,被告在未经原告许可的情况下在商品内外包装中使用包含原告权利商标的标识并且标注“©”“TM”等用于强调商标的符号、配料表中亦使用了原告权利商标,违反了相关市场惯例,不符合商业道德,难言善意。

(二)客观方面:使用行为是否具有必要性与合理性

所谓正当性商标使用中的必要性,是指对于他人商标的正常使用应当限于说明或者描述自己经营商品或服务的必要范围,并且其使用行为应该具有合理性。本案中,应当注意的是“LGG”与“BB - 12”除了是原告的商标之外,同时也是原告所生产的“鼠李糖乳杆菌”以及“动物双歧杆菌”特定产品的名称,被告亦证明了其商品中确实含有原告相关产品作为原料。因而,对于被告在配料表中的非突出性使用原告商标的行为,系表明其商品的主要原料,具有必要性,其使用方式亦属于合理范畴。然而,被告未经许可在其商品内外包装中以单独颜色突出使用原告商标并且标注“©”“TM”等用于强调商标的符号的行为,显然已经超出了说明自己商品原料的必要范畴,并且该种行为并不符合食品行业中表明自己商品含有其他企业所生产原料的通常做法,不具有合理性。

(三)客观方面:是否起到识别商品来源的作用

《商标法》第四十八条规定,商标的使用,是指将商标用于商品、商品包装或者容器以及商品交易文书上,或者将商标用于广告宣传、展览以及其他商业活动中,用于识别商品来源的行为。成立通用名称正当使用抗辩,要求被告的使用行为客观上不能将标识作为商标进行使用,即对于标识的使用不能起到识别商品来源的作用。本案中,被诉行为包括在被诉产品及相关网页宣传中使用,在产品外包装及内包装上标注了“SANBEARLGG”“SANBEARBB - 12™”,在网页宣传中还使用了“LGG©”“BB - 12™”标识。特别是,在上述包含了原告权利商标(或有一定影响商品名称)的组合标识中,“LGG”与“BB - 12”以区别于标识中其他字母的单独颜色出现。被告的使用行为通过颜色的区分及加注专门的商标提示符号的方式突出使用了原告的权利标识,客观上能够起到识别商品来源的作用,属于《商标法》意义上的商标性使用,不满足通用名称正当性使用的抗辩前提。

【典型意义】

通用名称抗辩审查是商标侵权审理的难点。法院在对该类抗辩进行审查时,应遵循被动审查、有限释明的原则。重点把握两点:一是该标识是否为商品通用名称;二是被诉使用方式是否为正当使用。就前者而言,法律规定或者国家标准、行业标准可作为认定法定的通用名称的直接依据;消费者认知、媒体报道、相关政府文件、权利人自己的主观认识及使用方式可作为约定俗成的通用名称的认定依据。本案被诉标识"LGG""BB-12"均为益生菌菌株号,其商品名称与标识重合于一体。本案遵循最高人民法院"盲公饼"案的审理思路,结合标识具有显著性、原告系被诉标识唯一经营主体、其对标识使用秩序的积极维护并结合行业习惯等,认定二者均不构成通用名称,"LGG"作为商标,"BB-12"构成有一定影响的商品名称。对被诉使用方式是否正当从主客观相一致的角度,认定该使用是否超出介绍、描述商品类别的必要,被诉标识使用方式为商标性使用,构成商标侵权及不正当竞争。该案在2022年全国法院系统优秀案例分析评选中获奖。

【案例索引】

案号:

一审:上海市浦东新区人民法院(2019)沪0115民初20342号(2020年11月25日)

二审:上海知识产权法院(2021)沪73民终340号(2022年5月30日)

审判组织:

一审:宫晓艳、袁田、徐弘韬

二审:何渊、陈瑶瑶、杜灵燕

编写人:袁田、庄雨晴

10

不以使用为目的的恶意注册商标的认定与司法规制

——北京芭黎贝甜公司与上海汉涛公司侵害商标权纠纷案

裁判要旨

申请注册商标应以使用为目的,且不得以不正当手段抢先注册他人在先使用的有一定影响的商标。在商标侵权诉讼中,若商标权人系不以使用为目的、通过不正当手段抢先注册他人在先使用的有一定影响的商标,属违反诚实信用原则的商标注册行为。商标权人违反诚实信用原则注册的商标不受《商标法》的保护,据此提起商标侵权之诉的,可依照诚实信用原则予以驳回。

基本案情

原告:北京芭黎贝甜企业管理有限公司

被告:上海汉涛信息咨询有限公司

第三人:北京艾丝碧西食品有限公司

原告北京芭黎贝甜企业管理有限公司诉称,其系第15987618号"芭黎贝甜"商标(第35类广告、替他人推销等服务)、第18105404号"BARIS BAGUETTE 芭黎贝甜"商标(第40类碾磨加工、面粉加工等服务)及第14898063号"芭黎贝甜 BARIS BAGUETTE"商标(第43类烹饪设备出租)的商标权人。被告在大众点评网上传大量"巴黎贝甜"店铺信息,与原告注册商标构成近似商标,被告网站展示的团购、外卖等服务属于广告推销行为,与原告商标核定使用的服务构成类似,其行为属于侵害原告注册商标专用权的行为。同时,被告在其网站上为"巴黎贝甜"商铺提供订餐等服务,为第三人北京艾丝碧西食品有限公司侵权提供了便利，其在收到起诉材料后未断开链接，反而与第三人积极进行不侵权抗辩，该行为构成帮助侵权，原告在本案中只主张被告承担侵权责任。故起诉请求判令：被告停止侵权、消除影响并赔偿原告经济损失10,000元及合理费用11,020元。

被告上海汉涛信息咨询有限公司辩称，(1)大众点评网上的“巴黎贝甜”店铺信息均非被告上传，被告仅提供平台。(2)被告作为平台经营者，其行为不构成侵权。(3)原告并未实际使用其商标，其注册涉案商标也存在攀附第三人商誉的主观意图。

第三人北京艾丝碧西食品有限公司述称，(1)被告网站上的“巴黎贝甜”店铺信息均由其上传。(2)其提供的服务与原告商标核定使用的服务不相同也不类似，故其不构成侵权。(3)“巴黎贝甜”系其在先使用的有一定影响的商标。(4)原告恶意抢注“芭黎贝甜”等商标，违反了诚实信用原则。

法院经审理查明：原告成立于2015年1月，初始股东为金某春及沈阳绅士格林贸易有限公司(金某春为该公司的股东及法定代表人)。原告自行注册或从沈阳绅士格林公司处受让了涉案3个商标，分别于2014年12月22日、2015年10月20日和2014年7月24日申请注册。

原告成立后未实际经营，上述商标亦未实际使用，仅对外进行招商宣传。原告于2016年12月将其微信公众号认证为“巴黎贝甜”和“巴黎贝甜PARISBAGUETTE”，在该公众号内发布“芭黎贝甜中国事业部……全国招商400－0082－086……来自韩国服务中国……www. baguette. com. cn”的招商内容。“www. pariscroissant. cn”和“www. baguette. com. cn”网站上均发布了“巴黎贝甜”烘焙加盟的宣传，大量使用了“巴黎贝甜BARIS BAGUETTE”等标识。其中，域名“baguette. com. cn”的注册人为金某春，“pariscroissant. cn”的注册人为金某春及沈阳绅士格林公司作为股东成立的北京驰名会教育咨询有限公司。

第三人成立于2005年8月，系案外人艾丝碧西投资有限公司设立的全资子公司，与其他全资子公司分别在我国各地经营“巴黎贝甜”饼店。该饼店最早于2004年在上海开业，第三人负责在北京经营。第三人及其关联公司为宣传“巴黎贝甜”品牌做了大量的宣传推广，包括：2008年至2013年，在《非诚勿扰》《我的青春谁做主》等5部影视剧植入广告，拍摄并播放了2个品牌宣传片；2011年1月至2014年7月，在各类报刊发布83次广告；2011年2月开始在各大网站有大量报道，其中2014年5月前有20余次报道。以上宣传载体中均使用了“PARIS

BAGUETTE 及图”和“巴黎贝甜”。2006 年开始,“巴黎贝甜”品牌及其经营者每年均获得各项荣誉,包括被中国商品学会认定为中国优质产品重点推广产品、多次被中华全国工商业联合会烘焙业公会、中国烘烤食品糖制品工业协会、全国饼店等级评定委员会等行业协会评为“金牌杰出饼家”“中华烘焙明星饼店”“全国十佳饼店”“五星级饼店”“名优食品”等,还是 2008 年奥运餐饮供应企业。

在被告经营的大众点评网的北京站搜索“芭黎贝甜”,下拉列表中会出现大量“巴黎贝甜”相关的搜索建议项,点击“巴黎贝甜”后,出现 4 页搜索结果,均为北京市不同地址的名为“巴黎贝甜”的店铺信息。上述“巴黎贝甜”饼店均系第三人的直营店或加盟店,大众点评网上的店铺信息均由其统一上传。

另查明,金某春在我国共提出了 639 个商标注册申请,原告提出了 39 个商标注册申请,沈阳绅士格林公司提出了 195 个商标注册申请。顶级商标转让网(48590. maizhi. com)的“商标超市”栏目中有大量待转让的商标,其中包括原告的涉案 3 个注册商标,联系人均为金某春,价格均为 3 万元。该网站的公司简介处介绍:“本站经营范围以商标转让为主,提供全面及时的商标交易服务……联系人:金某春……”

【法院裁判】

上海市浦东新区人民法院经审理认为,本案的争议问题在于以下三个方面:

1. 被告网站上的“巴黎贝甜”店铺信息均由第三人上传,而第三人经营的饼店属于《类似商品和服务区分表》中第 43 类餐饮服务的一种,其在大众点评网的店铺信息中使用“巴黎贝甜”属于在餐饮服务上使用该商标,与原告涉案 3 个注册商标核定使用的服务不构成相同或类似服务。因此,被告行为不侵权。

2. 被控商标系第三人在先使用的有一定影响的商标。在原告申请注册涉案 3 个注册商标前,第三人及其关联公司早已开始在饼店经营中使用“巴黎贝甜”标识,在全国开设了大量饼店,实施了形式多样、范围广泛的宣传推广,获得了行业内的大量荣誉。对于烘焙行业的相关公众来说,“巴黎贝甜”标识与第三人及其关联公司之间建立了稳定的联系,属于其在先使用的有一定影响的商标。

3. 原告取得和行使涉案注册商标专用权的行为有违诚实信用原则。原告及其关联公司将第三人在先使用的有一定影响的商标稍作修改后进行商标注册,且不实际使用而在网上兜售;原告注册“芭黎贝甜”等商标,但在宣传加盟时使用的是第三人的“巴黎贝甜”;原告及其关联主体申请注册了大量商标并在网上兜售。

上海市浦东新区人民法院于2018年9月14日作出(2018)沪0115民初28204号民事判决,判决驳回原告北京芭黎贝甜企业管理有限公司的诉讼请求。

一审宣判后,原告不服提起上诉,上海知识产权法院判决驳回上诉,维持原判。

【案例评析】

本案中,第三人将被控商标使用在烘焙服务上,与原告注册商标核定使用的服务并不类似,故原告的侵权指控不成立,法院据此判决驳回其诉讼请求。在此基础上,法院根据原告取得涉案注册商标专用权及行使权利的过程,还认定其注册涉案商标并非出于使用目的,且构成恶意抢注,违反了诚实信用原则,其商标权不应受到法律保护。

一、《商标法》中的诚实信用原则

诚实信用原则是民事领域的基本原则和帝王条款,在整个民商事法律体系中发挥基础性和全局性的作用。无论是在实体权利的取得和行使的过程中,还是在寻求救济的诉讼过程中,行为人均应遵循诚实信用原则。在实体权利的取得和行使方面,诚实信用原则鼓励和支持人们通过诚实劳动积累社会财富和创造社会价值,并保护在此基础上形成的财产性权益,以及基于合法、正当的目的支配该财产性权益的自由和权利;同时又要求人们在市场活动中讲究信用、诚实不欺,在不损害他人合法利益、社会公共利益和市场秩序的前提下追求自己的利益。在民事诉讼活动中,诚实信用原则保障当事人有权在法律规定的范围内行使和处分自己的民事权利和诉讼权利;同时又要求当事人在不损害他人合法权益和社会公共利益的前提下,善意、审慎地行使自己的权利。任何违背法律目的和精神,以损害他人正当权益为目的,恶意取得并行使权利、扰乱市场正当竞争秩序的行为均属于权利滥用,其相关权利主张不应得到法律的保护和支持。

《商标法》第七条第一款规定,申请注册和使用商标,应当遵循诚实信用原则。该规定是诚实信用原则在商标法领域的具体体现,从商标的注册和商标权的行使两个层面进行规范。

就商标注册层面而言。首先,诚实信用原则要求申请注册商标应有使用意图。《商标法》第四条第一款规定,自然人、法人或者其他组织在生产经营活动中,对其商品或者服务需要取得商标专用权的,应当向商标局申请商标注册。根据该规定，自然人、法人或者其他组织申请注册商标应出于生产经营活动的需要，申请注册商标应出于使用目的。商标的基本功能是识别商品或服务来源，若脱离生产经营活动的需要而申请注册商标，显然不可能实现该功能，也背离了《商标法》的立法初衷。因此，虽然我国《商标法》不要求申请注册商标以实际使用为前提，但仍要求具有使用目的。2019 年 11 月 1 日起施行的《商标法》更是明确规定“不以使用为目的的恶意商标注册申请，应当予以驳回”。其次，诚实信用原则要求申请注册商标不能侵犯他人的在先权或其他合法权益。商标权系经注册而取得的一种财产权，当该权利与其他权益发生冲突时，法律保护通过诚实劳动形成的财产性权益，而不保护通过侵害他人合法权益的方式取得的权益。《商标法》将部分商标注册行为明确规定为不予注册或无效的理由，如第十三条的申请注册模仿他人驰名商标的行为、第十五条的与商标先使用人有特定关系的主体申请注册该商标的行为、第三十条的申请注册与他人注册商标存在冲突的商标及第三十二条的申请注册损害他人在先权的商标及恶意抢注商标的行为等。

就权利行使层面而言，商标权人应在法律规定的框架内善意、审慎地行使自己的权利，而不应滥用其商标权。商标权的善意行使要求权利人在商标权获准注册的范围内对商标进行商业化使用，以发挥商标区分商品来源的功能，而非将注册商标本身作为牟利的工具。任何违背法律目的和精神，以损害他人正当权益为目的，恶意取得并行使权利的行为，均属于权利滥用。例如，商标权人对其注册商标不进行真实有效的使用，反而对外售卖，或对商标在先使用人进行恶意投诉、起诉的，可认定系权利滥用。《商标法》还在第六十八条规定，对恶意提起商标诉讼的，由人民法院依法给予处罚。

二、不以使用为目的恶意注册商标的认定

（一）关于“使用目的”的认定

“使用目的”是一个主观条件，若注册人在申请注册商标前已就该商标进行了实际使用，则显然系出于使用目的的申请注册商标，故注册人可以通过提交拟注册商标的实际使用证据来证明其系“以使用为目的”。根据《商标法》第四十八条的规定，商标的使用，是指将商标用于商品、商品包装或者容器以及商品交易文书上，或者将商标用于广告宣传、展览以及其他商业活动中，用于识别商品来源的行为。商标局还曾发布《提供商标使用证据的相关说明》，对商标使用的具体表现形式、不视为商标使用的证据等进行了具体规定。根据以上规定，当事人提交的商标使用证据，在形式上可以表现为商品、交易文书、传统或网络宣传媒介等;以上证据应能体现出商标标志和使用时间;应系公开的商业领域使用证据;应系真实的商业使用,不能仅有许可合同,也不能是象征性使用;不能仅提交销售合同或商品等孤证。此外,还应避免提交单方制作的证据,如交易双方自行印制的订单、发货单等单据,以上证据因无法证明交易是否实际发生,证明力非常有限,均需与合同、发票、付款凭证等证据相互配合才能证明商标的使用情况。

若注册人申请注册的系其尚未开始使用的商标,其是否具有使用目的很难在注册申请阶段进行准确判断。笔者认为,可以根据以下客观事实对注册人是否具有使用目的来进行认定:(1)申请人是否为使用商标做了准备,如为使用商标准备经营场所、设备及人员等,为推销商品印制宣传资料、发布宣传广告等。该种准备使用商标的证据应是商业活动中真实的使用证据,而不能是为了证明使用目的而炮制出的个别证据。申请人有可能刻意制作以上证据以证明其为使用商标做了准备,若之后并未实际使用,仍有可能在商标异议阶段被不予核准注册,或在获准注册后被宣告无效。(2)申请注册的商标是否符合其生产经营所必需。一般而言,经营者会以其经营的产品和服务为范围申请注册商标,而不会申请注册与自己的经营范围完全无关的商标。若超出正常经营所需而大量囤积商标,则很难认定其系出于使用目的而注册商标。该行为违反了《商标法》的立法目的,会损害正常的商标注册秩序,不正当地挤占有限的商标资源,不应受到法律的保护。

"使用目的"还是一个动态条件,有可能会出现在注册时不具有使用目的,但将来会实际使用的情形。例如,企业在经营过程中,为防止他人攀附其已经获准注册并实际使用的商标的声誉,会基于预防侵权的考虑而申请并不会实际使用的防御商标,如在相同商品上申请近似商标,或在类似商品上申请相同或近似商标。又如,在企业跨界经营较为普遍的互联网经济背景下,很多企业会进行商标布局,提前在尚未涉足的领域申请注册商标,以便在之后拓展业务范围时可随时投入使用。从表面上看,注册防御商标及备用商标时均不以使用为目的,与囤积商标的行为类似。但从商标注册人的主观动机上看,注册防御商标是为了预防他人攀附已有商标的声誉,能够制止潜在的商标侵权人获得涉嫌侵权商标的专用权,在一定程度上有利于良性商标秩序的建立。注册备用商标则是为了将来的使用,也属于商业经营中的正常行为,只要不是长时间不使用(如三年不使用),就不会不正当地挤占商标资源。因此,对于合理的注册防御商标和商标布局行为的处理,应与处于不正当牟利目的的商标囤积行为相区别,这就涉及对商标注册人主观状态的考察。

（二）关于“恶意”的认定

《商标法》修订草案第四条修改内容最初的表述为“不以使用为目的的商标注册申请，应当予以驳回”。鉴于人大常委会委员反映，已取得注册商标并实际使用的主体基于预防侵权的考虑而申请防御商标的行为不应被纳入此次规制的范围内，故最终增加了关于“恶意”的规定。

“恶意”作为一个主观条件，也需要通过客观行为来认定，可能表现为：(1)职业商标抢注人大量囤积商标，即商标申请人在没有实际经营业务的情况下，短时间内大量申请商标注册。(2)申请人明显超过合理限度在其经营范围外大量申请注册商标。(3)代理人抢注客户商标、抢注合作伙伴商标等情形。(4)明知是他人在先使用的有一定影响的商标而抢先注册。(5)申请人获准注册后不实际使用商标，反而对外售卖商标，或胁迫在先使用人与其进行合作、索要高额转让费、许可使用费等，或大量进行侵权投诉、起诉索赔。具有以上情形的，可以认定商标注册人具有“恶意”，视情况分别依据《商标法》的不同条文不予核准注册，在先权利人或利害关系人可申请无效。

三、不以使用为目的的恶意注册商标不予保护

诚实信用原则作为法律原则，在案件审理中一般不直接单独适用。但由于具体法条无法穷尽或涵盖所有恶意注册或权利滥用的类型，在具体法条无法适用的情况下，诚实信用原则可以发挥兜底作用，以填补法律漏洞。此外，《商标法》将不以使用为目的恶意注册商标等情形规定为不予注册或无效的理由，但并未规定为不侵权的抗辩理由。当商标侵权案件中的权利商标存在以上情形时，被告并不能直接援引以上条款作为不侵权的抗辩，而只能向商标行政机关申请商标无效。鉴于商标授权确权纠纷的处理耗时较长，而以上情形确属违反诚实信用原则取得商标注册，应允许法院在商标侵权案件中直接适用诚实信用原则进行裁判。审判实践中，越来越多的法院以商标权人取得或行使商标权违反诚实信用原则为由，在商标侵权纠纷中驳回商标权人的诉讼请求。例如，最高人民法院审理的王某永诉深圳歌力思服饰股份有限公司、杭州银泰世纪百货有限公司侵害商标权纠纷案，广州市指南针会展服务有限公司等与优衣库商贸有限公司等侵害商标权纠纷案等。

在具体案件中，行为人在商标注册和权利行使两个阶段违反诚实信用原则往往是相辅相成的，恶意注册商标及囤积商标是为了在获准注册后利用商标牟利,在获准注册后往往会存在权利滥用;滥用权利的主体,其申请注册商标往往也存在不正当之处。如前述“歌力思”案和“优衣库”案中,原告均存在恶意抢注他人在先使用的有一定影响的商标,以及超出经营范围,非以使用为目的且无合理或正当理由大量申请注册并囤积商标的不诚信商标注册行为,同时还均存在不实际使用上述商标反而转让商标,以及以上述商标作为权利基础进行批量投诉及维权的权利滥用行为。法院以违反诚实信用原则为由,判决驳回原告的诉讼请求。浙江省杭州市余杭区法院(2017)浙 0110 民初 18627 号案在此基础上进一步认定具备“恶意注册”“恶意投诉”“恶意售卖”“商标囤积”等行为要件的“职业商标抢注人”可以纳入《反不正当竞争法》的管理范围,适用该法第二条关于诚实信用原则的原则性规定,认定构成不正当竞争。

本案中,在原告及其关联公司申请注册涉案注册商标前,第三人在西饼店上使用的“巴黎贝甜”标识已具有一定影响,原告及其关联公司对此不可能不知情。在此情况下,原告及其关联公司仍申请注册与“巴黎贝甜”极为近似的涉案注册商标,明显存在恶意。根据原告及其关联主体共计申请了近 900 个商标、获准注册后未在经营活动中实际使用反而通过网络兜售商标等事实,可以认定原告及其关联公司申请注册涉案商标不具有使用意图,存在通过囤积商标而牟利的行为。根据双方的陈述,除本案外,原告还就同一性质的行为在其他法院起诉其他电商平台,并进行行政投诉,可见原告存在权利滥用行为。据此,法院认定原告注册涉案商标、行使商标权、提起本案诉讼并索赔的行为违反了诚实信用原则。

【典型意义】

本案系不予保护违反诚实信用原则注册的商标的典型案例。在商标纠纷案件中,并非获准注册的商标当然能获得法律的保护,还应对其权利取得过程是否违反诚实信用原则,行使权利是否存在权利滥用进行审查。本案中,法院综合审查第三人在先使用商标的事实、原告取得权利商标及行使权利的全过程,认定原告取得权利商标违反了诚实信用原则,提起本案诉讼属于权利滥用,最终认定其存在瑕疵的权利商标不受法律保护。本案入选 2020 年《人民法院案例选》。

【案例索引】

案号:

一审:上海市浦东新区人民法院(2018)沪 0115 民初 28204 号(2018 年 9 月

14 日)

二审:上海知识产权法院(2019)沪 73 民终 5 号(2019 年 4 月 25 日)

审判组织:

一审:倪红霞、叶菊芬、李加平

二审:钱光文、范静波、黄旻若

编写人:叶菊芬

11

有一定影响的在先未注册商标的认定及保护路径

——拓野公司与恩倍科微公司等侵害商标权纠纷案

裁判要旨

先于商标注册人使用与注册商标相同或近似并有一定影响的商标的,注册商标专用权人无权禁止在先使用人在原有范围内继续使用,二者可以共存。若商标注册人系以不正当手段抢先注册他人在先使用的有一定影响的商标的,其商标权不受法律保护。

在认定被控商标是否构成在先使用的有一定影响的商标时,应强化证据审查,甄别控辩双方的实际使用状况及商标注册人的真实注册意图。对原告抢注商标不具有使用意图,也未进行实际使用,明显违反诚实信用原则的,可合理降低被告在先商标"有一定影响"的证明标准。被告有证据证明其在先商标在一定的地域范围或领域内持续稳定使用,有一定的经营业绩或宣传量,使该商标为特定地域或领域内的相关公众所知悉的,即可认定"有一定影响"。

基本案情

原告:拓野科技有限公司(Ambitmicro Technology Limited)

被告:恩倍科微公司(Ambiq Micro, Inc.)

被告:富士通电子元器件(上海)有限公司(以下简称富士通公司)

原告拓野科技有限公司诉称,其在第九类商品上享有"Ambitmicro"注册商标专用权,被告恩倍科微公司未经许可,擅自在其生产的微控制器等产品上使用

“Ambiq Micro”商标,侵犯了原告的商标权。富士通公司在原告向监管机构投诉后,仍继续销售该产品,亦侵犯了原告的商标权。故起诉请求判令两被告停止侵权;恩倍科微公司赔偿原告40万元;富士通公司对其中的5万元承担连带责任。

被告恩倍科微公司辩称,(1)“Ambiq Micro”系其在先使用且有一定影响的商标及商号,原告无权禁止其使用。(2)原告注册“Ambitmicro”商标系恶意抢注,也未对该商标进行真实的使用。(3)原告持续向恩倍科微公司及其关联方恶意发送警告函和工商投诉,并提起本案诉讼,系企图通过滥用商标权谋取不当得利。

被告富士通公司辩称,(1)其在监管机构因原告投诉而询问时,向恩倍科微公司了解情况,恩倍科微公司告知已提起商标无效争议。(2)其销售的商品均有合法来源,且不存在主观过错,即使恩倍科微公司侵权,其作为销售者亦无须承担赔偿责任。

法院经审理查明:2015年12月18日,案外人裴张某出资1万港元,在香港注册成立原告。同年12月31日,原告向我国商标局申请注册第18766213号“Ambitmicro”商标,2017年2月7日获准注册,核定使用在第9类计算机存储装置、计算机硬件、芯片(集成电路)、半导体器件等商品上。

被告恩倍科微公司于2010年1月20日成立于美国,生产、销售“Ambiq Micro”品牌的芯片、微控制器、实时时钟等产品。2012年8月19日,该公司向美国专利商标局申请注册“Ambiq Micro”商标(第9类半导体装置),2013年4月30日获准注册。自2014年1月起,该公司在中国通过多个经销商销售其产品,包括被告富士通公司。根据现有证据,在2015年12月31日前,其中一个经销商5个月的货款达6万多美元,另一个经销商4个月内4次进口被诉产品的总价近35万美元,多个业内期刊及网站对其进行报道。该公司在“2016年全球最值得关注的60家半导体新兴企业一览”中排名第二,入选“2017年中关村论坛”的“2017盛景全球创新大奖TOP21榜单”。

原告2017年2月7日获准注册“Ambitmicro”商标后,自同年5月31日开始多次向恩倍科微公司及其投资方、经销商发送警告函,并向监管部门投诉,称恩倍科微公司的“Ambiq Micro”微控制器等产品侵害了原告商标权。恩倍科微公司收到律师函后,于同年7月以原告商标系恶意抢注为由向商评委提出无效宣告请求,并陆续在我国内地(大陆)及香港特区、澳门特区、台湾地区申请注册第9类商品上的“Ambiq Micro”等商标,除我国内地(大陆)的商标被原告提起异议外,其余均获准注册。

原告成立后未经营,仅在2018年4月26日与案外人达成一笔关于销售260个Ambitmicro品牌SD卡、U盘及TF卡的交易,货款人民币8700元。原告的网站上原先展示的产品系标价为0的Microsoft Windows、戴尔、索尼等商品,“公司新闻”中均系与原告无关的新闻。在前述交易后,原告在其网站上增加以上3款产品,但参数介绍分别系手机、财务管理软件及Windows7的介绍。

【法院裁判】

上海市浦东新区人民法院经审理认为,本案的争议焦点主要在于被告恩倍科微公司的商标先用权抗辩是否成立。《商标法》第五十九条第三款规定,商标注册人申请商标注册前,他人已经在同一种商品或者类似商品上先于商标注册人使用与注册商标相同或者近似并有一定影响的商标的,注册商标专用权人无权禁止该使用人在原使用范围内继续使用该商标,但可以要求其附加适当区别标识。可见,商标先用权抗辩成立的条件在于:(1)被控行为系在同一种商品或者类似商品上使用与原告注册商标相同或者近似的商标。(2)被告具有使用在先的客观事实。(3)被告在先使用的商标有一定影响。

首先,恩倍科微公司在同一种商品上使用了与原告注册商标近似的商标。恩倍科微公司在集成电路、芯片等产品及宣传中使用了“Ambiq”“Ambiq Micro”标识,上述产品与原告的涉案“Ambitmicro”注册商标核定使用的计算机硬件、芯片(集成电路)、半导体器件属相同商品;恩倍科微公司使用的标识与原告的“Ambitmicro”商标相比,其中的“Ambiq Micro”与原告商标仅一个字母的区别,从外观上看极为近似,容易使相关公众产生混淆,构成近似商标。因此,恩倍科微公司的行为属于在同一种商品上使用与原告注册商标近似商标的行为。

其次,恩倍科微公司使用被诉侵权标识的时间先于原告申请注册“Ambitmicro”商标之日。商标先用权抗辩中的在先使用,应是在中国市场的使用。恩倍科微公司于2010年成立于美国,将被控侵权标识登记为其商号,2012年开始在其产品上使用“Ambiq Micro”商标并在美国进行了商标注册。可见,恩倍科微公司最早在美国将“Ambiq Micro”作为商号及商标使用。2014年1月开始,恩倍科微公司通过经销商在中国销售被诉侵权产品,而原告于2015年12月31日申请注册“Ambitmicro”商标,故恩倍科微公司使用被诉侵权标识的行为先于原告申请注册“Ambitmicro”商标之日。原告以恩倍科微公司提交的商标使用证据存在无原件或境外证据未经公证、认证等瑕疵，以及交易证据不完整为由，认为上述证据系为了本案而伪造。本院认为，恩倍科微公司就其主张的商标在先使用行为应承担举证责任，但该公司通过经销商在中国销售商品，整个交易链条较长，涉及的主体较多，要求其完整提交每个交易环节的全部交易材料原件确实存在一定难度。同时，证明恩倍科微公司在先使用被诉侵权标识这一待证事实的存在，只要在案证据能够证明恩倍科微公司的被诉侵权产品确实流入中国市场即可，并不需要提交从进口、中间商到最终用户整个交易链条每个环节的全部材料。综合审查恩倍科微公司提交的证据，可以认定恩倍科微公司自 2014 年 1 月开始与多个经销商签订关于被诉侵权产品的经销协议。就具体交易而言，虽然交易链条中的部分证据存在原告所称的形式瑕疵，但正如本院在证据认证时所述，该部分证据与经质证的其他证据能相互印证，共同证明交易事实的存在。上述证据涵盖了恩倍科微公司与经销商达成订单、付款乃至进口报关等交易环节，恩倍科微公司还提交了经销商在中国市场多次销售被诉侵权产品的证据，足以证明其产品在中国市场销售的事实。原告认为恩倍科微公司提交的证据系伪证的理由不足，亦未提交证据予以证明，本院对其意见不予采纳。原告还认为上述证据不能证明系关于被诉侵权产品的交易。但一方面，上述证据中，部分证据明确载明了被诉侵权标识，部分证据载明的产品型号与恩倍科微公司提交的被诉侵权产品实物及宣传报道中提及的产品型号相同，在无相反证据的情况下，可以认定恩倍科微公司在其产品、交易文件上均使用了被诉侵权标识。另一方面，原告在其发送侵权警告函中主张，恩倍科微公司在其经营的商品上使用了被诉侵权标识。因此，本院对原告的上述意见亦不予采纳。综上，现有证据足以证明恩倍科微公司在中国市场使用被诉侵权标识的时间先于原告申请注册"Ambitmicro"商标之日。

最后，恩倍科微公司在先使用的被诉侵权标识在 2015 年 12 月 31 日前已在中国市场具有一定影响。关于认定"有一定影响"时应考虑的因素，根据《最高人民法院关于审理商标授权确权行政案件若干问题的规定》第二十三条第二款的规定，在先使用人举证证明其在先商标有一定的持续使用时间、区域、销售量或者广告宣传的，人民法院可以认定为有一定影响。虽然该款系针对商标授权确权行政案件中关于《商标法》第三十二条"有一定影响"的认定，但同一法律中使用相同法律术语的，其含义应相同。因此，本案中对在先使用的商标是否"有一定影响"的认定，可以参考前述规定。根据查明的事实，从销售时间、区域来看，恩倍科微公司自2014年1月开始在中国市场通过数个经销商销售被诉侵权产品,至原告申请注册"Ambitmicro"商标时,已持续使用2年,销售的地域范围涵盖多个省级行政区。从销售量来看,现有证据证明,仅深圳擎鼎公司一个销售商在短短4个月内进口被诉侵权产品的金额即达35万美元,其余数个经销商与恩倍科微公司之间亦存在关于被诉侵权产品的交易。可见,在原告申请注册涉案商标前,被诉侵权产品在中国已经有一定的销售规模。从宣传及报道情况来看,恩倍科微公司通过其公司官网、经销商网站及相应论坛对该品牌进行宣传,在业内期刊及网络平台均有一定的媒体报道量。此外,恩倍科微公司于2016年入选全球最值得关注的60家半导体新兴企业,可证明其在该时间点之前的经营业绩和业内地位获得了行业的高度认可。根据以上事实,可以认定恩倍科微公司在先使用的被诉侵权标识在半导体、集成电路行业已经有一定影响。综上,恩倍科微公司的商标先用权抗辩成立,原告对两被告的指控不成立,本院不予支持。

《商标法》第七条第一款规定,申请注册和使用商标,应当遵循诚实信用原则。《民事诉讼法》第十三条第一款规定,民事诉讼应当遵循诚实原则。本案中,恩倍科微公司经营的被诉侵权产品系科技密集型产品,直接使用该产品的客户系集成电路、半导体行业的其他高科技企业而非终端消费者,故恩倍科微公司及其产品的影响范围主要在该行业内。原告系自然人成立的一人公司,并不具备该行业的相应技术能力,其法定代表人亦自认在注册涉案商标前对该行业不了解,但其在公司成立当月即申请注册涉案商标,商标获准注册后3个月即开始明确针对恩倍科微公司的多个经销商发送侵权警告函并向监管部门投诉,甚至还向恩倍科微公司的投资方发送侵权警告函,所涉商品系原告并不了解的高科技商品。可见,原告申请注册涉案商标,有刻意针对恩倍科微公司之嫌。原告在香港成立后,并未在香港进行任何经营,而仅在涉案商标获准注册将近一年且恩倍科微公司已就该商标提出无效宣告申请9个月时,与案外人达成了一笔关于U盘等小型存储设备的交易,该种使用行为并不符合商业活动中使用商标的惯常做法;同时,原告所称的宣传该商品的网站内容也存在明显的不合理之处。据此可以认定,原告申请注册涉案商标时并不具有真实的使用意图,也未对该商标进行真实的使用。综合考虑以上事实,本院认定原告申请注册涉案商标系出于不正当的目的,其申请注册涉案商标、获准注册后批量发送侵权警告函、进行行政投诉以及提起本案诉讼的行为,明显违反了诚实信用原则,其相关权利主张不应得到法律的保护和支持。

上海市浦东新区人民法院于 2019 年 6 月 27 日作出(2018)沪 0115 民初 46794 号民事判决:驳回原告的诉讼请求。宣判后,双方均未上诉,该案已生效。

【案例评析】

商标先用权保护制度是指在商标注册制的制度背景下,为保护商标在先使用人利益的一种制度设计。商标权的取得途径有两种:一是使用取得制,即通过使用取得商标权,只要商标在商业活动中用于识别某种商品或服务的来源,则商标使用者就可以取得商标权。二是注册取得制,即通过注册取得商标权,商标在特定机构进行注册并公示后,商标注册人取得商标权。从商标的本质来看,其只有在实际使用中才能发挥识别来源的作用并积累商誉,因此才有获得法律保护的必要和正当性。可见,使用取得制更符合商标的本质和内涵。但由于使用的事实无法以书面形式公之于众,单一的使用取得制会带来较高的商标确权与维权成本。相反,注册取得制采取了公示制度,有利于商标权的确认、贸易开展和纠纷解决,在现代商业社会更具经济和效率价值。但单一的注册取得制忽视了未注册商标在先使用人的正当利益,容易导致商标恶意抢注的现象泛滥。为此,目前各个国家和地区多不再单纯采取一种商标权取得制度,而是融合吸收两种制度的优点。英美法系国家早期的商标保护一般以使用为基础,并按照使用的先后确定商标权的归属。即便后来在法律中规定了商标注册制度,商标使用在商标注册中也有重要作用,《美国兰哈姆法》《英国商标法》《加拿大商标法》中均要求注册人有使用商标的意图。① 而在采取注册取得制的国家和地区,如法国、日本及我国台湾地区,则往往会规定商标先用权保护制度,作为克服商标注册制缺陷的补救措施。② 我国《商标法》亦采取此种制度设计,在规定商标权注册取得制的基础上,通过规定商标先用权保护制度,平衡商标注册人与商标在先使用人之间的利益。

一、我国法律中的商标先用权保护制度

我国 1982 年制定的《商标法》采取单一注册制,因而引发诸多的商标抢注现象。为遏制这一乱象,我国《商标法》在修订中逐步强调商标使用的作用。例如,

---

① 参见王迁:《知识产权法教程》(第 6 版),中国人民大学出版社 2019 年版,第 409 ~ 410 页。

② 参见王莲峰:《商标先用权规则的法律适用——兼评新〈商标法〉第 59 条第 3 款》,载《法治研究》2014 年第 3 期。

1993年《商标法》第一次修正时，在第二十七条第一款规定“已经注册的商标……或者是以欺骗手段或者其他不正当手段取得注册的，由商标局撤销该注册商标；其他单位或者个人可以请求商标评审委员会裁定撤销该注册商标”。2001年第二次修正时，在第十三条规定禁止抢注驰名商标，在第三十一条规定禁止注册损害他人在先权的商标及以不正当手段抢先注册他人已经使用并有一定影响的商标，否则利害关系人可请求撤销。以上制度均立足于商标注册程序，使商标在先使用人可在商标注册程序中获得积极的、排他的注册商标专用权，但对于商标已被他人抢先注册，在先使用人如何在侵权诉讼中保护自己的利益则未予明确。2002年公布的《商标法实施条例》在第五十四条规定“连续使用至1993年7月1日的服务商标，与他人在相同或者类似的服务上已注册的服务商标相同或者近似的，可以继续使用”，赋予了部分未注册服务商标的先用权抗辩，但这只是为了解决1982年《商标法》未规定服务商标而导致的在先使用的服务商标无法得到保护的问题，仅限于在先使用且连续使用至1993年7月1日的未注册服务商标，并不涉及商品商标。2013年《商标法》第三次修正时，在第五十九条第三款规定了覆盖全部类型商标的先用权抗辩，即“商标注册人申请商标注册前，他人已经在同一种商品或者类似商品上先于商标注册人使用与注册商标相同或者近似并有一定影响的商标的，注册商标专用权人无权禁止该使用人在原使用范围内继续使用该商标，但可以要求其附加适当区别标识”。

商标先用权抗辩赋予商标在先使用人对抗侵权指控的消极权利，其余制度则赋予满足一定条件的在先商标使用人注册优先权、异议权、撤销权、无效申请权等积极权利。此外，有一定影响的未注册商标还可获得《反不正当竞争法》的保护，禁止他人以混淆的方式使用该商标。以上制度从不同层面平衡了商标注册人与商标在先使用人之间的利益，对在先使用的未注册商标提供立体的全方位的保护。根据商标先用权保护制度的具体规定，商标是否“在先使用”及是否“有一定影响”系司法审查的重点。

二、关于商标在先使用的审查

根据《商标法》第四十八条的规定，商标的使用，是指将商标用于商品、商品包装或者容器以及商品交易文书上，或者将商标用于广告宣传、展览以及其他商业活动中，用于识别商品来源的行为。商标局还曾发布《提供商标使用证据的相关说明》，对商标使用的具体表现形式、不视为商标使用的证据等进行了具体规定。根据以上规定，当事人提交的商标使用证据，在形式上可以表现为商品、交易文书、传统或网络宣传媒介等；以上证据应能体现出商标标识和使用时间；应系公开的商业领域使用证据；应系真实的商业使用，不能仅有许可合同，也不能是象征性使用；不能仅提交销售合同或商品等孤证。此外，当事人还应避免提交单方制作的证据，如交易双方自行印制的订单、发货单等单据，以上证据因无法证明交易是否实际发生，证明力非常有限，需与合同、发票、付款凭证等证据相互配合才能证明商标的使用情况。

实践中，当事人主张商标在先使用时，提交的证据往往会涉及数年前的证据，其是否留存证据、留存多少证据、证据是否合规等均有可能存在问题。一般而言，当事人会将其过去销售产品的合同、发票及现在的产品相结合作为商标使用证据，但销售合同和发票不一定会显示商标，现在的产品不能证明过去的商标使用情况，还需提交内容可相互印证的其他证据。

本案中，被告通过经销商在中国销售商品，整个交易链条较长，涉及的主体较多，要求其完整提交某批次商品在每个交易环节的全部交易材料确实存在一定难度。故只要在案证据能够证明被诉侵权产品确实在中国市场销售及其销售时间即可，并不需要提交某批商品从进口、中间商到最终用户整个交易链条每个环节的全部材料。被告提交了其与多个经销商签订的经销合同、部分经销商向其付款的银行明细、其中一个经销商进口货物的报关单及该经销商在我国市场销售商品的部分订单、发货单、发票及银行付款明细等诸多证据。虽然交易链条中的部分证据存在原告所称的缺乏原件或未注明商标等瑕疵，但该部分证据与经质证的其他证据能相互印证，且涵盖了从与经销商达成订单、付款、进口报关、国内市场的销售等交易环节，共同证明所涉交易事实的存在。因此，被告提交的上述证据能够形成证据链，共同证明其涉案产品在中国市场销售的情况，原告认为上述证据系伪证的理由不足。此外，被告早已在美国使用并注册该商标，并在我国内地（大陆）及香港特区、澳门特区、台湾地区申请注册该商标，反映出其在扩张市场时积极使用商标的意愿。因此，法院有合理的理由相信被告在开拓我国内地（大陆）市场时也会使用该商标，而原告在其发送的侵权警告函中亦主张被告使用了被诉商标，可见本案其他事实也可佐证被告在中国使用被诉商标的事实。

相反，原告在公司成立后长期未进行任何经营，仅在涉案商标获准注册将近一年且恩倍科微公司已就该商标提出无效宣告申请9个月时，与案外人达成一笔关于U盘等小型存储设备的交易，并在此后将该商品上传至其官网，但商品介绍中却系其他商品的介绍。该种使用行为并不符合商业活动中使用商标的惯常做法,明显系为了证明商标使用事实而临时进行象征性使用,并非真实的商业使用。

三、关于在先商标"有一定影响"的认定

《商标法》第三十二条关于商标恶意抢注及第五十九条第三款关于商标先用权抗辩的规定中均使用了"有一定影响的商标"的表述,二者作为从不同层面对在先商标进行保护的制度,且使用了相同的法律术语,根据体系解释的原则,其含义也应相同。

商标的影响力主要涉及广度和深度两方面,影响广度是指在先商标的影响范围是否应遍及全国,还是仅局限于部分区域;影响深度是指相关公众对该商标的认知状态是否应达到熟知的程度,还是只要知悉即可。有观点认为,商标先用权抗辩中"有一定影响"的认定标准应低于商标恶意抢注中"有一定影响"的标准,理由在于前者仅能被动抗辩,而后者还可阻止商标的注册。但与《商标法》第五十九条第三款相比,第三十二条多了"不正当手段"这一要件。根据《最高人民法院关于审理商标授权确权行政案件若干问题的规定》第二十三条第一款的规定,商标申请人明知或应知"有一定影响"的在先商标的,推定其构成"以不正当手段抢先注册"。实践中,对该"明知或应知"的主观状态往往会根据在先商标的影响广度和深度来认定,影响范围越大、程度越深,则更易于认定商标注册人存在"明知或应知"。该认定方式可能会导致商标恶意抢注成立时,在先商标影响力要大于仅成立商标先用权抗辩的情形。但这是因为恶意抢注中"不正当手段"要件使在先商标的影响力被拔高,而非因为对"有一定影响"的认定标准不同。

《最高人民法院关于审理商标授权确权行政案件若干问题的规定》第二十三条第二款对《商标法》第三十二条中"有一定影响"的认定进行了规定,即在先使用人举证证明其在先商标有一定的持续使用时间、区域、销售量或者广告宣传的,人民法院可以认定为有一定影响。因此,商标先用权抗辩中"有一定影响"的认定可以参考该规定。关于影响力的认定因素,主要可以综合以下因素进行考量:(1)在先商标的使用情况,包括该商标的持续使用时间,使用该商标的商品的销售区域、市场份额、行业排名、销售量、销售额等;(2)在先商标的宣传情况,包括宣传的时间、方式、程度、范围等;(3)其他使该商标产生一定影响的因素,如被媒体报道的情况、获得荣誉等市场声誉情况等。关于影响力的认定标准,该规定仍采用了"一定"的表述,实践中需要结合具体案情个案认定。笔者认为,认定标准不宜过高,否则可能挤压未注册商标权利行使和保护的空间,与立法设立该制度的本意背道而驰。《反不正当竞争法》中关于"有一定影响的商品名称、包装、装潢"的规定可为在先使用的未注册商标提供保护,该规定由1993年《反不正当竞争法》中"知名商品特有名称、包装、装潢"修订而来,笔者认为,二者的保护力度没有本质区别,至少2019年《反不正当竞争法》的保护力度不会更低,也即"有一定影响"不会比"知名商品"的知名度要求更高。在1993年《反不正当竞争法》的司法适用中,关于"知名商品"的认定一般仅要求在特定的地域范围(如省、地市等市场范围)内具有知名度即可,无须在全国范围内知名。[1] 对于知名的程度,司法解释也仅要求为相关公众所"知悉",无须像驰名商标那样为相关公众所"熟知"。因此,就在先商标"有一定影响"的影响广度而言,只要在其主要使用区域有一定影响即可,并不要求在全国范围内有一定影响。就影响深度而言,在先商标通过在其主要使用区域内稳定且持续地发挥识别商品来源的功能,使该商标为特定地域或领域内的相关公众所知悉即可,不需要达到为相关公众"熟知"的程度。在具体认定中,只要在前述认定因素的一个或几个层面获得一定业绩即可,并不需要在全部层面均形成较大的规模。

此外,虽然"有一定影响"属于客观事实,但若商标注册人明知在先商标的存在而仍予注册,在注册后不投入正常的商业使用,反而向先使用人兜售商标或起诉索赔,该种行为反映了商标注册人的恶意,在一定程度上能够佐证在先商标"有一定影响"。因此,商标注册人的主观状态与"有一定影响"的认定会相互交织。本案中,被诉侵权产品系科技密集型产品,原告系自然人成立的一人公司,并不具备该行业的相应技术能力,亦自认对该行业不了解。但原告在公司成立当月即申请注册涉案商标,成立后长期未进行任何经营,仅在涉案商标获准注册将近一年且被告恩倍科微公司已就该商标提出无效宣告申请9个月时,与案外人达成一笔关于U盘等小型存储设备的交易,该种使用行为并不符合商业活动中使用商标的惯常做法。原告所称的宣传该商品的网站长期宣传的是与其注册商标无关的产品,价格均为0;在达成唯一一笔交易后,将该商品上传至网站,但产品介绍却又与该商品无关。可见,原告的网站内容存在明显的不合理之处,并非正常推介商品的网站,有为本案诉讼刻意炮制网页内容之嫌。据此可以认定,原告申请注册涉案商标并不具有真实的使用意图,也未对该商标进行真实的使

① 参见孔祥俊:《商标与不正当竞争法原理和判例》,法律出版社2009年版,第704页。

用,其还在获准注册后当月即针对被告产品发送侵权通知函,明显违反了诚实信用原则,可合理降低被告在先使用商标"有一定影响"的证明标准。综合审查被告恩倍科微公司提交的商标使用证据,并考虑原告不以使用为目的恶意注册商标的主观状态,足以认定被告商标系其在先使用的有一定影响的商标。

四、违反诚实信用原则注册的商标不予保护

商标恶意抢注的构成要件完整包含了商标先用权抗辩的构成要件,满足前者要件的,必然也同时满足后者的要件,但反之则不然。当被控侵权人的商标先用权抗辩成立,但商标注册人并非以不正当手段抢先注册商标,则被控侵权人可在原有范围继续使用被控商标,与商标注册人实现商标共存。若恶意抢注成立,根据《商标法》的规定,商标在先使用人不仅可以根据《商标法》第五十九条第三款继续使用商标,还可以根据《商标法》第三十二条向行政机关申请宣告注册商标无效。若商标在先使用人放弃行使无效宣告权,或超过了 5 年行使期,其仍可主张商标先用权抗辩而在原有范围内继续使用商标。

在商标侵权纠纷中,当原告商标权的取得过程违反《商标法》第七条第一款规定的诚实信用原则时,法院有可能直接适用诚实信用原则,对原告的商标权不予保护。恶意抢注商标、恶意囤积商标系较为典型的违反诚实信用原则的商标权取得行为,当此类商标权人针对商标在先使用人提起商标侵权之诉,而二者之间关于商标效力的行政纠纷又尚在处理过程中时,法院以诚实信用原则保护商标在先使用人的合法权益,能有效遏制恶意抢注商标、大量囤积商标等不诚信行为。例如,最高人民法院指导性案例 82 号(王某永诉深圳歌力思服饰股份有限公司、杭州银泰世纪百货有限公司侵害商标权纠纷案)、最高人民法院审理的广州市指南针会展服务有限公司等与优衣库商贸有限公司等侵害商标权纠纷等案件中,法院均以原告注册商标违反诚实信用原则为由驳回其诉讼请求。本案中,被告提交的证据足以证明其在原告申请注册商标前已开始使用被诉商标且已有一定影响;同时,综观原告取得涉案注册商标专用权及行使权利的过程,其行为还明显构成恶意抢注及滥用商标权的不诚信行为。可见,本案同时满足商标先用权抗辩和恶意抢注的适用条件。据此,法院以原告注册商标违反诚实信用原则为由,判决驳回其诉讼请求。此外,根据 2019 年 11 月 1 日起施行的《商标法》增加的相应条款,不以使用为目的的恶意商标注册申请,应当予以驳回,且任何人均可提出异议或申请宣告无效。可见,不以使用为目的恶意申请商标注册的行为亦属于一种典型的不诚信行为,其商标权不应受到法律保护。

【典型意义】

本案中，法院经审理，依法认定被告商标系在先使用的有一定影响的商标；在此基础上进一步认定，原告不以使用为目的，以不正当手段抢先注册被告在先使用的有一定影响的商标，并在商标获准注册后针对被告批量发送侵权警告函、进行行政投诉并提起本案诉讼，违反了诚实信用原则，其商标权不受法律保护。本案系准确理解并适用关于商标先用权保护的法律规定，合理确定商标是否"在先使用"及是否"有一定影响"的认定规则，以规制商标恶意抢注的典型案例。本案入选 2019 年上海法院知识产权司法保护十大案件。

【案例索引】

案号：上海市浦东新区人民法院（2018）沪 0115 民初 46794 号（2019 年 6 月 27 日）

审判组织：金民珍、叶菊芬、倪红霞

编写人：叶菊芬

12

诉讼外自认规则在知识产权侵权损害赔偿中的适用

——美卓公司等与山泰公司等侵害商标权及不正当竞争纠纷案

裁判要旨

知识产权侵权案件中，常难以确定权利人所受损害或侵权人非法获利的具体数额，在确定赔偿金额时，只能参考多种因素适用法定赔偿。侵权人在诉讼外的自认往往是重要证据之一，对判赔金额产生较大影响。本案被告在微信公众号中发布的自认信息是顶格判赔的重要依据。法院在对被告诉讼外自认的可信度进行合理审查后，结合原告举证的其他侵权证据，认定被告侵权获利丰厚，并全额支持了原告主张的赔偿金额。

基本案情

原告：美卓公司（Metso Corporation）

原告：美卓矿机（天津）国际贸易有限公司（以下简称美卓矿机公司）

原告：美卓矿机（天津）国际贸易有限公司上海分公司（以下简称美卓矿机上海分公司）

原告：美卓矿机（天津）国际贸易有限公司北京分公司（以下简称美卓矿机北京分公司）

被告：沈阳山泰矿山机械设备制造有限公司（以下简称山泰矿山公司）

被告：沈阳山泰破碎粉磨设备制造有限公司（以下简称山泰破碎公司）

原告美卓公司系“美卓”“Metso”“metso”商标的注册商标专用权人。美卓是采矿业内全球领先的产品和服务供应商，提供采矿设备，在世界范围内享有极高的声誉。原告发现，两被告在相关网站及微信公众号上发布和传播关于其自身和产品的误导性信息，构成虚假宣传的不正当竞争行为，亦违反了我国《反不正当竞争法》第二条的诚信原则。两被告在其网站、微信公众号、宣传图片、员工 facebook 账号的产品图片、展会的宣传海报及其员工发送的产品宣传册上突出使用“美卓”“Metso”“metso”商标，突出使用“metso”商标，构成对原告 6 个注册商标专用权的侵害。两被告通过围绕原告搭建的商业模式，攀附了原告产品的知名度和商誉，对原告商誉和生产经营活动造成了严重损害。故原告起诉请求判令两被告：(1) 立即停止在其销售和推广中的虚假宣传行为；(2) 立即停止违反《反不正当竞争法》第二条诚实信用原则的行为；(3) 立即停止侵害原告注册商标专用权的行为，包括在产品上和对产品的宣传活动中使用与原告注册商标相同或近似商标；(4) 在被告官方网站、官网微信公众号、交易平台和领英主页、《中国知识产权报》、《中国工商报》、《法制日报》(现为《法治日报》) 及新浪、网易、搜狐网站上刊登声明、消除影响；(5) 赔偿原告经济损失人民币 300 万元；(6) 赔偿原告为制止侵权行为所支出的合理费用 10 万元。

法院经审理查明：原告美卓矿机公司及其上海、北京分公司与被告山泰矿山公司、山泰破碎公司均生产并销售矿山机械产品。原告企业及产品在矿山机械领域具有很高的知名度。原告美卓公司注册享有“美卓”“Metso”“metso”等多个商标，并许可原告美卓矿机公司及其上海、北京分公司使用上述商标并进行维权。两被告未经原告许可，擅自在其网站、微信公众号及相关展会上虚构与原告有合作或授权生产关系、持有原告技术和图纸的事实，并宣称可以生产原装原告产品，甚至采用与原告部分产品相同的产品编号或仅在原告产品编号前加上 ST，且将其产品称为美卓产品。被告还在展会海报及微信公众号上将原告“metso”商标作为被告品牌下的商标，于微信公众号发布的破碎机产品的宣传图片上突出使用“Metso”标识，在对其破碎机等产品的文字描述中擅自使用“美卓”“Metso”标识。此外，被告在微信公众号中宣称与美卓公司及关联公司品牌的产品交易量和交易金额非常大，有 80 余次提到曾向相关国家、地区出口或销售给国内客户，所涉国外客户众多，涉及美国、日本、俄罗斯、加拿大等诸多国家和地区。还两次发布文章称已经向世界许多国家和地区出口数百台西蒙斯(原告关联品牌)圆锥破碎机,并自称每年为全球几十个大型矿山和采石场提供服务。

【法院裁判】

上海市浦东新区人民法院生效裁判认为,本案争议焦点如下:

1. 被告行为是否构成虚假宣传行为。原、被告为同业竞争者,经营行为应受我国反不正当竞争法的调整。本案中,被告未能提供证据证明其已获得原告许可和授权,或曾经与原告有许可关系,并且亦无证据证明其持有美卓技术和图纸,却虚构与原告有合作或授权生产关系、持有原告技术和图纸的事实,并宣称可以生产原装原告产品,甚至采用与原告部分产品相同的产品编号或仅在原告产品编号前加上 ST,并且将其生产的产品称为美卓产品。被告还在展会的海报及微信公众号上以图表的形式将“metso”商标作为“SANLAND”品牌下面的 3 个商标之一。被告所实施的上述一系列行为,会使相关公众认为其系原告授权商或有权生产经营原告产品的生产商,其生产的产品即为原告产品,或被告与原告具有关联关系,欺骗和误导了相关公众,严重损害原告利益,构成虚假宣传的不正当竞争行为。

2. 被告行为是否需同时适用《反不正当竞争法》第二条的原则性条款。适用该条的前提是被告行为不属于《反不正当竞争法》中规定的具体行为类型,但本案被告行为已构成《反不正当竞争法》中的虚假宣传行为,已无适用《反不正当竞争法》第二条规定的必要。

3. 被告行为是否构成对原告商标权的侵害。根据我国《商标法》的规定,未经商标注册人的许可,在同种商品或类似商品上使用与注册商标相同或近似商标,造成相关公众混淆的,属侵犯商标权的行为。本案中,被告所实施的第 1 项行为是以图表的形式将“metso”商标作为“SANLAND”品牌下面的 3 个商标之一,该行为仅是为了向相关公众表达其与原告之间的关联关系,应属于虚假宣传的调整范畴,已被本院认定。故被告并非将该标识作为商业标识使用,不属于商标使用行为。关于第 2 项行为,被告微信公众号中发布的破碎机产品图片上以显著的文字标注“Metso”字样,意欲向相关公众表示图片所展示的破碎机系“Metso”品牌的破碎机,系将“Metso”作为识别其产品来源的商业标识使用。该标识与原告商标构成近似,所涉产品与原告商标商品类别系类似商品,构成对原告注册商标专用权的侵害。关于第 3 项行为，被告将其生产的破碎机等产品称为“美卓”或“Metso”产品，与原告商标构成相同或近似，所涉产品与原告商标商品类别系相同或类似商品，故被告行为构成对该两商标权的侵害。

4. 被告民事责任如何承担。就本案被告所实施的行为，被告理应承担停止侵权，消除影响及赔偿损失的责任。其中，关于被告应承担的赔偿金额，原、被告对被告侵权获利及原告损失未能提供充分证据证明，基于上述因素，本院认为，根据现有证据结合被告宣传的内容已经足以能够证明被告侵权获利之丰厚。被告虽然表示其微信公众号中的内容系为了宣传所需，并非其实际获利情况，但被告对其主张未能举证。鉴于被告不能提供证据否定自己宣传内容的真实性，本院采纳原告主张，原告在本案中主张的赔偿金额符合法律规定，本院予以全额支持。原告主张的律师费、公证费及翻译费亦属原告在本案中为制止侵权所支出的合理费用范畴，本院均予以支持。据在案证据及被告陈述，涉案侵权行为系由两被告共同实施，因此而产生的民事责任应由两被告共同承担。

上海市浦东新区人民法院于 2018 年 11 月 8 日作出（2017）沪 0115 民初 83471 号民事判决：两被告停止商标侵权及不正当行为，刊登声明、消除影响，并赔偿原告经济损失人民币 300 万元及合理费用 10 万元。宣判后，被告提起上诉。上海知识产权法院于 2019 年 6 月 12 日作出（2019）沪 73 民终 104 号民事判决：驳回上诉，维持原判。

【案例评析】

自认制度旨在减少诉讼成本，提高诉讼效率，因为证明以及质证和认证需要投入大量的时间和人力物力。对诉讼中的自认，《民事诉讼法》已有较为明确的规定。对诉讼外的自认，目前法律上尚无明确的规定，但实际审判中涉及诉讼外的自认并不少见，如何把握其效力，已成为民事诉讼中完善证据认定规则的一项迫切需求。

一、诉讼外自认的定义

《最高人民法院关于适用〈中华人民共和国民事诉讼法〉的解释》第九十二条第一款规定：“一方当事人在法庭审理中，或者在起诉状、答辩状、代理词等书面材料中，对于己不利的事实明确表示承认的，另一方当事人无需举证证明。”《最高人民法院关于民事诉讼证据的若干规定》第三条规定：“在诉讼过程中，一方当事人陈述的于己不利的事实，或者对于己不利的事实明确表示承认的，另一方当事人无需举证证明。在证据交换、询问、调查过程中,或者在起诉状、答辩状、代理词等书面材料中,当事人明确承认于己不利的事实的,适用前款规定。”因此,诉讼中的自认符合以下要件:(1)时间:在诉讼活动中作出;(2)自认内容为于己不利的事实。而诉讼外的自认顾名思义,即诉讼之外作出的自认,与诉讼中的自认相区别,诉讼外的自认具有以下几个特点:(1)时间:发生于法庭审理之外,可以是案件诉讼期间,也可以是立案前;(2)对象:自认并非向该案的法官作出,对于该案来说,是一种非正式陈述;(3)形式:可以是口头也可以是书面,例如,当事人在庭审之外对案外人或对方当事人的陈述,当事人在另案中的庭审陈述,当事人发布的自我宣传推广内容、公示信息等。①

二、诉讼外自认的效力

理论上认为诉讼上自认具有如下效力:自认的事实无须证据证明(免证效),法院不能对自认的事实进行审理(审理排除效),法院必须以自认的事实为判断基础(判断拘束效),当事人不能随意撤回自认(撤回限制效)。② 而诉讼外的自认仅是认定所承认事实真实性的一种间接事实,因此与诉讼中的自认效果不能等同。由于作出的时间、背景、场合不同,自认人在作出自认时与诉讼中所处的地位及维护的利益均不相同,缺乏相应法律程序的保障,仅能够具有一般的证据效力,不能直接卸除对方当事人的举证负担。③ 诉讼外的自认因其发生时间、场合不同,其证明的效力也不同。罗森贝克教授和松本博之教授亦指出,诉讼外自认通过适用经验法则在何种程度上具有推定要件事实的效力,要取决于案件情况,但陈述者越是理解自认的意义,其效力就越强。因此,在不同案件中,由于当事人自认的场合、内容等有所不同,需要结合具体案情及案件中的其他证据综合判断。

三、诉讼外自认的审查方式

对于诉讼外自认是否具有证据效力的衡量认定,可从三步骤依次审查判断:

1.对诉讼外自认的可信度开展初步筛查。结合被告作出自认的语境、情形,对自认内容仔细审查,形成对自认可信度高低的初步把握。通常可信度较高的

---

① 参见杜灵燕、俞丹:《诉讼外自认在知识产权侵权损害赔偿中的适用》,载《中华商标》2020年Z1期。

② 参见陈国欣:《限制自认的类型化分析——〈民事证据规定〉第7条的理论阐释》,载《证据科学》2022年第2期。

③ 参见杨夏:《诉讼外限制性自认的效力》,载《人民司法(案例)》2018年第26期。

自认包括:(1)于已不利事实的自认。(2)符合日常情理、交易习惯、行业惯例的自认。此外,由于诉讼外的自认并非向法院作出,自认人并不一定谨慎考虑法律后果,自认缺乏规范性和正式性,陈述的内容可能会偏离真相。故对不同自认应仔细甄别,若发现明显有悖于常理的,应判断为可信度较低的自认,很可能最终得到法院的否定性判定。

2. 在判断可信度高低的基础上,结合原告举证的其他证据综合判定自认的证明力。由于诉讼外的自认不能直接卸除对方当事人的举证责任,所以即使是可信度较高的自认,法官仍应要求对方当事人针对其主张事实继续举证,结合其他证据综合判断内容的真实性,从其他证据中审查是否能佐证自认,形成完整的证据链以达到证明目的。对于可信度较低的自认,亦可结合其他证据,审定能否提高自认的可信度及证明力,全面判断该节事实的真实性。

3. 由否认自认的当事人提交反驳证据。在完成上述两个步骤后,自认内容已达到了很高的可信度及证明力,当事人若坚持否定自认内容,可将举证责任向陈述自认的当事人倾斜,要求其提供反驳证据。如反驳证据确凿充分,足以否定自认的真实性时,对该诉讼外的自认不予采信。反之,则自认具有证明力,采信该自认内容,对自认指向的事实主张作出肯定性判定。

具体到本案中,酌定原告经济损失赔偿依据的重要证据是被告在微信公众号上的自我宣传,即被告在诉讼外的自认。法院亦是依据以上 3 个步骤综合审查自认的有效性及证明力。本案被告在微信公众号中自我宣称与原告美卓公司及关联公司品牌的产品交易量和交易金额非常大,80 余次提到曾向相关国家、地区出口或销售给国内客户,所涉国外客户众多,涉及美国、日本、俄罗斯、加拿大等诸多国家和地区。还曾两次发布文章称已经向世界许多国家和地区出口数百台西蒙斯(原告关联品牌)圆锥破碎机,并自称每年为全球几十个大型矿山和采石场提供服务。该节自认对于被告侵权产品的销售范围、销量等已予以详尽具体的阐述,具有较强的可信度。在此基础上,法院结合原告举证的被告其他侵权表现证据,包括被告诉前致原告的道歉信,被告网站上展示的诸多侵权产品图片及型号,被告公司规模,被告在阿里巴巴等网站设有英文网页,微信公众号的发布采用中英文形式,部分文章还有俄文版等。这些证据与被告诉讼外自认相印证,能够形成完整的证据链,因此其在微信公众号自认指向的事实具有很强的真实性。被告虽否认其自认内容,主张系为宣传所需,并非其真实获利情况,却未能提供反驳证据证明其实际获利,其反驳主张无法得到支持。故法院对被告微信公众号上的自认内容予以采信。上述证据足以证明被告具有较大的经营规模，就侵权产品发生过多次国内外交易，被告获利丰厚。最终，法院综合原告产品售价较高；原告企业及产品具有相当高的知名度以及被告各具体侵权情节，适用被告自认内容作为损害赔偿的关键证据，顶格判赔被告赔偿原告经济损失人民币 300 万元，全额支持了原告的诉讼请求。

【典型意义】

本案判决将诉讼外的自认规则引入了知识产权损害赔偿适用。在确定知识产权损害赔偿金额时，常难以确定权利人实际损失及被告获利金额，法律规定的法定赔偿金额跨度又非常大。若被告在诉讼外曾有自认，很可能会成为佐证其侵权情节的依据。在对被告诉讼外自认的可信度进行合理审查后，结合其他侵权证据，认定被告侵权获利丰厚，支持原告诉请并顶格判赔。本案宣判后，《人民法院报》、《法制日报》（现为《法治日报》）、上海电视台新闻综合频道、东方卫视、中国知识产权、凤凰新闻等多家媒体均对本案判决进行了第一时间报道，芬兰驻沪总领事馆、上海芬兰商会来浦东法院交流座谈，获得了广泛的社会关注与认可。本案亦入选 2019 年上海法院加强知识产权保护力度典型案例。

【案例索引】

案号：

一审：上海市浦东新区人民法院（2017）沪 0115 民初 83471 号（2018 年 11 月 8 日）

二审：上海知识产权法院（2019）沪 73 民终 104 号（2019 年 6 月 12 日）

审判组织：

一审：杜灵燕、邵勋、孙闫

二审：黎淑兰、钱光文、范静波

编写人：杜灵燕、俞丹

13

商标侵权案件中惩罚性赔偿的构成要件与适用路径

——平衡身体公司与永康一恋公司侵害商标权纠纷案

裁判要旨

商标侵权惩罚性赔偿适用于恶意侵权且情节严重的情形。认定恶意可考虑是否存在重复侵权行为;认定情节严重可考虑侵权行为的性质、侵权方式、持续时间、地域范围、规模、后果等因素。

赔偿基数可根据侵权商品销售量与侵权商品单位利润乘积计算的侵权获利确定,其中侵权商品销售量可根据侵权人的商品宣传内容确定,侵权商品单位利润可参考同类产品酌情确定。赔偿倍数可根据侵权人的恶意程度、侵权情节的严重程度确定。在侵权人拒绝履行证据披露义务构成举证妨碍的基础上,可采用优势证据标准,参考权利人提交的证据确定赔偿额。

基本案情

原告:平衡身体公司(BALANCED BODY INC.)

被告:永康一恋运动器材有限公司(以下简称永康一恋公司)

原告平衡身体公司于1993年8月注册在美利坚合众国加利福尼亚州,主要从事运动器材的生产销售、健身课程的推广。原告系第17787572号"MOTR"商标的注册人,该商标核定使用于第28类"锻炼身体肌肉器械、体操器械、手动操作的健身器材(锻炼身体器械)、用于瑜伽和体育健身活动的弹力带"等商品,有效期自2016年10月14日至2026年10月13日。原告曾参加2006年北京国际健身大会,"MOTR"品牌健身器材及健身项目的相关信息可见于微信、搜狐网、《长江商报》、《新快报》等媒体宣传报道。2011 年,被告因出口西班牙的产品涉嫌侵犯原告商标和专利权利被原告发函警告,后被告在和解协议中承诺不再实施侵权行为。2017 年 11 月 11 日,原告代理人在被告的工厂购买了普拉提滚筒产品 3 个,并取得付款凭证 1 张。付款凭证上领款人为"永康一恋运动器材有限公司"。产品的手柄处标有"MOTR"标识、拉伸带的两端连接处标有"E"和"MOTR"标识,产品手册的封面标有"MOTR"标识,光盘中的培训视频多处出现"MOTR"标识和原告的公司名称。2017 年 12 月 29 日,被告经营的"永康一恋普拉提"微信商城售卖的一款最热产品为"Motr 移动的普拉提床"。该微信商城的客服在 2017 年 10 月 6 日至 12 月 9 日,多次在朋友圈发文推销标有"MOTR"标识的普拉提滚筒产品。2018 年 3 月 15 日,被告参加 2018 年第五届中国(上海)国际健身、康体休闲展览会时,在其展位内展示普拉提滚筒产品,产品顶端的手柄等处标有"MOTR"标识,原告申请公证处到展会现场进行证据保全公证。

原告认为被告的行为构成商标侵权,且被告明知原告公司以及原告涉案商标的知名度,又存在重复侵权的情形,因此主张按照被告的侵权获利计算赔偿数额,并要求对被告的恶意侵权行为适用 3 倍的惩罚性赔偿。原告诉请法院判令:(1)被告停止侵犯第 17787572 号"MOTR"注册商标专用权的行为;(2)被告赔偿原告包括律师费、公证费、差旅费等合理支出在内的经济损失人民币 300 万元。

被告永康一恋公司辩称,被告的行为未侵犯原告涉案"MOTR"商标。"MOTR"商标为"movement on the roller"的英文首字母缩写,因其产品使用方式符合"在滚轮上的运动"中文含义,故涉案商标属于对产品功能、用途的描述,不具有显著性。"MOTR"标识已成为普拉提滚筒产品的通用名称,市场中存在多家同业竞争者生产以"MOTR"为品名的产品,被告对该标识的使用属于正当使用。被告公司经营规模小,系根据用户需求购买零部件进行组装,其使用"MOTR"标识的时间短,加之涉案产品受众范围小,不存在大量生产、销售的行为。故请求驳回原告的全部诉讼请求。

【法院裁判】

上海市浦东新区人民法院经审理认为,涉案"MOTR"商标为臆造词,作为商标具有较强的显著性,且经过原告及其合作商家的持续使用和广泛宣传,已经能与原告之间建立唯一对应的关系。被告使用的"MOTR"标识与原告的涉案商标完全相同,且商品类别与原告涉案商标核定使用的商品相同。被告对“MOTR”标识的使用行为属于《商标法》第五十七条第(一)项规定的在同一种商品上使用与注册商标相同的标识的行为,侵犯了原告的注册商标专用权。原告主张以“侵权人因侵权所获得的利益”来计算赔偿数额,计算公式为“侵权获利 = 产品销售量 ×(产品单价 - 产品成本)”,因被告拒绝提交相关销售数据、原始凭证和财务账册,故法院参考原告的主张和提供的证据逐一确定上述公式中各项参数的具体数值,在此基础上确定侵权获利数额。考虑到以下因素,法院决定在侵权获利金额的基础上适用 3 倍的惩罚性赔偿:一是被告曾在和解协议中承诺不再侵权但仍继续实施侵权行为,侵权恶意极其严重;二是被告全面摹仿原告商标及产品,攀附原告商誉的意图十分明显;三是被告 2016 年的公司年销售总额已达 800 万余元,具有较大的生产经营规模;四是被告通过微信商城、微信朋友圈、工厂、展览会等线上、线下多种渠道推广和销售侵权产品,产品售往多个省、市,产品销售渠道多、涉及地域范围广,侵权行为影响较大;五是被告的侵权行为不仅造成市场混淆,而且侵权产品还存在脱胶的质量问题,会使消费者误购并误认为原告的产品存在质量问题,进而给原告的商业信誉带来负面评价,侵权后果较为严重。上述确定的侵权获利金额的 3 倍已超过 300 万元,鉴于原告在本案中主张包含合理支出在内总计 300 万元的损害赔偿金额,因此对其主张予以全额支持。综上,法院判决:被告立即停止实施商标侵权行为;被告赔偿原告经济损失及合理支出共计 300 万元。

一审判决后,原、被告均服判息诉。

【案例评析】

惩罚性赔偿制度,区别于填平性赔偿,其所确定的赔偿数额超出了实际损害数额,是一种集补偿、惩罚、遏制等功能于一身的制度①,旨在提高侵权行为代价,扭转此前“维权成本高、侵权代价低”的局面。为加强知识产权司法保护,惩罚和遏制知识产权侵权行为,2013 年修正的《商标法》第六十三条第一款对“惩罚性赔偿”进行了规定,即侵犯商标专用权的赔偿数额可以按照“权利人损失”“侵权人获利”“商标许可费倍数”依次进行确认,“对恶意侵犯商标专用权,情节严重的,可以在按照上述方法确定数额的一倍以上三倍以下确定赔偿数额”,这是知

① 参见王利明:《美国惩罚性赔偿制度研究》,载《比较法研究》2003 年第 5 期。

识产权领域首次引入惩罚性赔偿制度,此后在2019年再次修订时将赔偿倍数的上限从3倍提高至5倍。然而,司法实践中直接适用惩罚性赔偿制度、对侵权人判定高额赔偿的案例并不多,主要难点包括:一是侵权人恶意和侵权情节严重的审查认定标准尚不明晰;二是作为计算基数的"权利人损失""侵权人获利"难以查明和具体化。

一、适用惩罚性赔偿的主观要件——"恶意"的认定

"恶意"系惩罚性赔偿制度适用的主观要件。至于何为"恶意",学界普遍认为"恶意"的过错程度至少不低于"故意",对于是否完全等同于"故意",则尚有不同观点。有的观点认为,"恶意"应理解为"直接故意",而不包含"间接故意";[①]也有的观点则认为,"恶意"与"故意"同义,但不包括民法中的"重大过失";[②]还有的观点认为,"恶意"在原则上不包括"重大过失",只有在符合法定情形的例外情况下,才可以推定此处的"重大过失"等同于"故意"。[③] 鉴于尚无明确的概念界定,在司法实践中也倾向于将"恶意"认定为"直接故意",并且通过对个案经验的总结逐步归纳"恶意"的典型表现形式,具体而言,包括以下形式:

第一类是行为人受到行政处罚或收到法院禁令后继续实施侵权行为。如在巴洛克木业(中山)有限公司与浙江生活家巴洛克地板有限公司等侵害商标权及不正当竞争纠纷案[④]中,法院认为,浙江生活家巴洛克地板有限公司和巴洛克木业(中山)有限公司有过多年的OEM[⑤]代工合同关系,在双方合作期间内以及合同解除后,浙江生活家巴洛克地板有限公司从事针对涉案商标的侵权行为,其主观上系基于对涉案商标的了解,恶意从事侵权行为谋取该商标所蕴含的商业利益。其在巴洛克木业(中山)有限公司发出侵权警告后继续实施侵权行为,在全国各地的多家经销商因商标侵权和不正当竞争被予以行政处罚后仍不停止侵权行为,在法院下达禁令后拒不履行,继续在其生产、销售的地板商品及网站上使用为禁令所禁止使用的标识,侵权恶意极其严重。

第二类是行为人收到权利人警告后继续实施侵权行为。如在吉尼斯世界纪

---

① 参见朱丹:《侵犯商标专用权惩罚性赔偿责任的司法适用》,载《人民法院报》2014年8月27日,第7版。

② 参见侯凤坤:《新〈商标法〉惩罚性赔偿制度问题探析》,载《知识产权》2015年第10期。

③ 参见舒媛:《商标侵权惩罚性赔偿适用情形研究》,载《法学评论》2015年第5期。

④ 江苏省苏州市中级人民法院民事判决书,(2016)苏05民初41号。

⑤ Original Equipment Manufacture,定牌生产合作。

录有限公司与奇瑞汽车股份有限公司、安徽奇瑞汽车销售有限公司侵害商标权及不正当竞争纠纷案①中，法院认为，吉尼斯世界纪录有限公司在两被告实施涉案活动前曾向奇瑞汽车股份有限公司发出律师函要求停止侵权，奇瑞汽车股份有限公司正常的做法应是积极履行注意义务，本着诚实信用的原则尊重他人商标权的合理权利界限。但奇瑞汽车股份有限公司、安徽奇瑞汽车销售有限公司并未采取恰当的应对措施，反而在明知举办涉案活动涉嫌侵权的情况下，仍然大量、突出使用与吉尼斯公司具有较高显著性和知名度的注册商标相近似的标识，并结合引人误解的宣传，故意混淆相关公众对涉案活动的来源指向，侵权的主观恶意明显。

第三类是行为人与权利人签署和解协议后又实施侵权行为，如"平衡身体案"。之所以将此案与前述两类情形并列为同等程度，概因两方面之考量。其一，尽管未受法院禁令或行政处罚等强制力的制裁，但行为人在先签有和解协议，其对于行为性质与行为后果已有明确认知。在此前提下，行为人违反和解协议再次实施侵权行为，显见其对于侵害结果的积极追求，主观恶意极为明显。其二，从契约效力的角度审视，行为人违背既有协议条款的约定，重复实施为双方合意所禁止的行为，亦非诚信经营的市场主体应有之作为，显然违背了诚实信用的基本原则。

二、适用惩罚性赔偿的客观要件——"情节严重"的认定

现行法律均以"情节严重"作为知识产权惩罚性赔偿适用的客观要件，但关于"情节严重"的内涵与外延却未加明确。学界观点虽有差别，但多数认为情节严重包括侵权次数和侵权后果等考量因素，多次侵权是情节严重的情形之一。代表性的观点认为，惩罚性赔偿要求行为人实施了二次以上侵犯知识产权的行为或者侵权行为给权利人的利益或潜在利益造成了严重损害，满足其中任何一项均可。如果行为人实施的故意侵犯知识产权的行为只有一次，但是已经给权利人的利益或者潜在利益造成极其严重的后果，适用补偿性赔偿不足以实现惩罚和威慑的目的，就应当适用惩罚性赔偿。如果行为人已经两次或多次故意实施侵犯知识产权的行为，就表明适用补偿性赔偿没有达到威慑作用，因此应给予

---

① 广东省高级人民法院民事判决书，(2017)粤民终2347号。

惩罚性赔偿。①

上述观点与司法实践对"情节严重"的认知并无二致。司法实践中也认为"情节严重"是指被诉行为造成了严重损害后果②,并以侵权规模和侵权结果作为归类的主要标准③。如在斐乐体育有限公司与浙江中远鞋业有限公司等侵害商标权及不正当竞争纠纷案④中,法院认为,被告作为同类商品的经营者,理应知晓斐乐体育有限公司注册商标的知名度,其生产并且在京东商城、天猫商城、淘宝商城以及自营官方网站所销售的商品上突出使用与涉案商标近似的标志,且销售金额巨大。而在"平衡身体案"中,法院同样考虑到被告生产规模大、销售渠道多、涉及地域范围广,侵权行为影响较大等因素,以及侵权产品存在产品质量问题会对原告的商业信誉带来负面评价,侵权后果较为严重。《最高人民法院关于依法加大知识产权侵权行为惩治力度的意见》对"从高确定法定赔偿数额时应当考虑的因素"进行了归纳总结,笔者认为上述考虑因素亦可视为"情节严重"的情形:是否主要以侵权为业,是否存在重复侵权,侵权行为是否持续时间长,是否涉及区域广,是否可能危害人身安全、破坏环境资源或者严重损害公共利益。

三、惩罚性赔偿的使用方法

(一)赔偿基数的确定

长期以来,数额确定难是知识产权损害赔偿领域普遍存在的问题,要解决惩罚性赔偿的适用问题,就需要直面知识产权损害赔偿基数确定的问题。而知识产权损害赔偿数额的确定,则面临多方面的现实复杂性,包括知识产权价值难以量化、被控侵权产品的数量难以证明、利润率和知识产权贡献率难以精确计算、许可使用和市场交易的证据少、侵权行为和损害结果之间因果关系的证明等。⑤学术界和司法实务界受实践的惯性推动,往往将损害赔偿的认定限定为一种精确的认定,即认为作为裁判结果的赔偿数额必然经历如数学推演般的精确计算,在无法得出精确数字的情况下,法官更倾向于适用法定赔偿方法确定赔偿数额,

---

① 参见曹新明:《知识产权侵权惩罚性赔偿责任探析——兼论我国知识产权领域三部法律的修订》,载《知识产权》2013 年第 4 期。

② 《北京市高级人民法院关于侵害知识产权及不正当竞争案件确定损害赔偿的指导意见及法定赔偿的裁判标准》第 1.13 条。

③ 《北京市高级人民法院关于侵害知识产权及不正当竞争案件确定损害赔偿的指导意见及法定赔偿的裁判标准》第 1.16 条。

④ 北京知识产权法院民事判决书,(2017)京 73 民终 1991 号。

⑤ 参见徐俊:《知识产权惩罚性赔偿基数问题研究》,载《中国知识产权杂志》2020 年总第 158 期。

在综合案件事实的基础上根据法官的心证和经验作出推断。

权利人就损害赔偿的举证存在天然困难，究其原因在于有关侵权产品销量、侵权获利等数据资料主要掌握在行为人手里，虽然权利人可以通过公开渠道查询行为人销售数量、收入或利润的大概数据，或侵权产品在特定时间段、特定店铺的大概销售数据，但确切的数额仍须通过审核行为人的账簿方能确定。而行为人为避免对其不利的裁判结果，往往以种种借口为由拒绝提交相应资料，使审理陷入僵局。为破解这一难题，举证妨碍规则便应运而生。如《商标法》第六十三条第二款规定，“人民法院为确定赔偿数额，在权利人已经尽力举证，而与侵权行为相关的账簿、资料主要由侵权人掌握的情况下，可以责令侵权人提供与侵权行为相关的账簿、资料；侵权人不提供或者提供虚假的账簿、资料的，人民法院可以参考权利人主张和提供的证据判定赔偿数额。”又如《最高人民法院关于知识产权民事诉讼证据的若干规定》第二十五条第一款规定，“人民法院依法要求当事人提交有关证据，其无正当理由拒不提交、提交虚假证据、毁灭证据或者实施其他致使证据不能使用行为的，人民法院可以推定对方当事人就该证据所涉证明事项的主张成立”。《最高人民法院关于审理侵犯专利权纠纷案件应用法律若干问题的解释（二）》也有类似规定，依照该解释第二十七条规定，权利人的主张和提供的证据并非判定赔偿数额的“参考”因素，而是直接“根据”上述内容认定行为人因侵权所获得的利益。[①] 本部分研究的“平衡身体案”中，在原告已初步举证的前提下，法院明确要求被告提交相关账簿、资料等证据，但被告始终拒绝提交，故法院直接参考原告的证据推定侵权商品的销量和该商品的单位利润。司法实践中，在权利人已尽力举证的情况下，若行为人拒不提供相关账簿料，根据经验法则，法院可以推定行为人的商品销量或侵权获利超过权利人举证的数值，进而推定权利人主张的证据内容成立，并以此作为确定赔偿基数的依据。上海知识产权法院的证据出示令制度，可视为利用举证妨碍规则加大判赔力度的积极尝试。[②]

---

① 《最高人民法院关于审理侵犯专利权纠纷案件应用法律若干问题的解释（二）》第二十七条规定：“权利人因被侵权所受到的实际损失难以确定的，人民法院应当依照专利法第六十五条第一款的规定，要求权利人对侵权人因侵权所获得的利益进行举证；在权利人已经提供侵权人所获利益的初步证据，而与专利侵权行为相关的账簿、资料主要由侵权人掌握的情况下，人民法院可以责令侵权人提供该账簿、资料；侵权人无正当理由拒不提供或者提供虚假的账簿、资料的，人民法院可以根据权利人的主张和提供的证据认定侵权人因侵权所获得的利益。”

② 上海知识产权法院民事判决书，(2019)沪73民终130号。

(二)赔偿倍数的确定

惩罚性赔偿适用的另一困难之处在于赔偿倍数的确定。在适用惩罚性赔偿的既有判决中,鲜有关于赔偿倍数确定的论述。考察各地法院对赔偿倍数的确定规则,目前也仅有《北京市高级人民法院关于侵害知识产权及不正当竞争案件确定损害赔偿的指导意见及法定赔偿的裁判标准》中有所涉及,但措辞较为简单,仅表述为"在法定倍数范围内酌情确定",且"惩罚性赔偿的'倍数'可以不是整数"。司法实践中,惩罚性赔偿的倍数确定问题其实是法官自由心证的过程,主要会考虑侵权人的主观恶意程度和侵权情节的严重程度,判决惩罚性赔偿的数额应当与侵权程度相适应,做到"罚当其责",倍数可不限定为整数倍。在斐乐体育公司诉浙江中远鞋业公司等侵害商标权及不正当竞争纠纷案①中,法院认为,中远鞋业公司等在知道其使用涉案被诉标志可能会给消费者造成严重误导,导致商品来源混淆误认的情况下,仍然继续生产和销售侵权商品,其主观恶意明显,侵权情节严重,应按照中远鞋业公司因侵权获利的 3 倍确定赔偿数额。在小米科技有限责任公司诉中山奔腾电器有限公司等商标侵权纠纷案②中,法院认为,被告的侵权行为具有极为明显的恶意,情节极为恶劣,所造成的后果亦十分严重,应当适用惩罚性赔偿,按被告侵权获利金额的 2 倍计算。在商务印书馆有限公司诉华语教学出版社有限责任公司侵害商标权及不正当竞争案③中,法院在侵权获利的基础上考虑华语出版社涉案侵权行为的主观恶意,按照侵权获利数额的 1.5 倍确定赔偿数额。在"平衡身体案"中,法院综合考量被告的主观恶意明显、侵权情节严重,确定 3 倍的惩罚性赔偿倍数。

在知识产权领域确立惩罚性赔偿制度,是我国加大知识产权保护力度、推动国家创新驱动发展战略的重要举措。在法律适用中厘清相应概念的内涵和外延,明确相应的适用标准,是法官准确适用惩罚性赔偿制度的前提。在具体适用的过程中,法官应摒弃对实际损失、侵权获利及许可使用费的高精度期待,将注意力集中到对行为人主观恶意和侵权行为情节严重的准确适用上。同时,法官可积极释明并引导当事人就损害赔偿进行举证,灵活应用证据规则确定惩罚性赔偿的基数,合理科学确定惩罚性赔偿的倍数。只有当适用标准更加统一、适用

---

① 北京知识产权法院民事判决书,(2017)京 73 民终 1991 号。

② 江苏省南京市中级人民法院民事判决书,(2018)苏 01 民初 3207 号。

③ 北京知识产权法院民事判决书,(2016)京 73 民初 277 号。

情形更加精准时,惩罚性赔偿的惩戒、预防侵权的制度价值才能得以实现。

【典型意义】

本案系上海法院首例知识产权侵权惩罚性赔偿案件,体现了人民法院为加大惩罚性赔偿适用力度,在适用条件审查和赔偿基数确定上的积极探索。该案判决后被媒体广泛报道,受到各方普遍关注和好评。胜诉的美国企业在判决生效后写给法院的信函中称,通过该案,确信中国已经建立了有效的知识产权司法制度,外国企业和中国企业一样得到有效的知识产权司法保护,这份判决将会加强外国企业在中国的投资及开展业务的信心。《法制日报》(现为《法治日报》)在头版显著位置载文称,在中美贸易如火如荼的当下,此案的判决体现了中国打击知识产权违法犯罪的决心,也体现了中国营造良好国际营商环境的大国自信。该案件获评2019年度中国法院10大知识产权案件。

【案例索引】

案号:上海市浦东新区人民法院(2018)沪0115民初53351号(2019年8月28日)

审判组织:宫晓艳、邵勋、姜广瑞

编写人:宫晓艳

14

商标侵权案件中惩罚性赔偿计算基数的确定

——赛一公司与溢水公司等侵害商标权及不正当竞争纠纷案

裁判要旨

商标的使用是指将商标用于商品、商品包装或者容器以及商品交易文书上，或者将商标用于广告宣传、展览以及其他商业活动中，用于识别商品来源的行为。未经商标注册人的许可，在同一种商品上使用与其注册商标相同的商标；销售侵犯注册商标专用权的商品均属商标侵权行为。被告常州溢水环境工程有限公司未经许可与他人签订协议，生产、销售涉案侵权产品的行为构成商标侵权；被告上海皖能环境技术有限公司作为上证所基地项目的供货方，将涉案侵权产品销售给中建八局，构成商标侵权。

惩罚性赔偿的适用应评定两个因素"侵权故意"和"情节严重"。综合考虑被告常州溢水环境工程有限公司与原告之间的合作关系，双方公司的法定代表人及股东之间的往来经历；被告常州溢水环境工程有限公司曾向原告出具承诺函保证不再侵权；涉案商标知名度；被告常州溢水环境工程有限公司明知原告曾遭受他人侵权的事实，仍与案外人签订协议，生产、销售侵犯原告注册商标专用权的产品，且协议约定的产品型号、品类与原告产品均完全相同等事实判定被告常州溢水环境工程有限公司存在侵权故意。同时，鉴于被告常州溢水环境工程有限公司背信弃诺，知假造假并售假，且合同金额较大，最终致使项目延期整改，多方受损，应被认定为情节严重。故对被告常州溢水环境工程有限公司适用惩罚性赔偿。

惩罚性赔偿的基数确定应遵循比例原则，综合考量侵权行为人的企业规模、品牌效应、经营能力、营销推广能力等因素，把握"利润率"概念，关注行业平均利润率情况,并充分考虑涉案商标在侵权行为中的品牌贡献率,进而确定与侵权行为相适应的赔偿基数计算标准。

基本案情

原告:上海赛一环保设备有限公司(以下简称赛一公司)

被告:常州溢水环境工程有限公司(以下简称溢水公司)

被告:上海皖能环境技术有限公司(以下简称皖能公司)

原告赛一公司享有以下商标的注册商标专用权:第 8663237 号"赛一"文字商标,于 2012 年 6 月 21 日注册公告;第 3588467 号"赛一"图文商标,于 2005 年 3 月 28 日注册公告;第 7847758 号"SCⅡ"商标,于 2011 年 3 月 28 日注册公告;第 7847781 号"SCⅢ"商标,于 2011 年 3 月 28 日注册公告;第 8380900 号"SCIYEE"商标,于 2013 年 8 月 7 日注册公告。上述商标的核定使用商品均为第 11 类水过滤器、水净化装置、水软化设备和装置等,均处于有效期。

2013 年 1 月 7 日,原告向被告溢水公司发函告知其使用"SCⅡ"的行为构成商标侵权,要求其立即删除相关侵权网页并停止侵权。同日,被告溢水公司回函称其已立即停止使用"SCⅡ"作为产品型号,将尽快消除影响,并保证不再有侵犯原告知识产权的事情发生,否则愿意接受处罚。同年 9 月 25 日,(2012)浦民三(知)初字第 374 号判决书(以下简称第 374 号判决书)在事实中认定,溢水公司的产品宣传册中旁流水处理器的产品型号以"SCⅡ"开头;溢水公司向赛一公司出具承诺函,称其将停止使用"SCⅡ"作为该公司的产品型号,尽快消除影响,并保证不再侵犯原告的知识产权。

2018 年 12 月 3 日、4 日,原告的委托代理人前往公证处,对上证所金桥技术中心基地项目施工现场进行拍照取证。照片显示项目现场水处理器标签上显示制造商为"赛一环境技术有限公司",产品型号含有"SCⅢ"字样。

2020 年 12 月 25 日,(2020)苏 0404 民初 4642 号判决书(以下简称第 4642 号判决书)载明:(1)皖能公司与案外人中建八局签订上证所基地项目的自动加药装置物资采购合同,约定皖能公司提供"赛一"自动加药装置,合同金额 82.8 万元;2017 年 8 月 15 日,皖能公司与案外人富发公司签订合作协议,约定由富发公司承接上证所基地项目的设备采购事宜,选定设备品牌为"赛一""洗霸"。(2)富发公司与溢水公司签订购销合同,约定溢水公司向富发公司供货品牌为"SCIYEE"的 16 套全自动加药装置、药剂、除污器等;品牌为"SCIYEE"的电子除垢仪8台;品牌为“SCIYEE”,型号为SCⅢ的全自动加药装置4台、型号为SYS150B1的全程处理器4台等设备;品牌为“SCIYEE”,型号为“DN100”的全程水处理器1台、型号为DN125的全程水处理器1台,合同总金额1,125,488元。另约定,溢水公司需随机器提供赛一公司产品使用说明书、合格证、公司资质、产品检测报告等。(3)2018年10月24日,赛一公司向中建八局出具说明函,载明该公司从未就上证所基地项目中的设备进行授权,该项目中出现的所有带有“赛一”“SCYIEE”标识的机器均为假冒产品,涉嫌侵犯其商标权。基于上述说明,上证所基地项目未通过验收。另外,该案审理中,皖能公司提交证据显示,被告溢水公司向富发公司共开具总金额为510,560元的购货发票。

原告赛一公司提起本诉,请求判令:(1)两被告立即停止侵犯原告“赛一”“SCIYEE”“SCⅢ”商标权的行为;(2)被告溢水公司变更企业名称,变更后的企业名称不得使用与原告注册商标“益水”相近似的字号;(3)被告溢水公司不得使用与原告注册商标“微晶旁流”相同或近似的词语作为实用新型专利的名称;(4)被告溢水公司赔偿原告经济损失人民币2,149,680元;(5)被告皖能公司赔偿原告经济损失144,000元;(6)两被告连带赔偿原告支出的合理费用7万元。审理中,原告撤回第二项、第三项诉讼请求。

【法院裁判】

上海市浦东新区人民法院经审理认为,本案的争议焦点为:(1)两被告的涉案行为是否构成商标侵权;(2)若构成侵权,民事责任应如何承担。

一、两被告的涉案行为是否构成商标侵权

注册商标专用权受法律保护。涉案第8663237号、第3588467号、第7847781号、第8380900号商标经核准注册,现仍在有效期内,原告赛一公司作为该注册商标的权利人,其商标权依法受我国法律保护。原告主张被告溢水公司的侵权行为包含:(1)被告溢水公司在对外销售合同中使用原告注册商标“SCIYEE”“SCⅢ”;(2)被告溢水公司在产品型号中毫无顾忌地使用原告注册商标“SCⅢ”,产品型号也整体雷同或高度近似;(3)被告溢水公司卖到上证所基地项目的产品伪造制造商名称为“赛一环境技术有限公司”,而该公司实际并不存在,其行为侵犯了原告享有的“赛一”的商标权。

被告溢水公司则辩称,(1)并不知道“SCIYEE”“SCⅢ”是原告赛一公司的商标,也不知道与其签订合同的相对方案外人富发公司要求的是原告赛一公司的产品。(2)第 4642 号判决书已认定,其向案外人富发公司提供的设备系自行生产的产品,并非合同约定的型号设备且据此判定其承担违约责任,可见被告溢水公司并未向该案外人提供侵犯原告注册商标权的产品,上证所基地项目的侵权产品并非其提供。

法院认为,首先,根据《商标法》的规定,商标的使用是指将商标用于商品、商品包装或者容器以及商品交易文书上,或者将商标用于广告宣传、展览以及其他商业活动中,用于识别商品来源的行为。据此,根据在先判决认定的事实,被告溢水公司与案外人富发公司签订的购销合同中,明确在产品型号规格及品牌栏中注明与原告赛一公司第 7847781 号、第 8380900 号注册商标完全相同的"SCⅢ"及"SCIYEE"字样,系商标性使用。其次,被告溢水公司为履行与案外人富发公司的协议,销售其商品并供货于上证所基地项目,在案公证书显示,该基地项目中所使用的相关水处理设备上可见"SCⅢ""SCIYEE""赛一"字样,上述设备经原告确认均属侵害其注册商标专用权的产品。而在先判决书中认定的被告溢水公司提供的"并非合同约定的型号设备",意指被告溢水公司提供的产品并非合同约定的源于原告赛一公司的产品,公证书中所载的侵权产品同样系"并非合同约定的型号设备",故不能将前述判决书中的表述,径行理解为涉案侵权产品均非被告溢水公司提供。且被告溢水公司向富发公司开具的发票内容明细与双方协议约定的产品型号均可对应,协议约定的产品安装地址也为上证所基地项目,可见,被告溢水公司实际履行了该协议内容,并向上证所基地项目提供了协议项下的产品。《最高人民法院关于适用〈中华人民共和国民事诉讼法〉的解释》第九十条第一款规定,当事人对自己提出的诉讼请求所依据的事实或者反驳对方诉讼请求所依据的事实,应当提供证据加以证明,但法律另有规定的除外。现被告主张,在案公证书所载的侵权产品并非由其提供,所有侵权设备上使用的原告注册商标标识及生产商信息均由被告皖能公司或案外人富发公司自行添加,该主张与在先判决及在案证据所呈现的事实相左,却无相关证据证明,故法院对被告的意见不予采信。综上,根据《商标法》第五十七条第(一)项、第(三)项的规定,被告溢水公司未经许可与他人签订协议,生产、销售涉案侵权产品的行为构成商标侵权;被告皖能公司作为上证所基地项目的供货方,将涉案侵权产品销售给中建八局,构成商标侵权。

二、民事责任应如何承担

关于赔偿损失。原告认为,两被告应为其侵权行为承担赔偿责任。对于被告溢水公司应适用惩罚性赔偿，赔偿基数应以其与富发公司签订的合同协议总价乘以案外人上海洗霸科技股份有限公司（以下简称洗霸公司）2018 年的毛利率为计，即“1,125,488 ×38.2% =429,936 元”，惩罚性赔偿应为 4 倍，以上共计 2,149,680 元；被告皖能公司的赔偿额应为其与中建八局签订的合同协议总价与被告溢水公司与富发公司签订的 36 套自动加药装置的价差，即“828,000 - 684,000 =144,000 元”。

法院认为，根据相关司法解释的规定，对于被告溢水公司是否应适用惩罚性赔偿应考量其是否具有侵权故意及侵权情节是否严重两个要素。（1）关于侵权故意。对于侵权故意的认定，应当综合考虑被侵权客体类型、权利状态和相关产品知名度、被告与原告或者利害关系人之间的关系等因素。本案中，法院综合考虑以下情节，认定被告溢水公司具有侵权故意：原告成立时间早，其水处理产品在相关领域知名度较高，且权利商标使用时间长，已为相关公众广为知晓并具有较高声誉；在先判决及在案证据均显示被告溢水公司与原告之间曾为合作关系，双方公司的法定代表人及股东之间存在邮件往来，作为同为水处理设备生产销售领域的企业，被告溢水公司应当清楚原告商标的基本情况，被告溢水公司在庭审中声称对于原告的商标及产品并不知情的意见难以为信；被告溢水公司明知原告曾遭受他人侵权的事实，仍与案外人签订协议，生产、销售侵犯原告注册商标专用权的产品，且协议约定的产品型号、品类与原告产品均完全相同。因此，可以认定被告溢水公司具有侵害原告注册商标专用权的故意。（2）关于侵权情节。在先案件中，被告溢水公司作为相关方，曾向原告出具承诺函，并称不会再出现侵犯原告注册商标专用权的行为，但在本案中，被告溢水公司背信弃诺，明知上证所基地项目所需产品均为“赛一”的水处理设备并需随附产品合格证等相关证件，仍提供载有原告注册商标标识的侵权产品，且合同金额较大，最终致使项目延期整改，多方受损，故被告溢水公司的行为可以被认定为情节严重。综上，对于被告溢水公司应予适用惩罚性赔偿。

根据《商标法》第六十三条的规定，侵犯商标专用权的赔偿数额，按照权利人因被侵权所受到的实际损失确定；实际损失难以确定的，可以按照侵权人因侵权所获得的利益确定；权利人的损失或者侵权人获得的利益难以确定的，参照该商标许可使用费的倍数合理确定。对恶意侵犯商标专用权，情节严重的，可在依法确定的赔偿数额的 1 倍以上 5 倍以下确定赔偿数额。本案中，法院对于原告要求按照被告溢水公司的获利来计算赔偿数额的主张，予以支持。但现有证据尚不能证明被告溢水公司已实际依照其与富发公司的协议获得了全部合同价款1,125,488元,从在案证据及各方在庭审中的陈述可以认定,被告溢水公司向上证所基地项目的供货金额为510,560元。另外,尽管原告提供了案外人洗霸公司的审计报告作为确定利润率38.2%的事实依据,但法院认为,第一,洗霸公司作为水处理设备领域中的知名企业,其企业规模、品牌效应、经营能力、营销推广能力均明显高于市场平均水平;第二,38.2%系洗霸公司的营业利润率,而营业利润率不等于销售利润率;第三,仍需考虑被告溢水公司侵权行为中的品牌贡献率。故本院酌定,按照25%计算被告溢水获利,即510,560×25%=127,640元,本案惩罚性赔偿的计算基数为127,640元。综合考虑前述侵权情节,被告溢水公司主观过错程度、侵权行为的情节严重程度等因素,原告主张按照被告溢水公司侵权获利的4倍适用惩罚性赔偿,本院予以支持,并确定其应承担的赔偿总额应当为填平性赔偿数额与惩罚性赔偿数额之和,即为基数的5倍,共638,200元。

《商标法》第六十四条第二款规定,销售不知道是侵犯注册商标专用权的商品,能证明该商品是自己合法取得并说明提供者的,不承担赔偿责任。判断合法来源是否成立,应从销售商主观状态、侵权产品是否具有合法购货渠道、合理价格及明确的供货方等多方面进行考量。本案中,被告皖能公司在与中建八局签订协议后,即与富发公司签订了合作协议,约定由富发公司承接上证所基地项目设备的采购事宜,并明确指定采购产品品牌为“赛一”等,富发公司在与被告溢水公司签订的购销合同中,也对所购产品的品牌型号作出约定,被告溢水公司在向富发公司开具的发票中也注明的是“赛一”品牌。同时,被告皖能公司、富发公司在获知被告溢水公司提供的系涉案侵权产品后积极维权,在维权过程中,向原告提供了其所需材料,并按照要求对上证所基地项目中的侵权产品进行了整改。尽管在先案件中法院对于富发公司主张的整改损失赔偿,仅部分支持,理由是富发公司未能直接向赛一品牌的生产厂家采购产品,存在过错,但对于富发公司这一主观过错的认定,并不应当然适用于被告皖能公司,更不能据此即认定被告皖能公司明知或应知富发公司提供的是侵权产品,存在销售涉案侵权商品的故意。原告在审理中主张被告皖能公司与富发公司系关联公司,在上证所基地项目中系合谋侵犯原告的合法权益,但并未提供相关证据,故本院对此意见不予采信,被告皖能公司系销售不知道是侵犯注册商标专用权的商品,能证明该商品是自己合法取得并说明提供者,不承担赔偿责任。

关于合理开支。原告主张为制止侵权行为所支付的律师费70,000元,依据本案的疑难程度、律师的工作量、本市律师服务业收费政府指导价标准等因素，其数额尚属合理，本院予以支持；考虑到本案诉争系因两被告的侵权行为所致，故原告要求两被告共同承担合理开支即律师费70,000元的主张，本院予以支持。

据此，上海市浦东新区人民法院于2022年7月30日作出(2021)沪0115民初44661号民事判决：被告溢水公司、被告皖能公司立即停止实施侵犯原告赛一公司第3588467号、第8663237号、第8380900号、第7847781号注册商标专用权的行为；被告溢水公司赔偿原告赛一公司经济损失638,200元及合理开支70,000元，共计708,200元；被告皖能公司就合理开支70,000元承担连带责任。

宣判后，赛一公司、溢水公司、皖能公司均提出上诉。上海知识产权法院于2022年11月29日作出(2022)沪73民终656号民事判决：驳回上诉，维持原判。

【案例评析】

一、商标侵权案件中惩罚性赔偿的适用

商标侵权案件中，关于惩罚性赔偿的适用，法律规定如下：《民法典》第一百七十九条第二款，“法律规定惩罚性赔偿的，依照其规定”；第一千一百八十五条，“故意侵害他人知识产权，情节严重的，被侵权人有权请求相应的惩罚性赔偿”；《商标法》第六十三条第一款，“侵犯商标专用权的赔偿数额，按照权利人因被侵权所受到的实际损失确定；实际损失难以确定的，可以按照侵权人因侵权所获得的利益确定；权利人的损失或者侵权人获得的利益难以确定的，参照该商标许可使用费的倍数合理确定。对恶意侵犯商标专用权，情节严重的，可以在按照上述方法确定数额的一倍以上五倍以下确定赔偿数额。赔偿数额应当包括权利人为制止侵权行为所支付的合理开支”。据此，大陆法系争论不休的“惩罚性赔偿”，在我国以“《民法典》的一般规定+部门法的特别规定”获得支持。同时，《最高人民法院关于审理侵害知识产权民事案件适用惩罚性赔偿的解释》进一步细化了惩罚性赔偿的适用条件。该解释第一条第一款规定，原告主张被告故意侵害其依法享有的知识产权且情节严重，请求判令被告承担惩罚性赔偿责任的，人民法院应当依法审查处理。第三条和第四条进一步规定了“侵权故意”和“情节严重”的具体情形。故商标侵权案件中判断可否适用惩罚性赔偿主要从“侵权故意”和“情节严重”两方面进行考量。

侵权故意，可包含如下情形：被告经原告或者利害关系人通知、警告后，仍继续实施侵权行为的;被告或其法定代表人、管理人是原告或者利害关系人的法定代表人、管理人、实际控制人的;被告与原告或者利害关系人之间存在劳动、劳务、合作、许可、经销、代理、代表等关系,且接触过被侵害的知识产权的;被告与原告或者利害关系人之间有业务往来或者为达成合同等进行过磋商,且接触过被侵害的知识产权的;被告实施盗版、假冒注册商标行为的;其他。本案中,被告溢水公司与原告之间曾为合作关系,双方公司的法定代表人及股东之间存在较为频繁的邮件往来;2013 年,原告向被告溢水公司发函告知其存在商标侵权行为,要求其立即停止侵权,被告溢水公司回函称其已停止侵权,将尽快消除影响,并保证不再侵权;原告成立时间早,其水处理产品在相关领域知名度较高,且权利商标使用时间长,已为相关公众广为知晓并具有较高声誉;被告溢水公司明知原告曾遭受他人侵权的事实,仍与案外人签订协议,生产、销售侵犯原告注册商标专用权的产品,且协议约定的产品型号、品类与原告产品均完全相同。可见,被告溢水公司完全符合司法解释对于"侵权故意"的认定情形。

情节严重,可包含如下情形:因侵权被行政处罚或者法院裁判承担责任后,再次实施相同或者类似侵权行为;以侵害知识产权为业;伪造、毁坏或者隐匿侵权证据;拒不履行保全裁定;侵权获利或者权利人受损巨大;侵权行为可能危害国家安全、公共利益或者人身健康;其他。本案中,被告溢水公司作为在先案件所涉事实的相关方,曾向原告出具承诺函,并称不会再出现侵犯原告注册商标专用权的行为,但却背信弃诺,明知上证所基地项目所需产品均为"赛一"的水处理设备并需随附产品合格证等相关证件,仍提供载有原告注册商标标识的侵权产品,且合同金额较大,最终致使项目延期整改,多方受损,故被告溢水公司的行为可以被认定为情节严重。

综上,对于被告溢水公司应适用惩罚性赔偿。

二、商标侵权案件中惩罚性赔偿基数的确定

惩罚性赔偿相较于补偿性赔偿更能有效遏制恶意侵权行为,威慑潜在的不法行为人,但惩罚性赔偿使私法具有了公法的功能,这也是大陆法系民法一般排斥适用惩罚性赔偿的主要原因。① 因此,商标侵权案件中,在适用惩罚性赔偿时应遵循比例原则,审慎裁量、尽可能精细化确定赔偿基数,合理确定赔偿数额。

《最高人民法院关于审理侵害知识产权民事案件适用惩罚性赔偿的解释》第

① 参见杨立新:《〈民法典〉惩罚性赔偿规则的具体适用》,载《荆楚法学》2022 年第 1 期。

五条第一款规定，人民法院确定惩罚性赔偿数额时，应当分别依照相关法律，以原告实际损失数额、被告违法所得数额或者因侵权所获得的利益作为计算基数。该基数不包括原告为制止侵权所支付的合理开支；法律另有规定的，依照其规定。本案中，原告提出按照被告溢水公司获利计算赔偿金额，并提交涉案项目中另一品牌“洗霸”，即同类上市企业案外人洗霸公司的审计报告，以期获得利润率计算标准的支持，但法院经审理认为，应综合考量侵权行为人的企业规模、品牌效应、经营能力、营销推广能力等因素，厘清“利润率”概念，区分营业利润与销售利润，关注行业平均利润率情况，并充分考虑涉案商标在侵权行为中的品牌贡献率，进而确定与侵权行为相适应的赔偿基数计算标准。具体而言，首先，从在案证据及各方当事人在庭审中的陈述可以认定，被告溢水公司向上证所基地项目的供货金额为 510, 560 元，而非原告主张的合同价款 1, 125, 488 元。其次，尽管原告提供了案外人洗霸公司的审计报告作为确定利润率 38. 2% 的事实依据，但其一，洗霸公司作为水处理设备领域中的知名企业，其企业规模、品牌效应、经营能力、营销推广能力均明显高于市场平均水平；其二，38. 2% 系洗霸公司的营业利润率，而营业利润率不等于销售利润率，且涉案行为发生当年，水处理行业市场平均利润率（毛利率）约为 30%；其三，因涉案项目指定为原告品牌，故该品牌在涉案行为中的品牌贡献率较高，法院认为可达 85% 左右。据此，法院酌定，按照 25% 计算被告溢水获利，即 510, 560 × 25% = 127, 640 元，本案惩罚性赔偿的计算基数为 127, 640 元。同时，综合考虑前述侵权情节，被告溢水公司主观过错程度、侵权行为的情节严重程度等因素，原告主张按照被告溢水公司侵权获利的 4 倍适用惩罚性赔偿，法院予以支持，并确定其应承担的赔偿总额应当为填平性赔偿数额与惩罚性赔偿数额之和，即为基数的 5 倍，共 638, 200 元。

【典型意义】

惩罚性赔偿在知识产权案件中的适用是近年来理论界及司法界讨论的热点。随着知识产权案件适用惩罚性赔偿司法解释的出台，惩罚性赔偿的适用标准越发清晰，但赔偿基数、赔偿数额的确定仍有待进一步明确。本着遵循比例原则，精细化裁量、合理确定惩罚性赔偿数额的初衷，本案在法律及其司法解释规定的基础上，对于惩罚性赔偿基数的确定进行了多维考量的尝试，即并非直接采纳原告提交的“营业利润率”作为赔偿基数的计算依据，而是从“权、责、利相适应”的角度出发，综合评定侵权行为人的企业规模、品牌效应、经营能力、营销推广能力等因素,对“利润率”概念进一步细化、区分,综合行业平均利润率情况,并充分考虑涉案商标在侵权行为中的品牌贡献率,进而确定与侵权行为相适应的赔偿基数计算标准。本案判决对于进一步明确惩罚性赔偿的适用标准,进一步完善惩罚性赔偿基数的确定途径具有典型意义。

【案例索引】

案号:

一审:上海市浦东新区人民法院(2021)沪0115民初44661号(2022年7月30日)

二审:上海知识产权法院(2022)沪73民终656号(2022年11月29日)

审判组织:

一审:陈瑶

二审:胡宓、易嘉、杜灵燕

编写人:陈瑶

15

商标侵权案件中惩罚性赔偿与法定赔偿的协调适用

——JUKI株式会社与巨凯公司侵害商标权纠纷案

裁判要旨

在商标侵权案件中，在基数的全部数额无法查明的情况下，不能机械地认为无法适用惩罚性赔偿。在损害赔偿数额计算时，法院可根据不同的侵权行为形式，对于可查明部分适用惩罚性赔偿，对无法查明的部分适用法定赔偿，在同一案件中协调适用不同的损害赔偿计算方式，从而更有利于惩罚性赔偿制度功能的发挥。

基本案情

原告：JUKI株式会社（以下简称JUKI公司）

被告：浙江巨凯缝纫科技有限公司（以下简称巨凯公司）

JUKI公司诉称，原告是一家注册在日本的企业，在工业缝纫机领域居于全球领先地位，其高质量的产品获得了全球客户的赞誉。在中国，原告商号JUKI于1981年5月30日获准注册146917号“JUKI”商标，核定使用在第七类“缝纫用机器：部件零件”商品上；于2005年10月28日获准注册3715148号商标，核定使用在第七类“缝合机”等商品上（以下两商标合称系争商标）。被告巨凯公司是一家从事工业缝纫机生产、销售的企业，长期在其工业缝纫机产品上以及相关产品宣传上使用“巨凯JUKAI”“JUKAI”标识（以下称侵权标识）。被告于2009年2月7日将侵权标识向中华人民共和国国家工商行政管理总局商标局提出注册申请,虽于2010年8月7日被获准注册,但已被商标评审委员会作出的裁定书宣告无效。北京市高级人民法院于2019年12月27日作出终审判决,认定侵权标识与系争商标构成近似商标,维持了该无效宣告裁定。被告曾于2017年9月27日参加CISMA(中国国际缝制设备展览会),在展出的样机、公司宣传资料、名片上均使用了侵权标识。使用了侵权标识的被告产品至少在2018年2月时仍在国内市场上销售。另外,被告在国内市场销售的某一批产品曾被浙江省台州市路桥区市场监督管理局查获,并于2019年8月27日受到了行政处罚。同时被告多次向境外出口标注有侵权标识的产品。被告因突出使用"JUKAI"标识,在2014年7月16日曾被浙江省台州市路桥区工商行政管理局以"改变注册商标"为由责令改正,但是,至少到2018年,被告仍然在其产品上单独突出使用"JUKAI"标识,混淆商品来源的主观恶意明显。故原告主张根据被告自认的年生产力200万~500万元,结合同地区同类缝纫机生产企业的毛利润率29.25%,主张被告2010年至2019年持续侵权,侵权获利超过900万元,应在此基数上适用惩罚性赔偿,在本案中仅主张300万元。

被告巨凯公司辩称,被告成立时即使用巨凯企业字号。2009年申请"巨凯JUKAI"注册商标,2010年8月7日获得注册。原告于2015年8月7日提出无效宣告,商评委仅在缝纫机项下宣告无效,未认定被告构成恶意抢注。被告在2019年12月27日商标无效终审判决作出前,使用"巨凯JUKAI"具有合理性,并无恶意,不应承担责任。被宣告无效后,被告也已经停止使用被控侵权商标。除路市监处字(2019)103号行政处罚决定书外,被告不存在在国内销售单独标注"巨凯JUKAI"的行为。被告在涉外定牌加工中使用"巨凯JUKAI"不构成侵权。该标识根据印度巴维缝纫机公司(以下简称巴维公司)委托使用,在境内不会产生混淆。原告线下购买到的产品就是路市监处字(2019)103号行政处罚决定书中的产品,也是巴维公司处的废品,是员工售卖旧货导致的。

【法院裁判】

上海市浦东新区人民法院经审理认为:

一、被告的涉案行为构成商标侵权

被告在缝纫机等产品上使用了"巨凯JUKAI""JUKAI"标识,从包装到机身突出使用的是"JUKAI"标识,与原告商标核定类别相同,在呼叫、字母构成和字体、及整体外观等方面近似,"JUKAI"标识与原告商标构成近似商标,容易导致消费者对商品和服务来源产生混淆,同时销售了侵犯注册商标专用权的商品,构成商标侵权。

被告商标在缝纫机等产品上的注册在2019年12月27日被北京市高级人民法院行政判决书判决无效,其商标专用权视为自始不存在。被告所实施的行为是否构成商标侵权,不再需要考虑被告注册商标专用权的情况。

二、被告向境外出口行为适用惩罚性赔偿

根据在案证据,可认定被告至少自2012年起生产并开始向境外销售涉案产品。

(一)关于侵权主观故意

法院综合考虑以下情节,认定被告具有侵权故意:(1)原告商标使用时间较长,经过长期宣传使用已为中国相关公众广为知晓并具有较高声誉。(2)被告多款产品与原告产品在产品型号中使用相同的数字,在产品外观、标识位置、标注方式等方面与原告产品高度近似,具有攀附原告商标的故意。(3)在被告商标被宣告无效之后的行政诉讼过程中,被告应当对其所使用标识存在侵权可能性有合理预判。但被告仍持续实施侵权行为,未进行合理避让,生产并向境内外销售侵权产品。(4)被告的宣传册、名片等宣传材料中突出使用"JUKAI"标识,而非其原注册商标。(5)除涉案商标外,被告还在第7类上申请过与行业内知名企业相关联的其他商标。综上所述,足以认定被告具有侵害原告注册商标专用权的故意。

(二)关于侵权情节

被告提交的2013年至2015年销售合同中标注的品牌均为"巨凯"。在2014年,被告就曾因不规范使用商标被行政机关责令改正,2019年又因商标侵权被行政处罚,但根据在案证据,被告长期以来仍持续突出使用"JUKAI"标识,在缝纫机机身和机头上并未标注所申请的"巨凯JUKAI"商标,展会现场取得的宣传册中,被告所有的在册产品均标注"JUKAI"标识,说明在一定时间段内,被告主要生产销售标注"JUKAI"的侵权产品,并在网站、微信公众号上使用"JUKAI"标识,构成再次实施相同侵权行为。且在微信公众号中自2017年起持续发布包含涉案侵权标识"JUKAI"的产品图文、视频。可见被告无论是生产出口还是境内销售,侵权规模均较大,获利巨大,符合侵犯商标专用权的情节严重的要件。

(三)惩罚性赔偿基数

本案中,赔偿数额按照权利人因被侵权所受到的实际损失难以确定,但根据在案证据可查实的为被告生产并出口的两笔订单金额，即被告出口摩洛哥、印度的侵权缝纫机产品总金额为 103,781 美元，折合人民币 662,332 元，据此可确定被告因出口的侵权行为所获得的部分利益。基数固然重要，但机械认为只要基数的全部数额不能查明就不能适用惩罚性赔偿，将严重影响该制度功能的发挥，使恶性侵权者轻易逃避法律惩罚。据此法院认为，既然基数全部数额查明时可以适用惩罚性赔偿，举重以明轻，部分数额能够确定时也可就该部分适用惩罚性赔偿。故本案针对被告向境外出口部分可适用惩罚性赔偿。关于产品利润率，原告提供了与被告同样位于浙江省台州市的杰克缝纫机股份有限公司年报，其主营业务同样为工业缝纫机，可作为参考基准。本案中，被告认为其账簿属于商业秘密而拒绝提交，故法院采纳原告所主张的利润率中位数 29.25% 计算被告获利，确定本案惩罚性赔偿的计算基数为 193,732.11 元。综合考虑前述侵权情节，被告主观过错程度、侵权行为的情节严重程度等因素，法院按照上述确定的被告就生产并出口境外的侵权获利 193,732.11 元的 3 倍适用惩罚性赔偿，确定其应承担的赔偿总额应当为填平性赔偿数额与惩罚性赔偿数额之和，即为基数的 4 倍共 774,928.44 元。

三、被告的境内生产销售行为适用法定赔偿

被告提供了 2013 年至 2015 年与境内公司的销售合同，标注品牌均为“巨凯”，可认定被告至少自 2013 年起在境内生产销售涉案产品。

关于被告在境内销售的情况，根据路市监处字（2019）第 103 号行政处罚决定书，可认定被告在境内销售的 36 台侵权缝纫机产品为 42,810 元。关于原告在线下门店通过公证购买到侵权产品，被告称即为其被行政处罚的 36 台产品之一，原为出口印度的产品，但未能提供任何证据。在境内销售被告产品的门店显著位置使用了侵权产品图片作为大幅宣传图片，附赠的产品介绍和企业介绍均为中文。在被告所提交的近三年的出口订单中，出口印度的产品型号中也并不存在境内销售的型号，可见线下所能购买到的缝纫机产品并非为出口生产。结合被告网站、微信公众号中大量的宣传、参展、售后服务的图片、文字、视频等，足以证明被告侵权产品在境内相关门店中存在持续销售行为，生产销售侵权产品并非偶发情况。本案中针对被告在境内的侵权行为，权利人因被侵权所受到的实际损失、侵权人因侵权所获得的利益、注册商标许可使用费难以确定，法院综合考虑被告在境内生产销售的情况、展会、网页、微信公众号宣传情况，结合前述侵权故意、侵权情节严重等因素，酌情确定被告的宣传、境内销售等行为法定赔偿数额为100万元。

最终上海市浦东新区人民法院判决被告巨凯公司停止侵权、赔偿原告经济损失及合理开支共计186万余元。

一审宣判后,被告巨凯公司依法提起上诉,上海知识产权法院判决驳回上诉,维持原判。

【案例评析】

一、分立模式下惩罚性赔偿与法定赔偿

(一)《商标法》第六十三条的损害赔偿体系

我国《商标法》第六十三条前三款规定了商标侵权损害赔偿数额的确定方式,分为补偿性赔偿、惩罚性赔偿和法定赔偿。其中第一款前半部分规定了补偿性赔偿的一般计算原则,即确定性赔偿,具体分为实际损失、侵权获利、许可使用费倍数三类。第二款规定了补偿性赔偿的裁量性计算方式,在权利人尽力举证的情况下,侵权人构成举证妨碍时,法院可参考权利人的主张和提供的证据判定赔偿数额。在第一款前半部分及第二款的补偿性赔偿计算基础上,满足恶意侵犯商标专用权且情节严重的情形,则可适用惩罚性赔偿。除此之外的情形,可适用法定赔偿,根据侵权行为的情节进行兜底性的酌定损害赔偿数额。值得注意的是,《商标法》第六十三条所规定的损害赔偿数额计算方式所指向的均为单一侵权事实情况,对于同时存在多个侵权事实时,不同的损害赔偿计算方式是否可以在同一案件中协调适用未作明确。

(二)法定赔偿可包含惩罚性因素

我国《商标法》针对法定赔偿和惩罚性赔偿采取的是分立模式。与之相对应的是美国版权法的单一法定赔偿模式,虽然没有明确规定惩罚性赔偿,但是其第五百零四条(C)款第(二)项明确将被告的主观故意作为增加法定赔偿数额的法定因素:一般情况下法定赔偿的范围是750美元至3万美元,而在故意侵权的情况下,法定赔偿可以增至最高15万美元。而在我国2014年《商标法》实施前,《商标法》的损害赔偿亦为单一模式。而即使在分立模式背景下,法定赔偿无法成为惩罚性赔偿的计算基数,法定赔偿在适用时仍应当充分考量侵权行为的主观故意和侵权情节,实际上承担起了基数无法查明时惩罚性赔偿的角色。司法实践中各级法院对此也予以充分肯定,如在(2015)沪知民终字第4号判决中,法院明确认为法定赔偿制度在遵循填平原则的基础上,应兼具惩罚性功能,对于重

复侵权等恶意侵权，在确定法定赔偿数额时，应将侵权人的恶意作为重要考量因素，进而弥补惩罚性赔偿制度的适用困境。

（三）各损害赔偿制度协调适用的合理性

长期以来，人民法院在审理商标侵权案件时，在一个案件中多采用一种损害赔偿计算方式。这与传统的商标侵权行为模式较为简单密切相关，大多数侵害商标权纠纷案件都仅涉及单一的侵权行为，法院在计算损害赔偿时只需要考量某一种计算方式。而随着商标侵权行为形式复杂性的提升，侵权人基于概括的侵权故意可能实施多个侵权行为，产生不同的损害后果。而出于维权诉讼的经济性考虑，权利人多倾向于在一个司法案件中对同一侵权主体的全部商标侵权行为进行主张，但对于各侵权行为的举证程度必然存在差别，此时针对不同侵权行为协调适用多种损害赔偿计算方式就显得更为必要。而面对绝大多数案件适用法定赔偿的情况，协调适用不同损害赔偿制度也能够更为精细化地量化损害后果，让审判更贴近商标维权的现实情况。山东省高级人民法院 2022 年 4 月发布的《关于审理侵害知识产权民事案件适用惩罚性赔偿的裁判指引》第二十一条第三款明确规定在被告侵权行为存在多个事实的情况下，人民法院对能够确定计算基数的部分可以适用惩罚性赔偿，对不能确定计算基数的部分可以适用法定赔偿。

二、损害赔偿方式协调适用的条件

（一）侵权行为涉及多个侵权事实

在侵害商标权纠纷案件中，存在多个可区分的侵权事实是损害赔偿制度协调适用的前提。常见的商标侵权行为一般分为生产、销售侵害商标专用权商品；在宣传中使用相同或近似标识；伪造、擅自制造他人注册商标标识；提供商标侵权的便利条件等。在选择损害赔偿计算方式的语境下，“可区分”条件显然对具体行为的损害赔偿数额有着明确的量化要求，即相应的侵权事实可通过相对独立的计算获得补偿性赔偿的数额。在通常情况下，生产、销售侵权商品或标识、擅自使用他人商标作为主要品牌开展经营等侵权事实有着明确的侵权产品数量为可量化客观计算基础，现实中也多可通过生产规模、生产时间、销售地域、销售渠道、授权费用等多种因素分别进行量化计算，具有更为适宜协调适用条件。当然，此处所涉及的数额并非实然可查明的数额，而是在客观上应然存在的数据。并且在区分侵权事实时，应充分考虑全案事实与所区分侵权事实的比例关系，不宜将侵权事实区分过细。综上，只要在多个侵权事实中具备可单独计算损害赔偿数额的侵权事实，可作为损害赔偿方式协调适用的前提。

（二）当事人主张适用在后顺位的损害赔偿方式

在考虑协调适用不同损害赔偿方式的场合时，当事人主张为前提条件之一。当事人的主张分为两类：一是当事人明确申请根据不同的侵权事实主张不同的损害赔偿计算方式。人民法院应针对此类申请的各类损害赔偿计算方式逐项审查。二是当事以全案主张在后顺位的损害赔偿计算方式。常见的即为主张全案适用法定赔偿，或在主张侵权获利的基础上主张适用惩罚性赔偿。在此类情形下，人民法院可根据在案证据的实际情况审查在先顺位的计算方式是否成立，在部分侵权事实可以查明在先顺位的损害赔偿计算方式时，可协调适用该部分侵权事实的在先顺位损害赔偿计算方式和其余部分侵权事实的在后顺位损害赔偿计算方式。

（三）无法就全案查明某类补偿性损害赔偿数额

在案证据确实无法查明补偿性损害赔偿数额，是启动协调适用不同损害赔偿计算方式的客观条件。如前所述，商标侵权的形式不断趋向复杂，新类型的商标侵权行为不断出现。在多数复合侵权事实的案件中，原告难以举证证明全部侵权事实的原告损失、被告获利或许可使用费，法院也在绝大多数的商标侵权案件中适用全案法定赔偿计算损害赔偿。而在全案的某类补偿性损害赔偿数额无法查明时，如存在部分侵权事实可以查明某类补偿性损害赔偿数额，则可协调适用不同损害赔偿计算方式。

三、部分适用惩罚性赔偿的审查逻辑

（一）侵权主观状态和损害后果的全案审查

在原告主张惩罚性赔偿时，人民法院应当结合法定要件依法对全案侵权事实进行审查。根据《商标法》及《最高人民法院关于审理侵害知识产权民事案件适用惩罚性赔偿的解释》的规定，惩罚性赔偿适用的条件为故意侵权、情节严重，而暗含的隐形条件为具有明确的计算基数。但即使在全案基数无法查明的情况下，也不应影响在先对侵权故意和情节严重的审查。惩罚性赔偿的适用不应因无法定量便不再定性，而是应依法综合考虑侵权人的主观状态和所造成的损害后果，在不考虑精确计算的前提下对侵权行为进行定性审查，对于符合惩罚性赔偿适用条件的案件进行下一步基数或倍数的考量。

（二）整体和部分的基数计算的审查

当被告的侵权行为符合惩罚性赔偿适用条件时，人民法院应进一步对原告所主张的惩罚性赔偿基数进行审查。而这一审查应依当事人申请,从整体到部分的顺序进行,审查必须从证据出发,依照合理逻辑进行判断。在本案中,虽然原告就被告的年生产量,同行业类似企业利润率均进行了举证,但被告提出了其所生产产品包含了其他品牌的相关证据,根据现有证据无法确定涉案侵权商品的生产总量,故难以查明全案惩罚性赔偿基数。因此,法院应针对各部分侵权事实所涉基数分别进行审查。如结合可查明的海关出口部分货值,明确该部分侵权事实所对应的基数。

(三)无法查明基数部分协调适用法定赔偿

在确定可查明部分侵权事实所涉基数即补偿性赔偿数额的基础上,最后需要将该部分数额与无法查明部分侵权事实的法定赔偿进行协调适用,其核心是倍数的确定。根据《最高人民法院关于审理侵害知识产权民事案件适用惩罚性赔偿的解释》的规定,人民法院依法确定惩罚性赔偿的倍数时,应当综合考虑被告主观过错程度、侵权行为的情节严重程度等因素,而这些因素正是在案件定性适用惩罚性赔偿时所要考虑的因素,故惩罚性赔偿的倍数也正是惩罚性赔偿制度直接的量化体现。因此,该倍数应考虑全案情况综合确定;接着再直接适用于已查明部分侵权事实所涉基数;而对于无法查明部分侵权事实,则应当以此为参考,在该部分的法定赔偿数额中充分考量惩罚性因素,从而实现惩罚性赔偿与法定赔偿的协调适用。

【典型意义】

本案对商标侵权案件中加大对源头侵权、恶意侵权等严重情节的打击力度,从而适用惩罚性赔偿进行了积极探索。在权利人被侵权的实际损失、侵权人的实际获利或许可使用费倍数均难以确定的情况下,针对不同的侵权行为,在同一案件中同时适用惩罚性赔偿和法定赔偿的方式进一步维护了商标权人的合法权益,维护了市场竞争秩序。

【案例索引】

案号:

一审:上海市浦东新区人民法院(2020)沪0115民初85435号(2021年12月21日)

二审:上海知识产权法院(2022)沪73民终187号(2022年7月21日)

审判组织：

一审：刘嘉洛

二审：胡宓、易嘉、杜灵燕

编写人：刘嘉洛

不正当竞争纠纷案件

16 “有一定影响的包装、装潢”的司法认定

——好侍公司与德生公司等不正当竞争纠纷案

裁判要旨

认定包装、装潢是否“有一定影响”需要综合考虑商品是否为相关公众所知晓,包装、装潢与商品的联系以及包装、装潢是否产生了具有识别其商品来源的显著特征。判断是否构成混淆需要以是否导致相关公众误认为是他人商品或者与他人存在特定联系为标准。外观设计专利权和“有一定影响的包装、装潢”分别受不同法律调整,当事人可以选择主张。

基本案情

原告:好侍食品集团本社株式会社(以下简称好侍公司)

被告:佛山市德生星火食品有限公司(以下简称德生星火公司)

被告:汕头市德生食品厂(以下简称德生食品厂)

被告:广州市德生食品有限公司(以下简称德生公司)

好侍公司向上海市浦东新区人民法院提起本案诉讼,请求德生星火公司、德生食品厂立即停止使用与原告好侍“百梦多咖喱”“爪哇风味咖喱”日式块状调料包装、装潢近似的产品包装、装潢,德生公司停止销售、宣传涉案商品。请求三被告销毁包装及宣传资料。德生星火公司、德生食品厂连带承担经济损失100万元,三被告连带赔偿合理费用20万元。审理中好侍公司申请撤回对德生食品厂的诉讼请求。

被告德生星火公司、德生食品厂、德生公司共同辩称,好侍公司主张的包装、装潢涉及已经到期失效的五个外观设计专利,相关设计已为公知技术。另外,好

侍公司尚有一个外观设计专利仍旧存续有效,好侍公司应主张外观设计专利,而非包装、装潢。被告包装与好侍公司的包装既不相同,也不近似,不存在混淆可能性。好侍公司主张的金额过高。

法院经审理查明:好侍公司(曾用名为好侍食品株式会社)成立于1947年6月7日。好侍公司于2001年、2004年、2011年分别投资设立大连好侍食品有限公司、上海好侍公司、上海好侍食品有限公司、好侍食品(中国)投资有限公司的前身好侍食品(上海)商贸有限公司。好侍食品(中国)投资有限公司于2014年、2016年分别与重庆永豪食品销售有限公司、上海味之素调味品有限公司签订协议,约定后者为好侍食品(中国)投资有限公司在中国的经销商。其中产品包括百梦多咖喱、爪哇风味咖喱。

2001年至2016年,《时代报》《东方早报》《青年报》《信息时报》《劳动报》《中国新闻社》《重庆商报》《京华时报》等报纸杂志,2015年、2016年博众网、网易、中华网、东方网、新浪网、搜狐网、妈咪网等网站及多个微信公众号对好侍公司的咖喱产品及相关营销活动作出报道。有报道可见"百梦多咖喱"的包装、装潢。2014年、2015年好侍公司及其关联公司通过展会、公交车屏幕、地铁站、商场、公交车车身、报纸杂志投放关于产品的广告,其中部分广告呈现"百梦多咖喱""爪哇风味咖喱"的包装、装潢。原告及其关联公司获得多个奖项,百梦多咖喱获得"2017(秋)畅销金品"称号。行业内杂志显示好侍及百梦多在行业内市场占有率名列前茅。

好侍公司于2004年至2005年就"百梦多咖喱"的包装、装潢申请了名为调料包装盒的五个不同的外观设计专利(辣度不同),其中四个外观设计专利保护期限已届满,一个外观设计专利尚在保护期内。好侍公司就"爪哇风味咖喱"亦申请了外观设计专利,该专利现已终止。通过百度搜索"百梦多""爪哇风味咖喱",搜索结果出现原告主张的"百梦多咖喱""爪哇风味咖喱"包装、装潢。

2016年8月26日,上海新国际博览中心举办展会,好侍公司的代理人在展会内有"佛山市德生星火食品有限公司"等字样标识的展台处购得100g德生妙多咖喱10盒、980g德生妙多咖喱及德生妙多风味咖喱6盒,并取得宣传册、名片。宣传册显示总厂为德生食品厂,分厂为德生星火公司。扫描宣传册上的二维码进入公众号"德生食品",账号主体是德生公司。该微信公众号上有德生品牌食品的销售。德生公司确认销售了涉案咖喱产品。德生星火公司于2017年2月25日在《工人日报》刊载《通告》,告知佛山德生星火公司各关联企业生产部、销售部及全国各经销商和零售商公司已停止生产“德生妙多”咖喱系列产品，原销售市场及渠道由“德生咖喱”“德生金牌咖喱”产品替代，并召回全部产品。“德生妙多咖喱”包装盒外观设计于2015年11月18日获得授权公告，经原告申请，国家知识产权局于2017年4月27日作出宣告专利权无效的决定。2018年3月，“德生妙多咖喱”在1688网站、淘宝网仍有销售。

【法院裁判】

上海市浦东新区人民法院经审理认为，首先需要对请求保护的包装、装潢是否有一定影响作出认定。“百梦多咖喱”“爪哇风味咖喱”分别自2005年、2010年在中国市场销售，经过好侍公司及其关联公司的经营，在全国各主要城市均有销售。好侍公司通过广告、网络宣传，两种咖喱产品在中国市场上已为相关公众知晓。原告请求保护的“百梦多咖喱”“爪哇风味咖喱”所使用的包装、装潢由一系列要素组成，且在进入中国市场以来保持其独特的包装风格，虽先后有细微的改版，但整体风格统一。包装、装潢上的色彩、图形、文字等方面的排列组合具有独特性，形成了显著的整体形象，且与商品的功能性无关，经过长时间的使用和大量宣传，已足以使相关公众将上述包装、装潢的整体形象与原告的“百梦多咖喱”“爪哇风味咖喱”商品联系起来，具有识别其商品来源的作用，应属于《反不正当竞争法》第六条第（一）项所保护的有一定影响的包装、装潢。

其次需要认定关于相关公众是否容易对“百梦多咖喱”与“德生妙多咖喱”、“爪哇风味咖喱”与“德生妙多风味咖喱”引起混淆、误认。将“百梦多咖喱”与“德生妙多咖喱”，“爪哇风味咖喱”与“德生妙多风味咖喱”进行比对，二者不论是背景颜色、文字排列方式还是文字大小、商标位置、画面元素的选择等各方面均相似。因好侍公司“百梦多咖喱”“爪哇风味咖喱”所使用的包装、装潢的整体形象具有区别商品来源的显著特征，而“德生妙多咖喱”及“德生妙多风味咖喱”使用的包装、装潢分别与“百梦多咖喱”“爪哇风味咖喱”达到视觉上非常近似的程度，易使相关公众误认二者存在某种联系。故“德生妙多咖喱”与“百梦多咖喱”、“德生妙多风味咖喱”与“爪哇风味咖喱”构成近似。

在“百梦多咖喱”“爪哇风味咖喱”的包装、装潢已经具有区别商品来源的作用，被告的“德生妙多咖喱”“德生妙多风味咖喱”的包装、装潢会导致相关公众的混淆或者误认时，即使好侍公司的外观设计专利已经过期，被告也不能对该外观设计进行足以导致相关公众对商品的来源产生混淆或者误认的使用。同时，被告的外观设计专利取得于 2015 年,远晚于好侍公司产品包装、装潢的使用时间。经过原告多年的经营,好侍公司的产品已取得了一定的影响力,其产品上使用的包装、装潢在被告取得外观设计专利前也已具有一定的影响力,属于我国《反不正当竞争法》保护的有一定影响的包装、装潢。据此,就被告的不正当竞争行为,好侍公司有权提起诉讼。

被告佛山德生星火公司的行为构成擅自使用原告有一定影响的包装、装潢的不正当竞争行为,理应承担停止侵权及赔偿损失、承担合理开支的责任。被告广州德生公司作为产品的销售商,应停止宣传、销售侵权产品及就原告为制止本案侵权行为所支出的合理费用与被告佛山德生星火公司共同承担连带责任。综上,上海市浦东新区人民法院判决德生星火公司停止使用、德生公司停止宣传与好侍公司“百梦多咖喱”“爪哇风味咖喱”包装、装潢近似的产品包装、装潢;德生星火公司赔偿好侍公司经济损失 50 万元;德生星火公司、德生公司连带赔偿好侍公司合理费用 10 万元。

德生星火公司、德生公司不服一审判决,向上海知识产权法院提起上诉,上海知识产权法院二审维持原判。

【案例评析】

一、有一定影响的包装、装潢中“有一定影响”的认定

《反不正当竞争法》于 2017 年修订后,第六条第(一)项中“有一定影响的商品名称、包装、装潢”的描述①替代了 1993 年《反不正当竞争法》第五条第(二)项中“知名商品特有的名称、包装、装潢”的描述②。修订后的表述更加科学,商品知名不代表包装、装潢就一定具有识别性,商品名称、包装、装潢本身是否具有影响力成为关注的对象。在认定包装、装潢是否具有一定影响力这个问题上,需要从多个角度进行考量。

首先,商品是否为相关公众所知晓。《反不正当竞争法》第六条中虽不再有“知名商品”的描述,但商品的知名度是证明商品包装、装潢具有影响力的一个方

---

① 《反不正当竞争法》第六条规定:“经营者不得实施下列混淆行为,引人误认为是他人商品或者与他人存在特定联系:(一)擅自使用与他人有一定影响的商品名称、包装、装潢等相同或者近似的标识……”

② 1993 年《反不正当竞争法》第五条规定:“经营者不得采用下列不正当手段从事市场交易,损害竞争对手:……(二)擅自使用知名商品特有的名称、包装、装潢,或者使用与知名商品近似的名称、包装、装潢,造成和他人的知名商品相混淆,使购买者误认为是该知名商品……”

面，为相关公众所知晓的商品，其包装、装潢更有可能与商品来源产生特定联系。对这一点的认定可以参考此前关于知名商品的判断方法，即从商品的销售时间、销售量、广告宣传、市场占有率、所获奖励等多个因素综合考量，还需要考虑相关公众及相关领域。本案中，好侍公司的百梦多咖喱、爪哇风味咖喱进入中国后在全国范围内各主要城市均有销售，各种媒体对于产品进行报道，网络搜索亦出现大量产品的搜索结果，可见百梦多咖喱、爪哇风味咖喱在中国市场上已为相关公众知晓，具有一定的知名度。

其次，考虑相关包装、装潢本身是否产生了具有识别其商品来源的显著特征。如前所述，商品知名不能直接推断其包装、装潢具有影响力，包装、装潢的影响力还需要考量包装、装潢本身是否具有一定的显著性，能够识别商品来源。也就是说，相关公众通过包装、装潢即能识别出商品对应的生产、销售商。同时，需要注意该包装、装潢并非行业内通用包装，其显著性没有受到淡化。本案中，“百梦多咖喱”“爪哇风味咖喱”包装、装潢上的色彩、图形、文字等方面的排列组合具有独特性，形成了显著的整体形象。好侍公司在宣传商品时，包装、装潢也作为了宣传的部分，使相关公众能将该包装、装潢与商品联系起来。

最后，商品与包装、装潢的固定对应关系。一个商品的包装、装潢需要产生一定的影响力，能够与商品或者商品来源产生特定联系，需要存在一定的固定性。即使是非常知名的商品，其包装、装潢若在经营过程中存在较大变化，旧包装、装潢的影响力就无法及于新的包装、装潢。但这并不代表只要包装有过变化，新的包装、装潢就无法指向特定的商品来源。在长期经营过程中，经营者对产品包装进行更新十分正常，只要新旧包装、装潢的设计具有一致性，不至于断开新包装、装潢与商品来源的关系，新包装、装潢就可以承继旧包装、装潢的影响力。本案中，好侍公司确实对包装、装潢在细节上进行过些许改动，但是包装、装潢整体风格维持统一，未改变主要设计要素，未割裂包装、装潢与商品来源之间的联系。

上述三个方面不是需要割裂开来分别考量或者逐层分析的不同要素，而是在不同的角度相辅相成，交叉着支撑起“有一定影响力的包装、装潢”的认定。本案中，好侍公司经过在国内的长期的经营，百梦多咖喱、爪哇风味咖喱的两种商品的包装、装潢多年以来整体风格统一，通过大量、大范围的销售和宣传，获得了一定的荣誉和市场认可度，这两种包装、装潢能与好侍公司建立一一对应的关系，能够作为区分商品来源的标识加以识别。

二、构成“混淆”的认定

经营者在生产经营中,不是通过自身努力提高市场竞争力,而是试图通过“搭便车”“傍名牌”的方式,引人将自己的商品误认为是他人商品或者与他人存在特定联系,来达到攀附他人商品影响力的效果,这种混淆行为扰乱了市场竞争秩序,损害消费者权益,是《反不正当竞争法》规制的对象。认定混淆的前提是相关包装、装潢具有一定影响。如果前提不成立,就没有必要进入是否构成混淆的认定。此前有一些观点认为只要存在混淆行为就可以反推被混淆方必然具有一定影响或商品存在知名度,但是随着《反不正当竞争法》司法实践的发展和日益成熟,逐渐摒弃了这种“倒推法”,而是先从多个因素对影响力进行综合考量后再对混淆与否进行判断。只有认定了相关包装、装潢在相关领域中具有一定影响后,才会进入到是否构成混淆的认定。在《反不正当竞争法》修订后,判断“混淆”的标准明确为是否“因为误认为是他人商品或者与他人存在特定联系”。这种误认包括误认为与他人商品的经营者具有许可使用、关联企业关系等特定联系。也就是说,即使二者包装、装潢不完全一致,甚至价格、质量、口味、商标、生产厂商均存在不同,只要相关公众可能认为两种商品来源存在一定的联系,即造成了混淆。在认定是否构成混淆的过程中,也需要从多个方面进行考虑。

首先,比对商品包装、装潢的相似程度。将有一定影响的包装、装潢与被控侵权包装、装潢进行比对的时候,需要将整体比对、细节比对和隔离比对结合。整体比对就是比对包装、装潢的主要部分,也就是比对商品包装、装潢中最显著、醒目和最容易引起购买者注意的部分。如本案中的咖喱块包装纸盒从背景色、商品名称的陈列方式和位置、文字大小和画面的布局,二者大同小异,也就是二者主体部分相雷同。细节比对为比对包装、装潢的细节部分,若使用的元素、设计细节、防伪标识的使用等方面也存在雷同,可以加强二者的相似度。在进行细节比对的时候需要注意,细节比对通常作为认可相似程度的正向加项,不宜在细节比较后直接作出不相似的结论。如本案中咖喱盒包装上都选择使用了蜜蜂与水果、香辛料的图的细节,在整体比对相似的前提下,细节比对使两种包装、装潢更加相似。此外还需要进行隔离比对,近似的包装、装潢之间毕竟存在差别,二者同时进行比对的时候很容易发现差别之处,而消费者在选购商品时通常没有能够比对的环境,所以在观察相似度时,可以单独观察被控包装、装潢从而判断相似度。

其次,考量相关公众的注意程度。判断是否构成混淆,应当从一般购买者的角度出发进行整体观察。对于两个近似的包装、装潢,不同的人可能会产生不同的认识,法律一般以一般购买者的普遍注意作为考量的标准。一般购买者施以一般注意,会对二者产生混淆,导致误认、误购的才可能构成混淆。一般购买者的认定需要根据地域和购买对象进行确定,对于价格较低的日常消费型用品来说,购买者在选择购买时施加的注意会相对略低于价格较高的非日常消费型产品。如本案的咖喱块产品,就应当以一般日常购买咖喱块进行烹饪的消费者的注意程度进行判断,而不能以专业咖喱烹饪厨师的认识能力进行判断。

最后,注意商品的相关性。虽然《反不正当竞争法》中对于商品包装、装潢构成混淆的范围没有限定为相同或者类似的商品,但实际上商品的相关性还是会影响混淆的判断。相关性高的商品,导致混淆的可能性更高。本案中商品均为咖喱块,在同样为咖喱块的商品上使用近似的包装、装潢,更容易使相关公公众对于商品的来源产生误认。

三、包装、装潢与外观设计专利保护路径之选

商品包装能够使一个商品在众多同类商品相互竞争的环境中,激发购买者的购买欲望,购买者看到熟知的包装,即可以联想到商品的内容、品质,从而产生购买欲望。装潢是为识别与美化商品而在商品或者其包装上附加的文字、图案、色彩及其排列组合。包装、装潢既能使商品产生美感,又能使此商品与彼商品相区别,还能代表商品的生产、销售和质量。

外观设计专利权和"有一定影响的包装、装潢"属于两种不同的权利,分别受不同法律调整,其保护的范围也存在差异。有一定影响的包装、装潢之所以受到法律的保护,是由于其具有与商标一样识别商品来源的作用,防止产生市场的混淆,保护经营者和消费者的利益。有一定影响的包装、装潢的权利源于使用,外观设计权源于专利申请。外观设计专利权失效后不代表他人可以随意使用,当他人对外观设计的使用会导致相关公众混淆或者误认时,该外观设计还可以受到有一定影响的包装、装潢的保护。反过来说,即使一个包装、装潢存在新颖性,获得了外观设计专利,其不必然能够获得《反不正当竞争法》的保护。如若使用该外观设计专利存在侵害他人有一定影响的包装、装潢的情形,也有可能构成侵权。本案中被告的外观设计专利取得于 2015 年,远晚于好侍公司产品包装、装潢的使用时间。经过好侍公司多年的经营,好侍公司的产品已取得了一定影响力,其产品上使用的包装、装潢在被告取得外观设计专利前也已具有一定的影响力,好侍公司有权主张权利。

【典型意义】

《反不正当竞争法》修订后,第六条第(一)项中“有一定影响的商品名称、包装、装潢”的描述替代了修订前第五条第(二)项中“知名商品特有的名称、包装、装潢”的描述。本案的典型意义在于:一是确立了“有一定影响的商品名称、包装、装潢”的认定标准,核心为商品名称、包装、装潢产生识别来源的意义,具体为考量商品的影响力,商品名称、包装、装潢与商品的固定对应关系,是否产生了识别来源的作用。本案特别强调在比对中,应着重考量相关公众的范围。二是外观设计专利权和“有一定影响的包装、装潢”属于两种不同的权利,分别受不同法律调整,其保护的范围也存在差异。即使一个包装、装潢存在新颖性,获得了外观设计专利,其不必然能够获得《反不正当竞争法》的保护。如若使用该外观设计专利存在侵害他人有一定影响的包装、装潢的情形,也有可能构成侵权。本案入选 2020 年《人民法院案例选》。

【案例索引】

案号:

一审:上海市浦东新区人民法院(2018)沪 0115 民初 28722 号(2019 年 4 月 17 日)

二审:上海知识产权法院(2019)沪 73 民终 242 号(2019 年 12 月 16 日)

审判组织:

一审:杜灵燕、袁田、孙宝祥

二审:钱光文、刘静、吴盈喆

编写人:袁田、王琳泷

17

具有一定影响力的商品装潢与注册商标的权利冲突之司法规制

——新百伦公司与纽巴伦公司等不正当竞争纠纷案

裁判要旨

注册商标专用权人若将注册商标作为商品装潢长期使用，则有权选择《反不正当竞争法》作为法律依据，主张注册商标为具有一定影响的商品装潢。作为同业竞争者，在明知他人的商品包装、装潢具有一定影响的情况下，仍然在其生产的同类商品的相同位置上使用与原告近似的标识，即便其使用的标识系其享有的注册商标，但主观过错明显，客观上足以导致消费者对商品来源产生混淆、误认，违背了诚实信用原则和公认的商业道德，侵害原告的在先权益，构成不正当竞争。

基本案情

原告：新百伦贸易（中国）有限公司（以下简称新百伦公司）

被告：纽巴伦（中国）有限公司（以下简称纽巴伦公司）

被告：赵某鹏

原告新百伦公司是美国新平衡公司体育运动产品在中国的总代理商，经美国新平衡公司授权使用175152号“NB”商标、第175153号“NEW BALANCE”商标、第5942394号“N”商标，非独占使用在“New balance”运动鞋两侧的“N”字母装潢，并享有诉权。2004年起即有生效判决查明，美国新平衡公司在其运动鞋两侧中央位置（接近鞋带）上使用了“N”标识，其在产品宣传中也突出宣传该“N”标识。亦有生效判决查明美国新平衡公司的“New balance”运动鞋至少自1995年开始即在中国境内生产销售。“New balance”运动鞋两侧突出使用了大写、粗体的英文字母“N”标识。“New balance”运动鞋专卖店在全国范围内开设店铺，在包括网络、报纸、杂志等各种媒体持续宣传时均突出展示了鞋两侧“N”字母装潢。

纽巴伦公司的法定代表人系泉州市纽班伦体育用品有限公司（以下简称纽班伦公司）的绝对控股股东。纽巴伦公司持有多个“斜杠N”系列注册商标：1997年5月8日核准注册的第997335号“”商标、2007年8月7日核准注册的第3954764号“”商标、2008年8月21日核准注册的第4236766号“”商标均经纽班伦公司转让至纽巴伦公司名下。被告纽巴伦公司在全国范围内有2000多家店铺，有实体店和网店，其大规模开店自2011年开始。

2016年5月15日，原告新百伦公司发现在上海市多个区域以及北京市、江苏省等多地均有标有“NEW · BARLUN 纽巴伦”“NEW · BARLUN”“NEW—BARLUN”“纽巴伦”“N NEW · BARLUN 纽巴伦”“NEW · BARLUN”等字样的店铺，这些店铺多为被告纽巴伦公司的授权经销商。其中一家店铺即为被告赵某鹏经营的店铺。从这些店铺中公证购买的运动鞋款式、尺码、颜色各不相同，但整体观之，所有公证实物均在鞋两侧显著位置印有斜杠“N”标识。原告认为，被告纽巴伦公司经营、被告赵某鹏销售印有斜杠“N”标识的行为侵犯了原告有一定影响的鞋两侧“N”字母商品装潢，构成不正当竞争。

被告纽巴伦公司辩称，被告享有第997335号“”、第4236766号“”注册商标专用权，商标合法有效，纽巴伦公司在核准商品项目类别上使用注册商标的行为符合法律规定，不存在侵犯他人合法权益或权利的情形。

2006年4月13日，浙江省杭州市中级人民法院作出（2004）杭民三初字第393号民事判决书，认为原告美国新平衡公司将“N”字母作为标识在其运动鞋的两侧中央位置（接近鞋带）上突出使用，经过原告美国新平衡公司反复、长期宣传、使用，使本来不具有固有或天然的区别性的“N”商业标识，因为继续使用等社会原因而产生了区别性，在消费者心中与特定厂家的特定产品联系起来，已经具有了另外的标识特定商品的意义，成为区分美国新平衡公司与其他运动鞋企业产品的重要商业标识。2012年4月23日，上海市黄浦区人民法院作出（2010）黄民三（知）初字第368号民事判决书，认为“New balance”运动鞋系知名商品，

“New balance”鞋两侧中央位置(靠近鞋带处)使用大写、粗体的“N”字母标识,属于知名商品的特有装潢。纽班伦公司在鞋两侧使用“N”图形标识与“New balance”运动鞋的“N”字母整体相似,构成对美国新平衡运动鞋公司的不正当竞争。原告的知名商品特有装潢形成时间早于被告的第 4236766 号注册商标专用权的形成时间。在两者因相似而可能造成相关消费者混淆的情况下,纽班伦公司应当采取附加区别性标识的方式使用第 4236766 号注册商标,对已在先形成的知名商品特有装潢予以避让,避免消费者混淆。

【法院裁判】

上海市浦东新区人民法院经审理认为,首先,本案纠纷在于被告“斜杠 N 标识”在运动鞋两侧使用的装潢是否具有违法性,原告新百伦公司作为美国新平衡公司在中国的总代理商,与被告纽巴伦公司存在实际竞争利益,美国新平衡公司与原告新百伦公司约定本案由原告行使相关诉讼权益,故新百伦公司系本案适格原告。

其次,就“New balance”运动鞋两侧“N”字母装潢能否作为有一定影响的商品装潢受到保护的问题。(1)“New balance”运动鞋在中国境内销售时间长、销售区域广、销售对象多、销售金额大且持续宣传的时间久、范围广、程度深,并屡次获得司法和行政保护,“New balance”运动鞋具有较大的知名度。(2)“New balance”运动鞋绝大多数款式均使用了在鞋两侧有“N”字母装潢,该装潢包含两个要素:其一,位置要素即鞋两侧中央靠近鞋带处;其二,图形要素即“N”字母,该图形要素与原告的第 5942394 号“N”商标图形一致。虽然视觉效果上仅为大写、加粗的 N 字母图形,显著性和识别性并不强,原本不具有固有标志识别特定商事主体或商品的含义,但是美国新平衡公司或原告在其广告宣传中大量且长期地通过展示“运动鞋两侧 N 字母装潢”来进行商品宣传,已经足以使相关公众将运动鞋两侧使用“N 字母装潢”的商品与“New balance”运动鞋相联系,使该装潢具有了识别商品来源的显著特征,具有显著性。(3)证据显示,原告“New balance”运动鞋两侧“N”字母装潢在被告第 4236766 号注册商标申请日之前(2004 年 8 月之前)就已经形成“有一定影响的商品装潢”。(4)在被诉侵权行为可能同时构成商标侵权及不正当竞争时,属于请求权竞合。在涉及请求权竞合的案件中,权利人可以明确择一法律关系对涉案行为进行主张。本案原告明确主张通过《反不正当竞争法》而非《商标法》保护其权益,已经就法律保护依据进行了选择,并无不当。

最后,被控侵权标识在鞋两侧的使用方式与原告在鞋两侧的"N"字母装潢构成近似,被告纽巴伦公司生产或授权经销的运动鞋与原告的"New balance"运动鞋,在鞋两侧所使用的"斜杠 N 标识"或"N 字母"均为各自装潢中最主要、最显著的部分。纽巴伦公司使用的标识虽系其注册商标,但作为同业竞争者,在明知原告的"New balance"运动鞋两侧"N"字母装潢具有一定影响的情况下,仍然在其生产的同类商品的相同位置上使用与原告近似的标识,其攀附原告商誉、造成市场混淆的主观过错明显,客观上足以导致消费者对商品来源产生混淆、误认,违背了诚实信用原则和公认的商业道德,侵害原告的在先权益,构成不正当竞争。

法院判决:被告纽巴伦公司停止对原告新百伦公司运动鞋两侧"N"字母装潢的不正当竞争行为,并承担相应民事责任。判决后,纽巴伦公司不服一审判决提起上诉,上海知识产权法院二审依法维持原判。

【案例评析】

本案涉及注册商标与具有一定影响力的商品装潢冲突下的司法处理,二者系不同的权利,具有不同的权利属性,但难免存在权利冲突。本案从诚实信用原则出发,为二者的权利冲突之司法解决方式提供了思路。

一、注册商标与具有一定影响力的商品装潢之异同

从功能性来说,注册商标存在之本质即为一种识别性标记,目的是建立起商品或服务与市场提供者之间的联系,以便消费者区分商品来源。而商品装潢的原本功能性目的只是修饰、美化商品以激发消费者的购买欲望,但在经营者的长期使用下,有一定影响力的包装、装潢亦承载了能够识别商品或者服务来源的功能,也能够便于消费者区分商品来源。需要注意的是,《反不正当竞争法》于2017年修订后,用"有一定影响的商品名称、包装、装潢"的表述替代了原"知名商品特有的名称、包装、装潢"的表述,修订后的表述更突出强调了保护的价值在于包装、装潢的识别性。正因二者在识别商品来源作用的方面存在共性,故对包装、装潢相似性的判断可参考商标相同或近似的判断方法。在相同商品上使用相同或者视觉上基本无差别的商品名称、包装、装潢,应当视为足以造成和他人知名商品相混淆。而就"影响力"的问题,装潢附着在商品之上,判断商品装潢是否有一定的影响,其所指向的商品本身知名度系重要的衡量因素。商品的知名度可以从商品的销售时间、销售区域、销售额和销售对象，进行宣传的持续时间、程度和地域范围，作为知名商品受保护的情况等因素进行综合判断，这与判断商标知名度的方法也较为相似。

虽注册商标与具有一定影响力的商品装潢二者均有识别商品或者服务来源的作用，但二者之异则在于注册商标专用权系经过行政授权程序取得；“有一定影响的商品装潢”系因其使用而产生了相应的识别价值，法律因此而给予民事权益保护。两种权利或权益的取得路径不同，注册商标专用权由《商标法》予以保护；而“有一定影响的商品装潢”由《反不正当竞争法》来保护，两种法律对于类似的功能进行分别规定，不可避免会存在权利冲突。而一旦二者出现冲突，很容易造成市场混淆，使消费者难以确定救济方式。

二、注册商标与具有一定影响力的商品装潢权利冲突的几种情形及司法处理思路

如前文所述，注册商标与具有一定影响力的商品装潢二者难免存在权利冲突。从本案来看，被告纽巴伦公司的一项抗辩是，既然原告的“N”字母商标核准注册有效，原告无权再就同样的标识提起不正当竞争之诉；另一项抗辩则是其在运动鞋两侧使用的“斜杠 N 标识”与其第 4236766 号“”注册商标基本一致，纽巴伦公司即认为，既然其对其注册商标享有注册商标专用权，即便原告的“New balance”运动鞋两侧“N”字母装潢具有一定影响，被告也有权使用其商标标注在其商品之上。这两项抗辩也正体现了两种商业标识出现权利冲突的具体情形，对这些不同情形权利冲突的司法处理分述如下：

(一)注册商标权利人能否以《反不正当竞争法》为法律依据主张具有一定影响力的商品装潢

在涉及请求权竞合的案件中，权利人可以明确择一法律关系对涉案行为进行主张。这一点，在其他的司法案件中亦有体现，如在上海市浦东新区人民法院审理的好侍食品集团本社株式会社与佛山市德生星火食品有限公司等不正当竞争纠纷案中，法院认为，有一定影响的包装、装潢与外观设计专利属于两种不同的权利，当事人有权选择适用。

“有一定影响的商品装潢”系《反不正当竞争法》明确规定的受保护权益，其与注册商标权分属彼此独立的知识产权类型。相关司法解释也明确在先取得的合法权益包括商标权、知名商品特有装潢等。商标权与“有一定影响的商品装潢”在构成要件、形成时间、权利客体、保护范围及期限等方面均不同。二者虽然均属于商业标识，但“有一定影响的商品装潢”还包括位置、在商品上的呈现方式等综合要素。特别是根据《商标法》第三十六条第二款的规定，经审查异议不成立而准予注册的商标，商标注册申请人取得商标专用权的时间自初步审定公告3个月期满之日起计算。自该商标公告期满之日起至准予注册决定作出前，对他人在同一种或者类似商品上使用与该商标相同或相近似的标志，无法通过商标侵权进行法律救济。因此，在被诉行为可能同时构成商标侵权及不正当竞争时，两种请求权基础不同，属于请求权竞合，则可以主张。

本案中，原告新百伦公司主张的有一定影响的商品装潢与第5942394号注册商标都均具有“N”字母，原告把5942394号“”商标放置于运动鞋两侧，既是展示商品的商标，同时又作为了商品的装潢。在“N”字母标识在商品上同时体现两种功能的情况下，原告新百伦公司选择适用《反不正当竞争法》保护已构成有一定影响的商品装潢的民事权益，并无不当。

（二）注册商标专用权人在商品上使用其注册商标是否当然具有不可归责性

任何权利都有其边界，商标权亦不例外。享有商标专用权不代表其拥有对商标进行使用的绝对权利，商标专用权与其他的知识产权一样，系专有权，即排他性权利。就商标权与其他权利可能存在的冲突，我国已有相应的规定。如《商标法》第九条第一款就规定，申请注册的商标，应当有显著特征，便于识别，并不得与他人在先取得的合法权利相冲突。《最高人民法院关于审理注册商标、企业名称与在先权利冲突的民事纠纷案件若干问题的规定》第一条第一款亦提道，原告以他人注册商标使用的文字、图形等侵犯其著作权、外观设计专利权、企业名称权等在先权利为由提起诉讼，符合民事诉讼法第一百一十九条规定的，人民法院应当受理。《反不正当竞争法》第六条第（一）项规定，“经营者不得实施下列混淆行为，引人误认为是他人商品或者与他人存在特定联系：擅自使用与他人有一定影响的商品名称、包装、装潢等相同或者近似的标识”。可见，被控侵权行为是否为注册商标的使用行为，不构成不正当竞争案件的抗辩事由。只要被告在后的标识使用行为与他人在先有一定影响的商品装潢构成近似，容易导致消费者混淆的，就构成不正当竞争。就本案而言，虽然被告纽巴伦公司享有第4236766号“”注册商标的专用权，但若其在商品上使用该商标的行为落入了其他在先权利（益）的保护范围内，仍然应当承担相应的责任。

（三）诚信原则的适用——权利冲突解决之判断准则

诚实信用作为民商事活动的黄金准则，在解决权利（益）冲突的问题上，亦可作为判断准则予以适用。判断市场经营者是否诚实信用，应遵循两项规则：一是保护在先权益，二是防止市场混淆。

1. 保护在先权益，立足于保护在先的合法权利或利益，制止的是对已经存在的他人合法权益的掠夺。对于“在先”的判断上，权利（益）形成的时间尤为重要。注册商标有明确的申请、公告和核准时间，而“一定影响的商品装潢”之权益是通过经营者的使用逐步形成的，在司法实践中需要依据大量证据来个案分析以确定其形成的时间。本案中，结合原告提供的大量知名度证据以及有关的民事、行政判决，均可以认定原告的鞋两侧“N”字母装潢在被告的第 4236766 号“N”注册商标申请日之前已经形成“有一定影响的商品装潢”。反观被告，并未提供证据证明上述注册商标申请日之前，已经将该标识使用在鞋两侧中央靠近鞋带处。可见纽巴伦公司使用的斜杠“N”标识虽系其注册商标，但原告的鞋两侧“N”字母装潢使用在先。那么，在被告取得商标专用权之后，理应对在先形成的鞋两侧“N”字母装潢进行合理的位置避让。

2. 防止市场混淆，即需要通过防止误导或者混淆维护公平竞争的市场秩序。如前文所述，注册商标与具有一定影响力的商品装潢都有识别商品来源的功能。欲解决二者冲突，亦需要回归两种商业标识之本质，判断权利人在使用其权利时是否会导致公众的误导或者混淆。具体到本案中，需要判断的是，在运动鞋两侧相近似位置的两种标识使用行为是否容易导致消费者混淆。经比对，原、被告的两种标识区别并不明显，均系大写的英文字母 N 的视觉效果，均使用在同种产品即运动鞋上，且使用的位置均位于鞋两侧中央靠近鞋带处。结合原告提供的证据显示，大量消费者产生了实际混淆，误以为被控侵权产品为“New balance”运动鞋而予以购买。考虑到原告运动鞋的较高知名度，这种混淆是普遍存在的。

被告的标识使用行为是否构成不正当竞争，除以上两点因素需要考虑外，还可结合被告的主观程度进行判断。认定“New balance”运动鞋系知名商品特有装潢已有生效判决，而被告纽巴伦公司与上述生效判决的当事人存在关联，理应知晓相关情况。在此情况下纽巴伦公司仍然受让第 4236766 号注册商标并继续大规模生产销售侵害原告“N”字母装潢的运动鞋产品，主观过错明显。

综上，被告纽巴伦公司使用的标识虽系其注册商标，但作为同业竞争者，在明知原告的“New balance”运动鞋两侧“N”字母装潢具有一定影响的情况下，仍然在其生产的同类商品的相同位置上使用与原告近似的标识，其攀附原告商誉、造成市场混淆的主观过错明显，客观上足以导致消费者对商品来源产生混淆、误认，违背了诚实信用原则和公认的商业道德，侵害原告的在先权益，构成不正当竞争。

附图一：“New balance” 运动鞋两侧“N”字母装潢

附图二：纽巴伦运动鞋两侧“斜杠 N”装潢

附图三：原告第 5942394 号及被告第 4236766 号注册商标

第 5942394 号注册商标

第 4236766 号注册商标

【典型意义】

有一定影响的商品装潢权益与注册商标权分属彼此独立的知识产权类型，可作为不同的民事权利（益）并存且分别作为提起侵权诉讼的请求权基础。使用注册商标的行为,如果侵害了在先知名商品特有装潢的权益,根据保护在先权利及诚实信用原则,可认定构成不正当竞争。本案获全国法院系统 2022 年度优秀案例分析二等奖。

【案例索引】

案号:

一审:上海市浦东新区人民法院(2017)沪 0115 民初 1798 号(2020 年 4 月 16 日)

二审:上海知识产权法院(2020)沪 73 民终 327 号(2022 年 2 月 28 日)

审判组织:

一审:金民珍、徐俊、孙闫

二审:陈惠珍、胡宓、易嘉

编写人:徐俊、孙闫、王玲珑

18

商业标识整体仿冒的司法规制路径

——百威公司与蓝色柔情公司等商标侵权及不正当竞争纠纷案

裁判要旨

《商标法》与《反不正当竞争法》在保护的法益、侵权行为的构成要件等方面均存在区别,当事人可以根据案件具体情况选择所适用的法律。如原告针对同一行为既主张商标侵权又主张构成不正当竞争的,如原告的主张能够依据《商标法》获得支持的,则一般不再利用《反不正当竞争法》进行附加保护。如原告的主张不能依据《商标法》获得支持,但被诉行为符合《反不正当竞争法》的构成要件的,仍可依据《反不正当竞争法》进行规制,以实现对商业外观立体的、全面的保护。在擅自使用有一定影响装潢不正当竞争行为的认定中,需综合考虑涉案装潢是否为一定区域内相关公众所知晓并产生了识别商品(服务)来源的特征,被诉侵权装潢与原告有一定影响的装潢是否相同近似以及是否导致相关公众误认为是他人商品(服务)或者与他人存在特定联系等因素。

基本案情

原告:百威(中国)销售有限公司(以下简称百威公司)

被告:江西蓝色柔情啤酒有限公司(以下简称蓝色柔情公司)

被告:赣州百惠酒业有限公司(以下简称百惠公司)

被告:上海市浦东新区张江镇强玲食品店(以下简称强玲食品店)

案外人安海斯-布希有限责任公司(ANHEUSER-BUSCH, LLC)系第18960795号、第1221628号、第1711371号注册商标(以下简称涉案商标)的商标权人。原告经授权享有涉案商标的使用权,并有权对侵犯涉案商标专用权的行为提起诉讼。原告发现,强玲食品店在其位于上海市浦东新区某路某号的店铺内销售了500毫升名为“baiwanbeer”的易拉罐装啤酒(以下简称被诉侵权产品)。被诉侵权产品上标注的制造商为被告百惠公司,监制为被告蓝色柔情公司,并有“美国百威啤酒(江西)集团有限公司授权”的字样。原告认为,被诉侵权产品的整体装潢以红白搭配为主基调,罐体正面使用老鹰、绶带、麦穗、艺术体“Baiwanbeer”“SINCE2016”“美国百威啤酒(江西)集团有限公司授权”等字样侵害了原告涉案注册商标专用权。此外,原告生产的百威啤酒自1995年进入中国以来,销量巨大,宣传的持续时间长、地域范围广,在全国范围内具有较高的知名度。原告产品整体装潢以红白搭配为主基调,产品罐体正面由绶带加英文文字、圆章加AB字母、叶子、麦穗、艺术体“Budweiser”字样、“SINCE1876”等要素组成,具有明显的区别特征,属于具有一定影响的装潢。经过原告及关联企业多年宣传与经营,其企业名称亦为中国消费者所熟知,在全国范围内具有较高知名度,系具有一定影响的企业名称。被诉侵权产品的整体外观与原告产品十分近似,构成擅自使用具有一定影响的装潢的不正当竞争行为;罐体上突出使用“美国百威啤酒(江西)集团有限公司授权”字样系擅自使用原告具有一定影响的企业名称的不正当竞争行为。被告蓝色柔情公司、百惠公司共同实施了涉案商标侵权及不正当竞争行为,应当承担停止侵权、赔偿损失及消除影响的民事责任,被告强玲食品店亦应停止销售被诉侵权产品。原告遂诉至法院,请求判决三被告停止侵权,被告蓝色柔情公司、百惠公司共同赔偿原告经济损失及合理开支共计430万元。

被告蓝色柔情公司答辩称,被诉侵权产品的包装由案外人美国百威啤酒(江西)集团有限公司提供,蓝色柔情公司尽到了相应的审核、注意义务,被诉侵权产品原液由被告百惠公司提供,蓝色柔情公司仅对啤酒进行灌装,因此,不应承担商标侵权及不正当竞争的民事责任。此外,原告主张的经济损失和合理费用的数额过高。

被告百惠公司答辩称,被告百惠公司仅是被诉侵权产品的原液生产者,被诉侵权的商标、包装装潢及不正当竞争行为与该公司无关,不应承担商标侵权及不正当竞争的民事责任。此外,即使被告构成侵权,原告主张的经济损失和合理费用的数额过高,应对赔偿数额进行调整。

被告强玲食品店未答辩。

【法院裁判】

法院生效裁判认为,案件的争议焦点在于:一是被诉侵权行为是否构成对原告涉案注册商标专用权的侵害;二是被诉侵权行为是否构成对原告的不正当竞争;三是如构成商标侵权或不正当竞争,三被告应当承担何种民事责任。

首先,关于商标侵权问题。不论是整体比对还是主要部分比对,被诉侵权标识与涉案第18960795号注册商标在结构、色彩搭配、要素、构图等方面均较为相似。被诉侵权标识与涉案第1711371号注册商标均为英文字母的组合,两者的字母数目仅相差一个,长度近似,且二者使用相同类型的艺术字体,均采用连体,且都突出首字母B,整体视觉效果相似。加之原告两涉案商标经过原告长时间的使用已然获得较高知名度,在隔离观察的情况下,相关公众施以一般注意力时,不易察觉到二者的细微差异,足以造成消费者混淆,构成商标侵权。

其次,关于不正当竞争。原告主张被告实施的不正当竞争行为有两项:一是被诉侵权产品的整体装潢构成对原告具有一定影响的装潢的不正当竞争,其请求权基础是《反不正当竞争法》第六条第(一)项;二是被告在被诉侵权产品上使用“美国百威啤酒(江西)集团有限公司授权”字样的行为构成对原告有一定影响的企业名称的不正当竞争,其请求权基础是《反不正当竞争法》第六条第(一)项、第(四)项以及第二条。本案中,因原告主张的其具有一定影响的装潢的正面与涉案第18960795号商标相同,且该装潢在相关公众中已具有一定的影响力,被诉侵权产品的装潢与原告主张权利的装潢构成近似且足以造成相关公众的混淆,构成对原告的不正当竞争。原告主张的有一定影响的装潢的背面为商品原料、生产商、产地、食品生产许可证等产品信息的标注以及二维码、产品条形码等信息,上述信息系啤酒这一类产品上一般均会载明的基本信息,其不论是字体还是排列方式均未体现出区别于一般啤酒产品的识别性特征,该装潢不符合《反不正当竞争法》第六条具有一定影响的装潢的不正当竞争行为的构成要件,故原告主张的装潢的背面不构成《反不正当竞争法》意义上的有一定影响的装潢。此外,被告在被诉侵权产品上使用“美国百威啤酒(江西)集团有限公司授权”的字样,容易使相关公众认为该产品系经过原告或其关联公司的授权,原、被告存在特定联系,属于《反不正当竞争法》第六条第(四)项规定的其他足以引人误认为是他人商品或与他人存在特定联系的混淆行为,构成对原告的不正当竞争。

最后,关于赔偿数额。因原告的损失、被告的获利以及涉案商标的许可费均未能查明,法院在充分考量百威品牌啤酒、涉案商标、涉案装潢具有较高知名度的情况下,综合考虑两被告侵权行为时间、侵权范围、被诉侵权产品销量、两被告恶意等因素,酌情确定被告蓝色柔情公司、百惠公司赔偿数额。

基于此,上海市浦东新区人民法院依法认定各被告实施了侵害涉案商标专用权的商标侵权行为及擅自使用有一定影响的装潢的不正当竞争行为,遂判决三被告停止侵权及不正当竞争行为,被告蓝色柔情公司、百惠公司赔偿原告经济损失及合理开支共计 320 万元。

【案例评析】

本案系商业外观整体仿冒的典型案件。原告在本案中主张的“有一定影响的装潢”的部分图案、文字同时系原告的注册商标,故原告在本案中既主张商标侵权又主张擅自使用有一定影响的装潢的不正当竞争。本案主要涉及以下三个问题:一是知识产权专门法与《反不正当竞争法》的适用关系;二是擅自使用有一定影响的装潢不正当竞争行为的判定;三是商业外观全面模仿案件中损害赔偿数额的判定。

一、知识产权专门法与《反不正当竞争法》的适用关系

关于知识产权专门法与《反不正当竞争法》之间的适用关系,理论界、司法界对此颇具分歧,各种观点莫衷一是。2022 年 3 月 20 日施行的《最高人民法院关于适用〈中华人民共和国反不正当竞争法〉若干问题的解释》(以下简称《反不正当竞争法司法解释》)对于知识产权专门法与《反不正当竞争法》之间的适用关系做了规定。本案判决虽然在该司法解释施行前判决并生效,但在知识产权专门法与《反不正当竞争法》适用关系的认定上并无冲突。现结合反不正当竞争法最新司法解释针对本案逐一论述。

(一)关于知识产权专门法与《反不正当竞争法》第二条的关系

《反不正当竞争法司法解释》第一条规定,经营者扰乱市场竞争秩序,损害其他经营者或者消费者合法权益,且属于违反《反不正当竞争法》第二章及《专利法》、《商标法》、《著作权法》等规定之外情形的,人民法院可以适用《反不正当竞争法》第二条予以认定。该条确立了两个法律适用关系:一是关于《反不正当竞争法》第二章(第六条至第十二条)“不正当竞争行为”具体条款与《反不正当竞争法》第二条的适用关系。即《反不正当竞争法》具体条款优先于《反不正当竞争法》第二条原则性条款适用。二是关于《专利法》、《商标法》、《著作权法》等知识产权专门法与《反不正当竞争法》第二条的适用关系。即《专利法》、《商标法》、《著作权法》等知识产权专门法优先于《反不正当竞争法》第二条原则性条款适用。《反不正当竞争法司法解释》充分体现了《反不正当竞争法》第二条原则性条款作为《反不正当竞争法》"帝王条款"在的适用上的谦抑性,即某一行为、权利或权益能够为《反不正当竞争法》具体条款及知识产权专门法所规制时,一般不再适用《反不正当竞争法》第二条加以规制,以鼓励市场竞争,体现《反不正当竞争法》鼓励市场竞争的立法目的。

(二)关于知识产权专门法与《反不正当竞争法》具体条款之间的关系

《反不正当竞争法司法解释》虽然规定了知识产权专门法与《反不正当竞争法》第二条原则性条款的适用关系,但并未明确规定知识产权专门法与《反不正当竞争法》具体条款之间的关系。对此,我们认为,知识产权专门法与《反不正当竞争法》具体条款之间并非特别法与一般法的关系,系可并行的平行适用关系,当事人可以根据具体案情选择适用。如原告就一项商业标识既享有商标权,同时该商业标识亦可构成"有一定影响的包装、装潢",则原告可以选择提起商标侵权之诉或"有一定影响的包装、装潢"不正当竞争之诉,二者并不存在一般法与特殊法的关系。这是因为,从法理上来说,特殊法是指对于法律适用的主体、事项、地域以及时间作出特殊对应。例如,相较于民法,《合同法》(已失效)是特殊法。因此,属于特殊法规定的行为一定可以由一般法调整。但知识产权专门法与《反不正当竞争法》专门条款的关系并非如此,二者的构成要件存在明显的区别,如构成侵害商标权的行为并不一定属于擅自使用有一定影响的包装、装潢的不正当竞争行为。因为擅自使用有一定影响的包装、装潢不仅需要使用人主观上具有"擅自使用"的主观恶意,还要求包装、装潢具有一定的影响,但侵害商标权并没有相应的要求。

(三)当事人主张复合案由时的处理

司法实践中,为降低诉讼风险,原告往往在起诉时提出复合案由。如针对同一行为,原告往往既提出商标侵权,又提出擅自使用有一定影响的企业名称、包装、装潢等不正当竞争之诉。对此,我们认为,可对该行为首先进行《商标法》上的评价,如原告的主张能够依据《商标法》获得支持的,根据统一行为不得重复评价的原则,不再利用《反不正当竞争法》进行附加保护。如原告的主张不能依据《商标法》获得支持,但被诉行为符合《反不正当竞争法》的构成要件的,仍可依据《反不正当竞争法》进行规制,以实现对商业外观立体的、全面的保护。本案中,原告就其整体装潢既主张商标侵权又主张"擅自使用有一定影响的装潢"的不正当竞争,法院在综合评定后同时适用《商标法》与《反不正当竞争法》予以了立体的、全面的保护。

二、擅自使用有一定影响的装潢不正当竞争行为的判定

《反不正当竞争法》第六条第(一)项规定,“经营者不得实施下列混淆行为,引人误认为是他人商品或者与他人存在特定联系:(一)擅自使用与他人有一定影响的商品名称、包装、装潢等相同或者近似的标识”。根据该条规定,擅自使用有一定影响的装潢的不正当竞争行为一般应符合装潢具有一定影响、被诉装潢与原告有一定影响的装潢构成相同或近似以及容易导致相关公众混淆三个条件。

(一)“有一定影响”的认定

《反不正当竞争法》意义上的装潢保护的不是装潢本身,而是装潢上所承载的其能够识别商品或者服务来源的功能。在认定装潢是否具有一定影响的问题上,可从以下几个方面加以考量:

一是商品是否具有一定的知名度。2017 年修订后的《反不正当竞争法》第六条中虽不再有“知名商品”的描述,但商品的知名度是证明商品装潢具有影响力的重要因素。为相关公众所知晓的商品,其装潢更有可能与商品来源产生特定联系。对于这一点的认定可以参考此前知名商品的判断方法,即从商品的销售时间、销售量、广告宣传、市场占有率、所获奖励等多个因素综合考量,还需要考虑相关公众及相关领域。本案中,原告产品自 1995 年进入中国市场以来,原告通过报纸、电视、网络等多种渠道在全国范围内对其进行了宣传。从产品销量来看,百威品牌啤酒的销售收入逐年稳定增长,市场占有率不断提升,原告涉案第 1221628 号“百威”商标也被认定为驰名商标。故可以认定原告的百威品牌啤酒作为一种商品在全国范围内有一定的影响。

二是装潢本身是否产生了具有识别其商品来源的显著特征。如前所述,商品知名不能直接推断其装潢具有影响力,装潢的影响力还需要考量装潢本身是否具有一定的显著性,能够识别商品来源,相关公众能通过装潢即识别出商品对应的生产、销售商,其显著性没有受到淡化。本案中原告百威啤酒的装潢出现时间早、使用时间长。该装潢整体构图(上图下文)、各要素的位置及要素(绶带、圆章、麦穗、啤酒花、叶子、“Budweiser”艺术体、其他英文文字)具有较强的独创性,经过长时间使用,已具有识别商品来源的显著特征。

三是装潢主要识别元素是否具有固定性与持续性。生产经营中,市场主体经常会对其装潢进行一定的调整。但商品的装潢如要产生一定的影响力,能够与商品或者商品来源产生特定联系，就需要装潢的主要识别元素具有一定的固定性与持续性。如新旧装潢的设计的主要元素具有一致性，不至于断开新装潢与商品来源的关系，新装潢即可承继旧装潢的影响力。本案中尽管原告百威啤酒使用装潢时有调整，但装潢所具有的整体构图（上图下文）、各要素的位置及要素（绶带、圆章、麦穗、啤酒花、叶子、“Budweiser”艺术体、其他英文文字）等显著识别性要素特征没有改变，且经过长期的使用、宣传给消费者留下了深刻的印象，在相关公众中具有一定的影响力。

（二）相同或近似的判定

装潢作为商业标识的一种，在《反不正当竞争法》修订前一直作为未注册商标加以保护。因此，其相同或近似的判定与商标的相同或近似判定方法基本相同，此处不再赘述。但商品装潢通常涉及商品的整体外观，进入司法实践中的商品装潢一般较普通的商标更为复杂。因此，在判定商品装潢是否相同或近似，特别是在是否近似的判定中，可采用整体比对法与主要部分比对法相结合的方式进行比对。本案中，原告主张的商品装潢的正面不论是其结构、色彩搭配还是内部图案均较为复杂，法院即采用了整体比对法与主要部分比对法相结合的方式加以比对，并最终认定被诉侵权标识与原告有一定影响的装潢在结构、色彩搭配、要素、构图等方面构成近似。

（三）“混淆”的判定

在《反不正当竞争法》修订后，判断“混淆”的标准明确为是否“误认为是他人商品或者与他人存在特定联系”。因此，《反不正当竞争法》意义上的混淆既包括商品来源混淆，亦包括特定关系混淆。在认定装潢是否构成混淆时，应注意以下几个问题。

一是判定混淆时应将某类产品或服务中有限、通用的表现方式排除在外。《反不正当竞争法》第六条规定的混淆行为，其目的是规制除注册商标外的其他足以引起相关公众对产品的来源和原、被告关系产生混淆的商业标识、商业外观等。与侵害注册商标专用权相似，该项不正当竞争行为的构成以二者的商业外观构成混淆性近似为前提条件。如果二者虽然内容或表现方式较为近似，但该内容或表现方式如属于该商品领域的通用表达或有限表达，则不宜认定该类近似会造成混淆。本案中，从原、被告产品装潢背面比对来看，因原告对“Baiwanbeer”“美国百威啤酒（江西）集团有限公司授权”字样已提起商标侵权、不正当竞争的诉请，同一侵权行为不得重复评价，法院将在装潢背面的比对中予以排除。该处除去“Baiwanbeer”“美国百威啤酒(江西)集团有限公司授权”字样外,原告主张的商品原料、生产商、产地、食品生产许可证等产品信息的标注以及二维码、产品条形码系啤酒这一类产品上一般均会载明的基本信息,其不论是字体,还是排列方式上均未体现出区别于一般啤酒产品的识别性特征,不会造成相关公众混淆,不属于《反不正当竞争法》意义上的“有一定影响的装潢”。

二是混淆的判断应以购买附着装潢的商品或服务的普通消费者的认知为标准。对于商品的装潢是否近似,可能仁者见仁,智者见智,专业的设计师与普通大众可能得出不同的结论。一般而言,认定装潢是否会造成混淆时,应以购买附着装潢的商品或服务的普通消费者的认知为标准。一般消费者的认定需要根据地域和购买对象进行确定,对于价格较低的日常消费型用品来说,消费者在选择购买时施加的注意会相对略低于价格较高的非日常消费型产品。如本案的啤酒商品,就应当以一般日常购买啤酒饮用的消费者的注意程度进行判断,而不能以啤酒从业人员或鉴酒师等的认识能力进行判断。

三是混淆的判断应注意商品的相关性。虽然《反不正当竞争法》中对于商品装潢构成混淆的范围没有限定为相同或者类似的商品,但实际上商品的相关性还是会影响混淆的判断。相关性高的商品,导致混淆的可能性更高。本案中商品均为啤酒,属相同商品,更容易使相关公公众对商品的来源产生误认。

三、商业外观全面模仿案件中损害赔偿数额的判定

商业外观全面模仿的案件中,当事人一般以复合案由诉至法院,如本案原告同时主张了商标侵权及不正当竞争。此类商业外观全面模仿案件中损害赔偿的计算应注意以下两点:一是如果商标侵权和不正当竞争所指向的产品或服务是同一的,则在计算损害赔偿数额时可一并予以考量,不再就商标侵权和不正当竞争分别计算赔偿数额。如本案中,各被告实施商标侵权和不正当竞争行为所依附的客体均为涉案被诉侵权啤酒产品,亦即被告实施的被诉侵权行为同时构成侵害商标权和不正当竞争行为,故法院在确定赔偿数额时将对两被告的商标侵权行为和不正当竞争行为一并予以考虑。二是在商业外观的全面模仿中,被告一般具有明确的侵权意图及攀附原告商业标识的主观恶意,故而可酌情从高确定损害赔偿数额。本案中,原告的百威啤酒罐体的装潢具有较高的知名度,两被告作为同行业的经营者,应当知道原告涉案具有一定影响的装潢的存在。但两被告在其生产、销售的被诉侵权产品上使用与原告注册商标和具有一定影响的装潢相近似的标识,具有明显攀附原告及原告产品影响力的“搭便车”行为。此外,两被告在受到行政处罚后仍继续实施侵权行为,在产品销售过程中也声称侵权产品为“百威啤酒”,足以说明其存在攀附原告知名度的恶意。故本案适用法定赔偿额的上限予以判赔。

【典型意义】

本案系《商标法》和《反不正当竞争法》立体保护商业外观整体模仿的典型案件。本案详细梳理了司法实践中颇具争议的知识产权专门法和《反不正当竞争法》之间的适用关系,并就《反不正当竞争法》中的擅自使用有一定影响的装潢的认定条件进行了全面论述。本案裁判文书荣获最高人民法院第三届全国法院百篇优秀裁判文书、2020年上海法院优秀裁判文书,入选2020年上海法院加强知识产权保护力度典型案例。

【案例索引】

案号:上海市浦东新区人民法院(2018)沪0115民初17015号(2019年12月25日)

审判组织:金民珍、宫晓艳、姜广瑞

编写人:姜广瑞

19

境外企业英文字号的反不正当竞争保护

——米高梅电影公司等与深圳市米高梅公司不正当竞争纠纷案

裁判要旨

境外企业的英文字号、英文字号简称以及在中国使用的中文字号，经过该企业在中国长时间的持续使用和广泛宣传，在相关领域内具有较高知名度，为相关公众所知悉，可以认定为有一定影响的企业名称。他人擅自使用上述企业英文字号、英文字号简称以及在中国使用的中文字号，引人误认为是境外企业商品或者与境外企业存在特定联系的，构成不正当竞争。

基本案情

原告：米高梅电影公司(METRO-GOLDWYN-MAYER STUDIOS INC.)

原告：米高梅公司(METRO-GOLDWYN-MAYER LION CORP.)

被告：深圳市米高梅影业有限公司

米高梅集团是20世纪初美国好莱坞“八大”电影公司之一，其于1924年在美国成立。米高梅集团及其关联公司使用的英文企业字号为“METRO-GOLDWYN-MAYER”，简称“MGM”。在中国，米高梅集团的中文字号则以米特罗、高德温及梅耶三家公司的中文译名首字组合而成，即“米高梅”。两原告皆为米高梅集团旗下公司。

米高梅集团及其影片很早就进入中国市场，1953年起，中国媒体即以“米高梅公司”指代米高梅集团及其关联公司，部分报道中还以“MGM”作为米高梅集团的英文简称，少部分报道则以“Metro-Goldwyn-Mayer”作为其名称。

2007年至今，米高梅集团参与投资、制作、发行的《007：大战皇家赌场》

《007:大破量子危机》《行动目标希特勒》《007:大破天幕杀机》《霍比特人:意外之旅》《特种部队2:全面反击》《霍比特人2:史矛革之战》等影片在中国公映,取得了较高的票房。在上述影片部分电影海报中印有"MGM"标识,在部分海报中还印有"美国米高梅影片公司出品"字样。影片《007:大战皇家赌场》《007:大破天幕杀机》《007:大破量子危机》《007:幽灵党》《007:黑日危机》《霍比特人:意外之旅》《霍比特人2:史矛革之战》等在中国以光碟形式出版发行。在该些出版物封面、封脊、封底、光碟盘面以及正片内容中多标注了"MGM"标识,其版权标记中标注了"METRO-GOLDWYN-MAYER STUDIOS INC.",或标注包含了"METRO-GOLDWYN-MAYER"的米高梅集团关联公司名称。

2017年2月27日,爱奇艺、PPTV、乐视、响巢看看、腾讯视频等网站提供由米高梅集团投资、制作、发行的《大饭店》《人猿泰山》《茶花女》《绿野仙踪》《费城故事》等影片的在线播放服务。该些电影的出品时间跨度从20世纪30年代至2016年,在其片头、片尾的版权标记中均包含了"METRO-GOLDWYN-MAYER"字样,部分还标记了"MGM"字样。

被告深圳市米高梅影业有限公司成立于2008年11月17日,注册资本为2000万元,经营范围为投资电影院(不含电影放映,具体项目另行申报)、投资影视剧(不含电影放映、制作)、影视设备的研发及销售等。被告企业名称原为深圳市贤兴数码影院有限公司,其于2013年6月17日变更企业名称为现名称。被告还注册并使用域名mgmchn. com及mgmchn. cn。

被告在其经营活动中,存在以下涉案行为:(1)于2013年6月17日变更原企业名称深圳市贤兴数码影院有限公司为现名称,即深圳市米高梅影业有限公司;(2)于2013年6月22日注册域名mgmchn. com、mgmchn. cn并使用,上述网站用于宣传、推广其加盟、开办米高梅影城业务,在此过程中使用"MGM""米高梅""METRO GOLDWYN MAYER"等标识;(3)在其主办的上述两个域名的网站、微博、微信公众号中使用"MGM""米高梅中国""米高梅(中国)影业""米高梅"等标识,用于宣传、推广米高梅影城加盟业务,其中还以"米高梅中国""米高梅(中国)影业""米高梅影业""米高梅"等自称,未规范使用其企业名称"深圳市米高梅影业有限公司";(4)在其办公场所的装潢、悬挂证书、发放的副券、名片及宣传册中使用"MGM""米高梅""米高梅影业""METRO-GOLDWYN-MAYER"等标识,并以"米高梅""米高梅影业""米高梅(中国)影业""MGM (CHINA) FILMS LTD"等自称;(5) 在上述网站、微博、微信公众号及其办公场所的装潢、悬挂证书、发放的副券、名片及宣传册中,使用"米高梅品牌背景""米高梅发展历史""米高梅与奥斯卡""米高梅目前与美国米高梅电影公司等国际权威机构建立多元化合作伙伴关系""米高梅品牌在中国大陆唯一授权单位""METRO GOLDWYN MAYER 米高梅旗下巨星云集　至今拥有170项奥斯卡奖　米高梅是好莱坞最负盛名的电影公司之一""百年米高梅""深圳市米高梅影业有限公司进入中国以来""米高梅第四代影院,第四代影院的概念由米高梅娱乐集团在美国娱乐之都拉斯维加斯创立,曾在北美地区引起了广泛关注""米高梅(中国)影业提供影院加盟运营全套服务……米高梅一方面将美国先进的影院商业模式成功引入国内,成为中国影院产业转型升级的引领者;另一方面也将众多国内优秀电影大片,输出到美国,架起了一座中美两国文化交流的桥梁,被美国总统奥巴马称之为是中美两国文化交流的使者""米高梅诞生于世界电影诞生的时代"等文字描述,使用米高梅集团旗下知名艺人经典合影以及"百年电影　百年米高梅"视频等,明示或暗示其与米高梅集团及两原告存在授权许可或其他特定关系;(6)除北京市、上海市外,在经其授权加盟的全国其他地区的米高梅影城的店招、店内装饰、指示牌、广告、电脑屏幕、电影票、VIP卡、会员卡、名片等上使用了"米高梅""MGM""mgm"等标识;(7)申请注册多个与原告米高梅公司第1147898号、第5144810号、第879822号及第879825号注册商标相同或近似商标等。

两原告诉称,原告米高梅电影公司是另一原告米高梅公司的母公司,是美利坚合众国(以下简称美国)领先的娱乐公司,为全球观众开发、投资、制作和发行优质的视听内容。1924年,由三家公司合并后形成名为"METRO-GOLDWYN-MAYER"的新公司,简称"MGM",即米高梅集团。米高梅集团是世界上历史悠久的电影制片集团之一,其使用的雄狮标识从1924年米高梅集团成立起就一直与米高梅品牌紧密联系。从成立至今,米高梅集团先后制作、投资或发行了包括《乱世佳人》《绿野仙踪》《宾虚》《雨中曲》《魂断蓝桥》《费城故事》《洛奇》《粉红豹》《机械战警》《特种部队2:全面反击》以及007系列、霍比特人系列等众多知名电影。米高梅集团旗下电影已经赢得了超过175座美国电影艺术与科学学院奖。在米高梅集团成立至今的近百年历程中,已经因向全球观众开发、投资、制作和发行优质的视听内容而获得了极高的知名度。因米高梅集团在中国相关公众中具有极高的知名度和美誉度,因此其使用的中英文企业名称以及商号、简称应当得到相应的法律保护,包括且不限于"米高梅""MGM""METRO-GOLDWYN-MAYER"等。被告与两原告及米高梅集团全无关联,在成立之始的

2008 年,其企业字号并不是“米高梅”。但其后为攀附米高梅集团,被告恶意将企业字号变更为“米高梅”。经查,被告以“米高梅”“MGM”以及相关雄狮标识于中国各地授权第三方开办米高梅影院,其中在中国上海市即授权案外人美影企管公司与美影投发公司开办米高梅国际影城。在上述影院装潢、会员卡、电影票、海报以及被告提供的副券、工作人员名片、宣传册等上使用了侵害两原告权利的“米高梅”“MGM”及雄狮图案。同时,被告还注册、使用了域名为 mgmchn.com 及 mgmchm.cn 的网站用于宣传、开拓影院加盟业务,其在宣传中假借米高梅集团商誉,实施了相关的虚假宣传行为。另外,被告为全面模仿两原告,还申请或注册了多个与原告米高梅公司第 1147898 号、第 5144810 号、第 879822 号及第 879825 号注册商标相同或近似的商标。两原告认为,被告上述行为构成不正当竞争,应当承担本案两原告主张的全部民事责任。据此,请求法院判令:(1)被告立即无条件移转 mgmchn.cn、mgmchn.com 域名至原告米高梅公司名下;(2)被告立即撤回或注销第 1147898 号、第 5144810 号、第 879822 号及第 879825 号注册商标申请或注册;(3)被告立即停止实施针对两原告的涉案不正当竞争行为,具体包括立即停止侵犯两原告企业名称权、字号权以及简称的行为、立即变更企业名称且变更后的企业名称中不得包含有“米高梅”字样、立即停止实施引人误解的虚假宣传行为等;(4)被告针对除北京市外的全国范围内的不正当竞争行为赔偿原告米高梅公司经济损失及为制止侵权所支出的合理开支 300 万元(其中包含律师费及公证费等合理开支合计 34 万元);(5)被告在《看电影》《环球银幕》《电影世界》期刊上连续三期发表声明,公开消除因本案侵权行为给两原告造成的不良影响。

被告辩称,“米高梅”“MGM”字号不属于两原告独享,经检索,在中国和美国均有其他相同和近似的企业名称存在。根据法律规定,若构成仿冒,需以误导公众为要件,而被告行为没有误导公众,故不构成不正当竞争。被告在宣传的显著位置规范使用了企业名称的全称。被告业务与两原告业务不存在竞争,双方不是竞争关系,不会构成不正当竞争。就赔偿数额,被告认为不能依据其与美影企管公司、美影投发公司的合同来推定其收益,两原告主张的赔偿金额明显过高。故被告不同意两原告的全部诉讼请求。

【法院裁判】

上海市浦东新区人民法院经审理认为,(1)两原告字号“米高梅”属有一定影响的企业名称。被告在与米高梅集团及两原告没有任何授权及关联关系的情况下,使用“米高梅”字号,并从事授权加盟、开办米高梅影城项目,足以引人误认为其与米高梅集团及两原告之间存在特定联系,产生混淆,因此该行为已构成不正当竞争。(2)经米高梅集团及两原告的持续经营及使用,“MGM”英文字号简称在娱乐业领域,特别是电影业领域享有很高知名度,为相关公众所知悉,具有一定影响。被告在与米高梅集团及两原告全无关联的情形下,为商业目的使用“mgm”注册域名,并用于推广其米高梅影城加盟业务,故意造成与米高梅集团及两原告提供服务的混淆,其攀附米高梅集团及两原告商誉的恶意显而易见。故被告注册、使用涉案域名的行为构成不正当竞争。(3)“METRO-GOLDWYN-MAYER”英文企业字号在娱乐业领域,特别是电影业领域享有较高知名度,为相关公众所知悉,系具有一定影响的企业名称。被告使用的“METRO GOLDWYN MAYER”与两原告请求保护的“METRO-GOLDWYN-MAYER”标识,除其单词间横杠外,并无实质性差别。被告将上述标识用于其授权加盟、开办米高梅影城项目,足以引人误认为其与米高梅集团及两原告之间存在特定联系,产生混淆,该行为亦构成不正当竞争。(4)被告在其网站、微博、微信公众号及办公场所的装潢、悬挂证书、发放的副券、名片及宣传册中,使用“米高梅品牌背景”“米高梅发展历史”“米高梅与奥斯卡”“米高梅目前与美国米高梅电影公司等国际权威机构建立多元化合作伙伴关系”“米高梅品牌在中国大陆唯一授权单位”“METRO GOLDWYN MAYER 米高梅旗下巨星云集　至今拥有 170 项奥斯卡奖　米高梅是好莱坞最负盛名的电影公司之一”“百年米高梅”“深圳市米高梅影业有限公司进入中国以来”“米高梅第四代影院,第四代影院的概念由米高梅娱乐集团在美国娱乐之都拉斯维加斯创立,曾在北美地区引起了广泛关注”“米高梅(中国)影业提供影院加盟运营全套服务……米高梅一方面将美国先进的影院商业模式成功引入国内,成为中国影院产业转型升级的引领者;另一方面也将众多国内优秀电影大片,输出到美国,架起了一座中美两国文化交流的桥梁,被美国总统奥巴马称之为是中美两国文化交流的使者”“米高梅诞生于世界电影诞生的时代”等文字描述,使用米高梅集团旗下知名艺人经典合影以及“百年电影　百年米高梅”视频等用于宣传,明示或暗示其与米高梅集团及两原告存在授权许可或其他特定关系。而事实上,被告与两原告及米高梅集团毫无关联。故上述行为属虚假或者引人误解的商业宣传,足以欺骗、误导消费者,已构成虚假宣传的不正当竞争行为。(5)申请注册商标系经营者的合法权利,且是否存在恶意申请注册商标行为应当由相关行政机关、司法机关依据《商标法》等法律作出认定，并由相关当事人承担相应的法律后果。因此，对申请注册商标行为不应以《反不正当竞争法》予以规范，故被告涉案申请注册商标行为不构成不正当竞争。

上海市浦东新区人民法院于2019年9月27日作出(2017)沪0115民初85362号民事判决，判令：(1)被告于判决生效之日起立即停止实施涉案不正当竞争行为。(2)被告于判决生效之日起30日内将域名mgmchn.cn及mgmchn.com移转至原告米高梅公司名下，由原告米高梅公司注册使用。(3)被告于判决生效之日起30日内变更企业名称，并不得在变更后的企业名称中使用“米高梅”字样。(4)被告于判决生效之日起10日内赔偿原告米高梅公司经济损失及为制止侵权所支出的合理开支合计300万元。(5)被告于判决生效之日起60日内开始在《环球银幕》上连续三期发表声明，消除因实施本案侵权行为给两原告造成的不良影响。(6)驳回两原告的其余诉讼请求。宣判后，原、被告均未提出上诉。

【案例评析】

近年来，我国文娱产业蓬勃发展，影视行业作为支柱，亦取得了跨越式的进步。据国家统计局相关数据，2012年全国银幕数仅为13,118块。经过持续地高速发展，我国银幕总数于2018年跃居世界第一，2019年全国银幕数量已达到69,787块。其中，仅2019年一年新增屏幕就达9708块。在行业高速发展之时，市场主体的品牌意识也越发强烈，近年来可见的连锁品牌影院如雨后春笋般冒出。当市场培育出品牌意识之后，“傍名牌”“搭便车”的现象必然会发生。本案涉及的就是一个典型的影院行业“傍名牌”行为，而且这个案件具有以下特点：一是原告在影视行业具有非常高的知名度，“米高梅”以及电影片头吼叫的雄狮形象可谓是家喻户晓。二是被告行为属全方位“傍名牌”，其在企业名称、标识使用、域名设置以及宣传推广中全面攀附原告，恶意明显。

本案中值得探讨的法律问题是，原告主张“MGM”系其企业英文字号简称，被告擅自使用上述“MGM”，构成不正当竞争。在《反不正当竞争法》上，对企业名称的保护在我国司法实践中有一个演进的过程。1993年《反不正当竞争法》第五条第(三)项规定：“经营者不得采取下列不正当手段从事市场交易，损害竞争对手：……(三)擅自使用他人的企业名称或者姓名，引人误认为是他人的商品”。这是最早的关于侵害企业名称的仿冒条款，该条款规定相对简单，在之后的司法实践中产生了一定程度的争议。比如，这里保护的企业名称的范围到底有多大？是企业名称全称，还是字号，还是简称，或是外文名称也能获得保护？1993 年《反不正当竞争法》适用 20 多年后终迎来修订，2017 年修订的《反不正当竞争法》第六条第（二）项规定："经营者不得实施下列混淆行为，引人误认为是他人商品或者与他人存在特定联系：……（二）擅自使用他人有一定影响的企业名称（包括简称、字号等）、社会组织名称（包括简称等）、姓名（包括笔名、艺名、译名等）"。从上述条款的变化中可以得出，较之 1993 年《反不正当竞争法》，修订后的关于侵害企业名称的仿冒条款一是提出了企业名称须有一定影响的要求，二是进一步明确了企业名称的范围，三是仿冒行为后果中增加了与他人存在特定联系的情形。

究其根本，这里保护的企业名称，就是企业的商号，商号使用的目的就在于区别市场经营主体。根据《世界知识产权组织关于反不正当竞争保护的示范规定》的注释，商号的作用是识别企业及其经营活动，并将自己与其他企业或者其他企业的经营活动区别开来。基于此，对于企业在经营活动中使用的与企业名称有关的标识，且该标识起到了区别于其他企业经营活动的目的，则该标识就可以仿冒条款进行保护。因此，本案中法院对此行为的评判遵循了以下要件：

一、企业外文字号简称在国内使用后已具有识别性

"MGM"是米高梅集团及两原告英文企业字号"METRO-GOLDWYN-MAYER"三个英文单词首字母组成的英文企业名称简称，故其与原告企业名称存在关联。根据在案证据，从米高梅集团进入中国市场后，就以"MGM"作为其英文企业名称简称使用，其方式为在电影海报、出版物、电影片头、片尾等载体上使用"MGM"指代米高梅集团及其关联公司，且在媒体报道中亦以"MGM"指代米高梅集团。由此，"MGM"已具备识别性，可用于识别两原告及其经营活动，并与其他企业经营活动区别。

二、该企业外文字号简称具有一定的影响

经米高梅集团及两原告在国内的持续经营及使用，该"MGM"英文企业名称简称在娱乐业领域，特别是电影业领域享有很高知名度，为相关公众所知悉。因此，法院判定其具有一定的影响，米高梅集团及两原告对"MGM"享有合法有效的民事权益。

三、被告行为属擅自使用，且引人误认为是原告提供的服务或者与原告存在特定联系

涉案被控侵权域名与两原告享有合法权益的"MGM"文字构成、排列顺序完全相同,仅存在字母大小写的差别,故已构成相同,足以造成相关公众的误认。被告对"mgm"不享有权益,也无注册、使用该域名的正当理由。而被告在与米高梅集团及两原告全无关联的情形下,为商业目的使用"mgm"注册域名,并用于推广其米高梅影城加盟业务,故意造成与米高梅集团及两原告提供服务的混淆,足以使他人误认为是原告提供的服务或与原告存在特定联系。

故法院根据以上要件事实,最终认定被告行为构成不正当竞争,并承担相应的法律责任。

【典型意义】

2017 年修订的《反不正当竞争法》对侵害企业名称仿冒行为的规制进行了完善,但对现实生活中各种形式层出不穷的侵害企业名称行为仍有待司法实践进一步填充和补缺。本案对境外企业在国内使用的英文字号简称实施保护,进一步明确其构成仿冒的不正当竞争行为的要件及侵权后果,使司法实践对企业名称的保护更为全面。

同时,本案两原告系美国企业,被告为中国企业,但法院仍对境外企业在知识产权上予以了平等保护,体现了国内司法对国内外权利人一视同仁。在判赔金额上,法院基于案件事实全部支持了原告诉请金额,也切实维护了境外企业在我国经营的合法权益。

本案入选 2019 年上海法院加强知识产权司法保护力度典型案件。

【案例索引】

案号:上海市浦东新区人民法院(2017)沪 0115 民初 85362 号(2019 年 9 月 27 日)

审判组织:宫晓艳、邵勋、杨捷

编写人:杨捷

20

知名游戏名称的反不正当竞争保护

——动视公司与华夏公司等侵害著作权、商标权及不正当竞争纠纷案

裁判要旨

文学艺术创作鼓励自由表达,任何人都不能垄断文字的表达,特别是表达有限的作品名称。电影名称通常短小精炼,反映电影的主题思想、人物、情节等,是对电影内容的高度概括和提炼。公众有利用相同的名称创作不同电影作品的自由。即使电影名称被注册为商标,也不能阻止他人将注册商标作为电影名称进行正当使用,否则将造成不合理的垄断。但文学创作的自由也有边界,不正当的使用他人作品名称仍可能构成侵权。游戏与影视剧虽处于不同领域,但在消费对象上有极大的重合。知名游戏的名称应受《反不正当竞争法》的保护。

基本案情

原告:动视出版公司(Activision Publishing,Inc.)(以下简称动视公司)

被告:华夏电影发行有限责任公司(以下简称华夏公司)

被告:长影集团译制片制作有限责任公司(以下简称长影公司)

被告:上海聚力传媒技术有限公司(以下简称聚力公司)

涉案游戏《使命召唤》(《Call of Duty》)是一款由原告动视公司最早于2003年在美国开始发售的第一人称射击系列网络游戏,现已发行16部。2012年6月15日,原告的《Call of Duty Online》(V1.0.0.1)由腾讯游戏独家代理运营。《使命召唤》游戏无论是在美国还是在中国均具有较高的知名度。

原告就""美术作品于2014年1月27日在国家版权局获得登记。

原告于2013年在商标局分别注册了两个"使命召唤"商标,核定使用商品为第9类,包括计算机游戏软件、通过视频点播服务提供的以暗示主题为特点的电影和电视节目(可下载),可下载的多媒体文体(包括插图、文本、音频、视频、游戏和计算机游戏相联系的互联网网络连接),关于军事主题行动的电影胶片(已曝光)等;核定服务项目为第41类,包括电影片的制作(娱乐服务)、电影片的娱乐媒体制作服务、电影制作、电影发行、电影胶片的制作、电影胶片的发行、视频的制作(在计算机网络上提供在线游戏)、在计算机网络上提供在线游戏等。

2015年3月,被告华夏公司以买断方式引进电影《狙击枪手》(The Gunman),并委托被告长影公司对该影片进行汉语译制。2015年5月,涉案电影《狙击枪手》更名为《使命召唤》,2015年9月18日,在国内影院发行。该电影是一部美英法合拍的动作片,讲述了一个国际组织的特工为了他的爱人想要退出组织,在完成最后一项任务后,被人追杀而在欧洲展开逃亡的故事。至2015年10月17日下映,获得票房398万余元。

2015年12月,被告聚力公司获得涉案电影非独家信息网络传播权,期限至2017年12月18日。被告聚力公司官网有涉案电影《使命召唤》的剧照、简介及播放,在电影预告片中显示的片名"使命召唤"与原告主张著作权的"使命召唤"字体相同。

"电影《使命召唤》官方微博V"上有电影《使命召唤》剧照,有"电影《使命召唤》终极预告火热出炉……决堤反击,为真相而战"的宣传,有"这电影的英文名是The Gunman,和Call of Duty根本就是两个意思……""所以跟游戏没关系""不是游戏改编的?""免费为腾讯的使命召唤OL打了广告了""这和使命召唤有木有一毛钱关系?""已经看过了,不要混淆视听,都不是真正的使命召唤"等评论。并有"至于《使命召唤》这样一部浮夸的作品里(PS:无论是电影还是游戏),主角们击杀百人的画面更是每天都在上演。那么问题来了,要如何帅气地完成百人击杀呢?首先,要有一套过硬的装备……""万年老不死——约翰·普莱斯""不死老兵　重出江湖　泰利尔"等内容及电影剧照,在剧照中使用的"使命召唤"文字字体与原告主张著作权的"使命召唤"相同。

原告动视公司诉称,各被告未经原告许可,将原告注册的"使命召唤"商标用作涉案电影的中文名称,构成对原告就"使命召唤"商标享有的注册商标专用权的侵害。涉案电影使用并展示的该等明显具有误导性的中文名称,与《Call of Duty/使命召唤》知名系列游戏的中文名称相混淆,已经导致相关公众的误认,已明显构成不正当竞争。此外,涉案电影的海报和预告片中使用的“使命召唤”艺术汉字明显剽窃了原告享有著作权的美术作品,构成了对原告著作权的侵害。故原告起诉,请求判令:(1)各被告立即停止侵犯原告注册商标专用权、著作权的侵权行为及攀附原告商誉、损害原告合法权益的不正当竞争行为;(2)被告华夏公司及长影公司在全国性报刊(《中国电影报》)上刊登声明,消除影响;(3)被告华夏公司及长影公司连带向原告支付赔偿金人民币200万元;(4)被告华夏公司及长影公司连带赔偿原告支出的律师费、公证费、调查费及其他相关合理费用,共计70万元。

被告华夏公司辩称,(1)原告不足以证明其享有合法的著作权权利,起诉主体不适格。(2)华夏公司不构成侵犯著作权。①原告的作品不具有独创性、专属性等著作权特点。②其根据案外人提供的电影名称发行影片,主观上不存在侵犯原告著作权的故意。③原告未证明华夏公司接触过涉案游戏。④电影的发行和放映与原告的游戏产品属于完全不同的领域,其也没有利用原告的游戏进行电影创作和宣传。(3)华夏公司不构成商标侵权。①“使命召唤”是作为电影的中文译名而不是商标使用,该名称只是对电影主题的描述和概括。②电影与游戏并非相同或类似商品,属于两个完全不同的领域,面对的消费者也截然不同,不会引发相关公众的误解。③涉案游戏在中国不具有较高知名度,涉案商标并不被公众所熟知。④原告的商标在注册后并没有在影视作品上实际使用,因此与该商标的特定联系并不明显。(4)被告华夏公司不存在不正当竞争行为。①涉案游戏在中国的运营商是腾讯公司,造成混淆的主张主体应该是腾讯公司。②原、被告不属于同业竞争者,原告不符合提起不正当竞争之诉的主体要件。③涉案游戏不属于知名商品,“使命”和“召唤”都是通用的表达词语,不构成特有名称。④国外影片进入中国后被翻译成多种名称的现象普遍存在。⑤华夏公司不存在任何的虚假宣传。⑥原告不能在一个事实上进行商标权、著作权、不正当竞争的多重保护。(5)原告主张的赔偿金额没有事实和法律依据,不应得到支持。综上,请求法院驳回原告的全部诉讼请求。

被告长影公司辩称,其接受被告华夏公司的委托对涉案影片进行汉语译制,译名为《狙击枪手》,至于为何改名为《使命召唤》,长影公司并不知情。

被告聚力公司辩称,其经授权从而在互联网进行传播行为,聚力公司不清楚原告诉称的情况，其没有实施侵权行为，不应承担相关责任。

【法院裁判】

上海市浦东新区人民法院经审理认为，原告主张著作权的作品“”由中英文组成，进行了编排和一定的艺术加工，如文字中的笔画“撇”采用了平行四边形，“使”字的最后一笔在收笔时采用了尖头造型，字与字之间在笔画上契合在一起，使其在造型上区别于已有的在先作品，具有独创性并具有一定的美感。因此，属于受我国《著作权法》保护的美术作品。涉案电影《使命召唤》在电影发行时，在网络上的电影海报及预告片中使用了与原告“”作品中完全相同的“使命召唤”美术字，并在网络上传播，侵害了原告对其美术作品享有的信息网络传播权。

原告在第9类通过视频点播服务提供的以暗示主题为特点的电影和电视节目、关于军事主题行动的电影胶片、计算机游戏软件等商品，以及第41类电影片的制作、电影制作、电影发行等服务上取得了“使命召唤”注册商标专用权，其享有的权利受法律保护。涉案电影属于我国《著作权法》规定的一种作品类型，它必须借助于各种介质才能向公众提供，如胶片、光盘、电脑硬盘等。电影名称的主要功能在于描述和概括电影内容，同时也起到区别于其他电影作品的作用。而商标的主要功能在于标示商品或服务的来源。两者范畴不同，实现的功能也不完全相同。因此，虽然电影名称存在被注册为商标的可能，但电影名称并不能等同于商品或服务标识。原告在第9类商品及第41类服务上注册了“使命召唤”商标，仅说明原告取得了在上述类别中商品及服务上标注“使命召唤”的专有权利，并不代表原告在电影名称上也获得了“使命召唤”的专有权。原告注册商标的权利范围不能延及电影名称的使用，被告华夏公司使用“使命召唤”作为电影名称并未侵害原告对“使命召唤”享有的注册商标专用权。但根据《最高人民法院关于审理不正当竞争民事案件应用法律若干问题的解释》（已失效）的相关规定，在中国境内具有一定的市场知名度，为相关公众所知悉的商品，应当认定为《反不正当竞争法》第五条第（二）项规定的“知名商品”。“使命召唤”游戏在较长时间里进行了系列开发，并持续、广泛地宣传推广，在游戏领域已能与原告建立特定联系。因此，“使命召唤”游戏名称可以被认定为知名商品的特有名称受到保护。被告华夏公司为吸引观众以获得高票房收入,未经原告许可,擅自将知名游戏的名称“使命召唤”作为电影名称使用,并通过发布预告片、海报、微博等形式进行大量宣传,使相关公众产生混淆,构成擅自使用知名商品特有名称的不正当竞争。原告主张虚假宣传的“这样一部浮夸的作品里(PS:无论是电影还是游戏),主角们击杀百人的画面更是每天都在上演”的表述,尚不构成虚假宣传。

被告长影公司是涉案电影的译制方,涉案电影更名为《使命召唤》与该公司无关,该公司亦未获取票房收益,故不应承担民事责任。

被告聚力公司与案外人的合同已到期,其已停止播放涉案电影,故对原告要求被告聚力公司停止侵权的诉讼请求,不予支持。

综上,上海市浦东新区人民法院依照《著作权法》第十条第一款第(十二)项、第四十八条第(一)项、第四十九条,《反不正当竞争法》第五条第(二)项、第二十条,《最高人民法院关于审理著作权民事纠纷案件适用法律若干问题的解释》第七条、第二十五条第一款、第二款、第二十六条,《最高人民法院关于审理不正当竞争民事案件应用法律若干问题的解释》(已失效)第一条第(一)项、第二条第一款、第四条、第七条、第十七条第一款规定,判决如下:(1)被告华夏公司立即停止对原告动视公司享有的涉案美术作品著作权的侵害;(2)被告华夏公司立即停止在涉案电影上使用“使命召唤”作为电影名称的不正当竞争行为;(3)被告华夏公司在《中国电影报》(除中缝外)上刊登声明,就其侵权行为消除影响;(4)被告华夏公司赔偿原告动视公司经济损失人民币30万元;(5)被告华夏公司赔偿原告动视公司合理开支人民币30万元;(6)驳回原告动视公司的其余诉讼请求。

一审判决后,原告动视公司及被告华夏公司均不服,提起上诉。上海知识产权法院判决:驳回上诉,维持原判。

【案例评析】

本案涉及知名游戏名称的法律保护问题。本案所要解决的争议问题是,被告将与原告相同的游戏名称作为电影名称使用,是否侵犯原告的注册商标专有权,游戏名称能否作为有一定影响的商品名称予以保护,被告的行为是否构成擅自使用有一定影响的商品名称的不正当竞争行为。

作品名称作为文化创意领域重要的商业标志,标识特定作品系其基础功能。但作品名称一般比较短小,难以构成《著作权法》保护的作品,同时作品名称通常是对作品内容的高度概括和提炼,与商标的识别功能又迥然有别。因此,作品名称在创造性或者标识性(显著性)上达不到知识产权的严格要求。[①] 在德国,作品名称享有标题权,由《商标与其他标志保护法》第五条调整,并在具体规则上准用《商标法》其他条款的规定,《反不正当竞争法》则提供一种补充和兜底性保护。如果作品名称不能得到《著作权法》和《商标法》的保护,则可以考虑通过《反不正当竞争法》第六条第(一)项中作为有一定影响的商品名称进行保护,在司法实践中也已经有判例。如在《人再囧途之泰囧》案[②]中,北京市高级人民法院认定电影《人在囧途》为知名商品,且"人在囧途"经过大量使用、宣传,能够实际上发挥区别商品来源的作用,为知名商品的特有名称。该案被告在其电影名称中使用了"人再囧途"造成相关公众的混淆误认,构成不正当竞争。同时,对于具有较高知名度的作品名称,在商标确权中,可以主张在先权利,阻止甚至禁止他人的注册。[③] 而在在先作品名称已被注册为商标的情况下,在后的作品使用与注册商标相同的名称是否构成侵害商标权,还是属于《反不正当竞争法》的调整范围,存在一定的争议。如在《轩辕剑传奇》案[④]中,北京市朝阳区人民法院认为,电影名称系对电影主题、内容的高度概括,仅具有描述性,并不体现电影来源,不构成商标性使用,商标侵权行为并不成立。但《轩辕剑》系列游戏作为知名商品,"轩辕剑"一词又具有很强的显著性,"轩辕剑"构成知名商品的特有名称,被告使用"轩辕剑"字样作为其电影名称的主体部分,容易导致相关公众产生误解,引起混淆,构成擅自使用知名商品特有名称的不正当竞争行为。

商标具有专有属性,其有权禁止他人在相同或类似商品上使用与注册商标相同或近似的商标,如果给予单个的作品名称商标权的保护,将会不适当的垄断作品名称。当然,一些特定作品在特定条件下,如期刊名称,由于其经使用已经成为某种商品的代名词,已经产生了来源识别作用,其不仅是作品名称也已经成

① 参见彭学龙:《作品名称的多重功能与多元保护——兼评反不正当竞争法第 6 条第 3 项》,载《法学研究》2018 年第 5 期。

② 北京市高级人民法院民事判决书,(2013)高民初字第 1236 号;最高人民法院民事判决书,(2015)民三终字第 4 号。

③ 根据 2017 年《最高人民法院关于审理商标授权确权行政案件若干问题的规定》第二十二条第二款规定,在相关商品上使用具有较高知名度的作品名称和角色名称,会使公众产生误认的,名称所有人可以主张在先权利。

④ 北京市朝阳区人民法院民事判决书,(2015)朝民(知)初字第 41020 号;北京知识产权法院民事判决书,(2016)京 73 民终 785 号。

为具有识别作品的标识,具有双重性质,因此可以受到《商标法》的保护。由于电影名称是对电影内容的高度概括,体现的是电影要反映的主题,而不是指代商品或服务的来源,其并不具有标识出处的功能,故在一般情况下,电影作品名称的使用并非商标性使用。本案中,《使命召唤》游戏名称被注册在商品分类第9类计算机游戏软件、通过视频点播服务提供的以暗示主题为特点的电影和电视节目(可下载),关于军事主题行动的电影胶片(已曝光)等商品,及第41类电影片的制作(娱乐服务)、电影制作、电影发行、在计算机网络上提供在线游戏等服务上。商标的功能在于标识商品或服务的来源,原告在第9类商品和第41类服务上注册商标能够指代该些商品和服务的来源,但上述商品和服务的范围并未延及游戏或电影名称。一般情况下,单个的作品名称并不具有指示商品来源的功能,其更多的是体现文学艺术上的内涵,因此原告对于其游戏名称的使用并不能等同于其在上述类别上对于注册商标的使用。故原告在软件等商品和电影制作等服务上注册了商标并不能阻止他人在电影名称上合理使用与注册商标相同的商标。因此,被告使用与原告注册商标相同的电影名称并不能纳入原告注册商标的保护范围。

虽然注册商标的权利范围不能延及电影名称,但不代表游戏、电影等作品名称不能作为"有一定影响的"商品名称受《反不正当竞争法》的保护。但若要获得保护必须满足一定的条件,包括权利人的作品是否具有较高的知名度;被控侵权方使用相同的作品名称是否具有攀附的主观恶意;被控侵权方使用相同的作品名称是否具有合理的理由;是否会造成相关公众的混淆等。本案中,"使命召唤"作为原告动视公司开发和发行的游戏,经宣传和运营,该游戏名称已为相关公众所了解,无论是在美国还是在中国,在市场上已产生了较高知名度。该知名度的取得是原告动视公司创造性劳动的结晶,其所带来的商业价值和商业机会也是原告投入大量劳动和资本所获得的。因此,"使命召唤"已经构成有一定影响的商品名称。同时,从涉案电影的更名过程及公映前的宣传情况来看,被告使用"使命召唤"作为电影名称具有一定的主观恶意。"使命召唤"的含义并没有体现涉案电影的主题和内容,涉案电影的剧情与"使命召唤"的含义完全没有关联性,而原告在电影宣传中又不断以各种方式提到原告的游戏,反映出其"搭便车"的主观故意,并故意让消费者将电影与游戏联系起来,且事实上也已经造成相关消费者的混淆。因此,被告的行为属于擅自使用他人有一定影响的商品名称的不正当行为,构成不正当竞争。

作品名称是对作品内容的高度概括和提炼,一般比较简短,不具有获得著作权保护要求的独创性,公众有利用相同的名称创作不同作品的自由。即使作品名称被注册为商标,也不能阻止他人对作品名称进行正当使用,否则将造成不合理的垄断。随着文化创意产业的发展,作品名称凸显出作为商品名称的商业价值,是智力劳动和资本的凝结,不正当地使用他人有一定影响的作品名称有可能构成不正当竞争行为。对作品名称的法律保护方式的选择体现了《商标法》和《反不正当竞争法》两者不同的法益保护,也是寻求权利人和社会公众利益更好的平衡。

【典型意义】

本案的审理涉及注册商标的权利范围能否延及电影名称的使用,将他人注册在游戏上的文字注册商标作为电影名称使用时的正当性、合理性判断,以及电影名称能否作为有一定影响力的知名商品特有名称而受《反不正当竞争法》保护等疑难法律问题。上海电视台、《人民法院报》、《上海法制报》对该判决进行了报道。

本案系最高人民法院发布的2018 年中国法院50 件典型知识产权案例,上海市高级人民法院发布的2018 年上海法院加强知识产权保护力度典型案件。

【案例索引】

案号:

一审:上海市浦东新区人民法院(2016)沪 0115 民初 29964 号(2018 年 1 月 22 日)

二审:上海知识产权法院(2018)沪 73 民终 222 号(2018 年 7 月 25 日)

审判组织:

一审:倪红霞、叶菊芬、李加平

二审:钱光文、范静波、何渊

编写人:倪红霞

21

同人作品人物形象的保护范围及保护路径

——玄霆公司与先锋文化公司等著作权侵权及不正当竞争纠纷案

裁判要旨

同人作品中,原作的人物形象等要素只是情节展开的媒介和作者叙述故事的工具,难以作为表达受到《著作权法》的保护。被控侵权图书虽然使用了与原作相同的人物名称、关系、盗墓规矩等要素,但这些要素和自己的情节组合之后形成了一个全新的故事内容,这个故事内容与原作在情节上并不相同或相似,不构成对原作著作权的侵犯。涉案人物形象等要素系由原作作者创作,在没有明确约定排除相关权益的情况下,原作作者有权使用其在原作小说中的这些要素创作出新的作品。

基本案情

原告:上海玄霆娱乐信息科技有限公司(以下简称玄霆公司)

被告:北京新华先锋文化传媒有限公司(以下简称先锋文化公司)

被告:北京新华先锋出版科技有限公司(以下简称先锋出版公司)

被告:群言出版社

被告:上海新华传媒连锁有限公司(以下简称新华传媒公司)

被告:张某野(笔名天下霸唱)

第三人:万达影视传媒有限公司(以下简称万达公司)

《鬼吹灯》系列作品(二部八卷)(以下简称权利作品)的作者为张某野。2007年1月,张某野将涉案作品著作权中的财产权全部转让给原告,并许可原告进行再创作和开发外围产品。权利作品经过原告的版权运营后,已成为具有一定知名度的文学作品，其纸质书不仅多次出版，还被改编成漫画、话剧、有声读物、游戏，《鬼吹灯Ⅰ》中的《精绝古城》及《鬼吹灯Ⅱ》分别被改编成电影《九层妖塔》和《鬼吹灯之寻龙诀》（以下简称《寻龙诀》）。

2014 年 4 月，张某野将其创作完成的《摸金校尉之九幽将军》（以下简称《摸金校尉》）一书交由被告先锋出版公司出版，先锋出版公司随后授权被告群言出版社出版该书。2015 年 12 月，《摸金校尉》出版发行。经电影《寻龙诀》出品方第三人万达公司许可，图书封面上使用了该电影的海报，并粘贴有"电影《鬼吹灯之寻龙诀》12 月 18 日全国公映"的信息。封面尾部标有电影台词。封底标注了电影监制、导演、主要演员对书和作者的评论。

被告先锋文化公司在新浪微博、豆瓣、微信公众号上宣传推广《摸金校尉》图书时，还实施了一系列将该图书与电影《寻龙诀》建立关联的行为。

将权利作品和《摸金校尉》进行比对，两者均系盗墓题材的作品，主要人物名称[胡八一（《摸金校尉》中称为胡爷）、王胖子、Shirley 杨（《摸金校尉》中称为雪梨杨）、大金牙]、人物形象及人物关系、人物经历基本相同。盗墓时遵循的规矩也相同，即盗墓者佩戴摸金符，盗墓过程中运用十六字阴阳风水秘术、寻龙诀和分金定穴之术进行盗墓，并遵循鸡鸣灯灭不摸金，合则生、分则死的禁忌规矩。盗墓者把僵尸称为粽子，并可使用黑驴蹄子对付粽子。但两书的故事情节、故事内容完全不同。

原告主张被告实施了以下行为：（1）创作、出版、发行的涉案图书大量使用了原告作品人物名称、人物形象、人物关系、盗墓方法、盗墓需遵循的禁忌规矩等独创性表达要素，侵犯了原告享有的演绎权，即原告对权利小说享有的改编权及其他权利；（2）在宣传推广涉案图书过程中使用"鬼吹灯""胡八一""shirley 杨""王胖子"字样及与电影《寻龙诀》有关的宣传推广行为，分别构成擅自使用原告知名商品特有名称及虚假宣传的不正当竞争行为；（3）若法院对上述主张均不予认定，则要求对前述行为认定构成违反《反不正当竞争法》第二条的不正当竞争行为。原告遂诉至法院，要求：（1）被告先锋文化公司、先锋出版公司、群言出版社、张某野立即停止出版发行中文简体纸质图书《摸金校尉》过程中侵犯著作权及不正当竞争的行为；（2）被告先锋文化公司、先锋出版公司、群言出版社、张某野共同在《新民晚报》刊登声明、消除影响；（3）被告先锋文化公司、先锋出版公司、群言出版社、张某野共同赔偿原告经济损失及合理支出共计 2000 万元；（4）被告新华传媒公司停止销售图书《摸金校尉》。

【法院裁判】

上海市浦东新区人民法院经审理认为,本案争议焦点在于:(1)被控侵权图书使用相同人物等要素的行为性质认定;(2)宣传推广被控侵权图书的行为性质认定;(3)五被告的民事责任认定。

关于争议焦点一。权利作品中的人物形象等要素只是作品情节展开的媒介和作者叙述故事的工具,难以作为表达受到《著作权法》的保护。被控侵权图书虽然使用了这些要素,但上述要素和自己的情节组合之后形成了一个全新的故事内容,这个故事内容与原告作品在情节上并不相同或相似,也无任何延续关系,不构成对原告著作权的侵犯。

关于争议焦点二。本案中,电影《寻龙诀》系根据原告《鬼吹灯Ⅱ》改编,故《鬼吹灯Ⅱ》系该电影的原著小说。但被控侵权图书封面、封底的使用方式及被告一系列的对外宣传推广行为,易使相关公众将被控侵权图书误认为是电影《寻龙诀》的原著或与原著内容有关联。该行为可能会造成取代原告原著小说地位的后果,会对原告利益造成重大的损害。被告宣传推广的整体行为及被控侵权图书封面封底的使用方式构成引人误解的虚假宣传行为。

关于争议焦点三。被告先锋文化公司、先锋出版公司需就共同组织出版及推广图书过程中实施的行为共同承担责任。被告群言出版社未参与图书的宣传推广行为,仅需就图书封面、封底的虚假宣传行为与被告先锋文化公司、先锋出版公司共同承担责任。而被告张某野并未参与图书的出版发行及被控侵权的推广,故无须就本案虚假宣传行为承担法律责任。法院遂判决:(1)被告先锋文化公司、先锋出版公司、群言出版社立即停止虚假宣传行为;(2)被告新华传媒公司立即停止销售带有涉案封面、封底的图书;(3)被告先锋文化公司、先锋出版公司、群言出版社在《新民晚报》上刊登声明、消除影响;(4)被告先锋文化公司、先锋出版公司赔偿原告经济损失90万元;(5)被告群言出版社对判决主文第(4)项确定的赔偿金额中的60万元承担连带赔偿责任;(6)被告先锋文化公司、先锋出版公司、群言出版社赔偿原告合理费用12.6万元;(7)驳回原告的其余诉讼请求。

一审宣判后,原告和被告先锋文化公司、先锋出版公司、群言出版社不服,提起上诉。后均向二审法院申请撤回上诉,本案判决现已生效。

【案例评析】

随着同人文化的发展,近年来,就同人作品的侵权判断问题逐渐成为著作权法领域的热点。从琼某诉于某案到金某诉江某案,相关判决所确定的规则无疑成为法律界人士所密切关注的动向。通常而言,同人作品系指“同好者在原作或原型的基础上进行的再创作活动之产物”①,其核心即为“对已有作品的二次创作”②。只要借用了其他作品的人物形象或其他设定,一般都认定为同人。本案被控侵权图书虽与通常意义的同人作品略有区别,即被控侵权图书的作者并非原作爱好者而系原作作者本人,但因作者已将原作著作权转让给他人,因此,其在创作新作时对原作元素的利用与同人小说并无多大差异,由此产生的法律问题与通常意义的同人小说是完全相同的。

一、人物名称、形象能否成为原作的表达

本案原告首先主张通过改编权对其人物名称、形象等要素进行保护。根据我国《著作权法》的规定,改编权是“改变作品,创作出具有独创性的新作品的权利”。因此,改编后的作品首先需要具备独创性,形成一个新的作品。其次,新作品的内容是在原作品基础上创作出来的。根据著作权“思想与表达二分法”原则,受《著作权法》保护的作品必须是能够被他人客观感知的外在表达,即作品中抽象的思想本身是不受《著作权法》保护的,只有对思想的具体表达才受《著作权法》保护。因此,仅根据原作品的思想创作出新作品并非受改编权控制的行为,只有在保留原作品基本表达的情况下通过改变原作品创作出新作品,才是《著作权法》意义上的改编行为。③ 如本案原告在推广《鬼吹灯》作品时将该作品改编为漫画、话剧、有声读物、游戏等行为均属于改编行为。本案中,被控侵权图书有独立的故事情节,属于具有独创性的新作品,满足认定改编权控制范围的第一个要件。因此,本案著作权部分的处理关键在于甄别新作在创作过程中是否利用了原作的表达内容,即原作中的人物名称、形象等要素是否构成原作的表达,从而获得《著作权法》的保护。

美国法院判断人物形象是否能获得著作权保护的主要判断方法为“充分明确法”和“故事被叙述法”。“充分明确法”源于尼古拉案④,在随后的审判中将其

① 王铮:《同人的世界:对一种网络小众文化的研究》,新华出版社2008年版,第3页。

② 龚琳:《同人二次创作作品的著作权性质分析》,载《白城师范学院学报》2012年第4期。

③ 王迁:《知识产权法教程》(第5版),中国人民大学出版社2016年版,第155页。

④ Nicolas *v.* Universal Pictures Corporation et al., 45 F. 2d 119(2nd Cir. 1930)。转引自华劼:《借用文学作品人物角色创作的版权问题研究——美国判例研究的启示》,载《江苏社会科学》2017年第4期。

发展成两步的逻辑判断模型[①]:第一步是判断该人物形象是否被充分描述,不再仅是一种思想。第二步是判断被诉侵权人是否抄袭了这种描述的过程而并非仅是一个大体而抽象的框架。[②]

美国联邦第九巡回上诉法院不满足于“充分明确法”的开放性,[③]在“马耳他之鹰”案[④]中提出了用“故事被叙述法”来分析作品人物形象的可版权性。该案中,原作者哈米特将马耳他之鹰作品的独占使用权许可给了华纳兄弟公司,随后哈米特又将马耳他之鹰中一系列人物形象,包括侦探萨姆·斯佩德在广播、电影和电视上的独占使用权许可给了哥伦比亚广播公司。哥伦比亚广播公司随后推出了名为“萨姆·斯佩德历险记”的广播节目。华纳兄弟公司认为其对马耳他之鹰作品的独占使用权包括对于其中人物形象如侦探萨姆·斯佩德的独占使用权,因此对哥伦比亚广播公司提起诉讼。美国联邦第九巡回上诉法院的观点是,只有当人物形象本身真正构成被叙述的故事时,其可以作为《著作权法》保护的客体,但当人物形象只是作为故事叙述的棋子而存在时,其并不能被著作权法所保护,因此哥伦比亚广播公司对于萨姆·斯佩德角色的使用不侵犯华纳兄弟公司对作品的独占使用权。

审判实践中,受保护的表达与不受保护的思想观念其实很难区分,往往需要根据作品的种类、性质和特点等作出个案认定。在小说作品中,小说人物形象等要素由作者通过文字描述予以表现,与电影作品或美术作品中的人物形象不同,后者借助于可视化手段能够获得更为充分的表达,更容易清晰地被人所感知。而文字作品中的人物形象等要素往往只是作品情节展开的媒介和作者叙述故事的工具,从而难以构成表达本身。只有当人物形象等要素在作品情节展开过程中获得充分而独特的描述,并由此成为作品故事内容本身时,才有可能获得《著作权法》保护。离开作品情节的人物名称与关系等要素,因其过于简单,往往难

---

① See Gregory S. Schienke, *The Spawn of Learned Hand-A Reexamination of Copyright Protection and Fictional Characters: How Distinctly Delineated Must the StoryBe Told?*, 9 MARQ. INTELL. PROP. L. REV. 63 (2005).

② See Jasmina Zecevic, *Distinctly Delineated Fictional Characters that Constitute the Story Being Told: Who Are They and Do They Deserve Independent Copyright Protection?*, 8 VAND. J. ENT. & TECH. L. 371 (2006).

③ See MarkBartholomew, *Protecting the Performers: Setting a New Standard for Character Copyrightability*, 41 SANTA CLARAL. REv. 341(2001).

④ Warner Bros. Pictures, Inc. *v.* Columbia Broad. Sys. Inc., 216 F.2d 945, 946 (9th Cir. 1954).

以作为表达受到《著作权法》的保护。因此，本案中，涉案《摸金校尉》是否侵犯了原作的著作权，尚需审查《摸金校尉》使用人物名称、关系等要素后所呈现出的故事情节是否与原作的故事情节有相同或相似之处。经比对，《摸金校尉》虽然使用了与原作相同的人物名称、关系、盗墓规矩、禁忌等要素，但《摸金校尉》有自己独立的情节和表达内容，《摸金校尉》将这些要素和自己的情节组合之后形成了一个全新的故事内容，这个故事内容与原告作品在情节上并不相同或相似，也无任何延续关系。《摸金校尉》中所使用的原作的盗墓方法、盗墓需遵循的禁忌规矩也只是盗墓行业内口诀类的内容，即盗墓者佩戴摸金符，盗墓过程中运用十六字阴阳风水秘术、寻龙诀和分金定穴之术进行盗墓，并遵循鸡鸣灯灭不摸金，合则生、分则死的禁忌规矩，并无具体的情节，无法成为《鬼吹灯》中独立的表达内容。因此，原告所主张的人物名称、人物形象等要素仍然属于思想范畴本身，而不能作为《著作权法》所保护的客体。《摸金校尉》并非《鬼吹灯》的改编作品。

二、不正当竞争的可能性探讨

当同人作品用于非商业目的时，原作者一般均持宽容的态度，如英国女作家J. K. 罗琳女士，她在《哈利·波特》的官方网站上声明：只要读者们不把小说中的人物形象用于违背伦理、道德以及色情等用途，就可以在不经本人授权的情况下，以非商业性的目的进行同人作品的创作。但当同人作品被运用于商业目的时，基于重大的经济利益，纠纷往往就会产生。

在同人作品纠纷案件中，原作权利人通常认为，同人作品未经其许可擅自将其作品用于商业活动时，这种行为会侵占原作的市场份额并损害原作的经济利益，因此，即便不能通过《著作权法》保护，也应当通过《反不正当竞争法》予以保护。对此，实务中存在两种观点。第一种观点认为，被借用的原作都是已发表的作品，基于其已定性的题材、内容以及表现方式，吸引的目标群体基本固定，占据的市场份额也相对稳定。由于同人作品对原作的依赖性，大众在看过同人作品后很有可能对与其相关的作品进行研究，进一步起到推广原作的作用。[①] 此时，同人作品的创作会给原作品注入新鲜的血液，它的传播与关注度，必然会增加原作品的市场曝光度。因此，同人作品的出现并不会损害原作的利益，在《著作权法》不保护的情况下，不应再通过《反不正当竞争法》予以保护，否则就会产生变相规避《著作权法》的

① 参见骆天纬：《同人作品的著作权问题研究——以〈此间的少年〉为例》，载《知识产权》2017年第8期。

现象。第二种观点认为,原作权利人为营造其知名度花费了大量的时间和精力,新作权利人通过不当攀附原作已经形成的知名度,可以轻而易举地吸引原作的粉丝,进而迅速占领市场,打造属于自己的知名度,这对原作实际上是不公平的。倘若按照《著作权法》原理不能对原作予以保护,至少从不正当竞争角度,新作权利人的行为实际上是一种不劳而获的行为,即未经原作权利人许可,不当攀附了原作的知名度,符合《反不正当竞争法》需要规范的行为要件,应当通过《反不正当竞争法》予以规制。

实践中,对于同人作品的商业使用问题,还是应当区分情形。倘若同人作品的内容系恶搞原作或用于描写情色内容,这些不良行为在一定程度上会影响公众对原作的阅读兴趣,并会损害到原作权利人的声誉。因此,对同人作品恶搞原作,使原作角色人物形象等受到歪曲、篡改,如将原作正直善良的人物改编成人人唾弃的反面角色等,导致公众对原作的评价降低,从而歪曲、篡改了原作作者的创作本意。这种情况下,完全可以按照《著作权法》中规定的作者所享有的保护作品完整权来保护原作的权益。倘若原作著作权被转让,就受让的著作财产权人而言,其虽然无法就该种行为通过主张著作权的人身性权利来维权,但仍然可以考虑通过对《反不正当竞争法》的适用来保护自己的财产性权益。

同人作品创作完毕后,如果仅仅是许可出版社出版新书,不作任何附加的宣传,宣称新作与原作关系,鉴于新书中的内容已通过《著作权法》予以明确,属于合理使用的范围,那就不应当再通过《反不正当竞争法》予以规制。但实践中这种情形很少,新书的发布势必要采取宣传推广措施,若不与原作建立关联,新书的推行将困难重重。因此,如果新书推广时采取了一些不当的宣传方式,使他人误以为新作是原作的改编作品,或者是经过原作著作权人许可创作及推广。这种情况下,必然会产生一定的损害后果,表现方式可能并不直接体现在对原作图书市场的影响,更多地体现在衍生品市场上。随着图书市场的繁荣,图书所体现的价值并不像传统销售模式那样,仅仅通过图书的销售来获利,更多体现在衍生品的开发上,如将图书改编成游戏、影视剧、录音制品等。倘若一本图书运作成功,给权利人带来的利益是丰厚的,特别是影视剧的改编等,好的剧本有时候可以直接决定影视剧的优劣。因此,一些热门的影视剧通常都是根据热门小说改编,仅仅就影视剧改编授权所获得的收入,热门图书著作权人就可能获得千万元的进项。因此,图书衍生品市场的商业利益是非常可观的。在这种情况下,同人作品借助于原作的知名度和影响力迅速占领市场后,在衍生品的开发上可能会与原作权利人形成竞争关系。同样具有知名度的小说人物形象所开展的不同的故事情节及相对低廉的许可费用可能会对衍生品开发者更有吸引力,这无疑掠夺了原作的商业机会或对原作衍生品对外许可的费用有一定的影响。而这样的结果就是借助原作苦心经营的知名度后短期内迅速获得的,这显然会降低原作作者创作的积极性,不利于文化市场的繁荣和发展。因此,这种行为已经导致消费者对新作与原作的关系产生混淆和误认,并损害到原作权利人的利益,属于《反不正当竞争法》虚假宣传行为的构成要件,应当认定为虚假宣传行为并予以规制。

【典型意义】

该案系全国首例同人作品著作权侵权及不正当竞争纠纷案,涉及文学作品人物形象保护范围的确定。《著作权法》保护的是独创性表达。文学作品中的人物形象往往只是作品情节展开的媒介和作者叙述故事的工具,离开作品情节的人物名称与关系,因其过于简单,一般不能获得充分而独特的描述,难以作为表达受到《著作权法》的保护。但这并不意味文学作品中的人物形象可以不受限制地任意使用。如果人物形象已经在读者群体中与作品之间建立起了较为稳定的联系,具备了不同于著作权客体的指代和识别功能,利用这些要素创作新的作品,完全可以借助其市场号召力提高新作的声誉,并由此增强竞争优势,应受到《反不正当竞争法》的保护。判断新作创作时对原作人物形象的使用是否正当且是否构成不正当竞争,要考虑使用人的身份、使用的目的、原作的性质、使用对原作市场的潜在影响等因素,一方面应充分尊重原作的正当权益,另一方面也要保障创作和评论的自由。本案获评2019年中国法院50件典型知识产权案例。

【案例索引】

案号:

一审:上海市浦东新区人民法院(2015)浦民三(知)初字第838号(2017年5月18日)

二审:上海知识产权法院(2017)沪73民终273号(2019年5月27日)

审判组织:

一审:徐俊、杜灵燕、张毅

二审:凌崧、杨馥宇、徐飞

编写人:杜灵燕

22

底层安全软件经营者不正当竞争行为的司法认定

——二三四五公司与猎豹网络公司等不正当竞争纠纷案

裁判要旨

底层安全类软件经营者利用其特权及用户信任，以保障计算机系统安全为名，超出软件运营合理限度，擅自或通过虚假弹窗、恐吓弹窗等方式诱导用户变更浏览器主页，干预其他软件运行或实施区别对待其他软件的行为，使对方不能享有平等的被选择权，损害其他经营者或消费者合法权益的，构成不正当竞争。

基本案情

原告：上海二三四五网络科技有限公司（以下简称二三四五公司）

被告：北京猎豹网络科技有限公司（以下简称猎豹网络公司）

被告：北京猎豹移动科技有限公司（以下简称猎豹移动公司）

被告：北京金山安全软件有限公司（以下简称金山公司）

原告二三四五公司主要经营2345网址导航、2345王牌浏览器等互联网产品，其中2345网址导航的用户超过4000万，日访问用户达2500万，在同行业内排名前列。

被告猎豹网络公司系金山网络网站和猎豹移动网站的主办单位。金山网络网站在百度搜索结果中标记为金山毒霸官网，其首页为金山毒霸10软件的下载页面，网站产品介绍中包含金山毒霸软件，资讯中心中则对金山毒霸、金山网络等主题进行了宣传和介绍。猎豹移动网站对猎豹移动产品做了介绍，称核心产品包括金山毒霸软件，同时也提供诸如毒霸网址大全等多平台类产品。

被告猎豹移动公司系毒霸网址大全和标题为“金山毒霸官网”网站的主办单位。后者提供金山毒霸 11 软件的下载服务，并载有金山毒霸软件的各历史版本介绍。

被告金山公司系金山毒霸软件最终用户许可协议显示的软件运营者。根据全国企业信用信息公示系统查询的结果，三被告对外公示的联系电话与电子邮箱均相同。

金山毒霸软件在安装、运行及卸载过程中存在以下六种情形。

1. 在金山毒霸的“垃圾清理”功能中点击“一键清理”后，用户在 IE 浏览器中设置的主页 2345 网址导航变更为毒霸网址大全。

2. 点击金山毒霸的“立即升级”按钮，待升级完毕重启金山毒霸后，弹窗显示“立即锁定毒霸网址大全为浏览器主页，保护浏览器主页不被篡改”，并在左侧设置默认勾选。在未进行其他操作的前提下打开 2345 王牌浏览器，原设置的主页 2345 网址导航变更为毒霸网址大全。随后去除前述方框内默认勾选并关闭金山毒霸窗口，打开 2345 王牌浏览器，原设置的主页 2345 网址导航仍变更为毒霸网址大全。

3. 点击金山毒霸的“一键云查杀”按钮，再点击“版本升级”按钮完成升级后，打开 IE 浏览器、2345 王牌浏览器及 360 安全浏览器，原设置的主页 2345 网址导航均已变更为毒霸网址大全；打开搜狗高速浏览器及猎豹安全浏览器，原设置的主页 2345 网址导航未被变更。卸载金山毒霸后，上述浏览器主页均恢复为 2345 网址导航。

4. 安装完成金山毒霸后，弹窗显示“设置浏览器主页为毒霸导航”，左侧设置默认勾选，右侧设置“我知道了”按钮。在未点击“我知道了”按钮的情况下打开 IE 浏览器，原设置的主页 2345 网址导航变更为毒霸网址大全；去除前述默认勾选再点击“我知道了”按钮后打开 IE 浏览器，主页仍变更为毒霸网址大全；卸载金山毒霸后再打开 IE 浏览器，其主页恢复为 2345 网址导航。

5. 金山毒霸运行过程中，弹窗显示“金山毒霸 10 开启安全网址导航，防止误入恶意网站建议您开启安全网址导航，远离病毒，欺诈网站，安心上网”，下方设置“一键开启”按钮。点击该“一键开启”按钮后打开 IE 浏览器，原设置的主页 2345 网址导航变更为毒霸网址大全；打开 2345 王牌浏览器，显示主页仍为原设置的 2345 网址导航；卸载金山毒霸后，IE 浏览器主页恢复为 2345 网址导航。

6. 安装完成金山毒霸前后，打开 IE 浏览器主页，均为已设置的主页 2345 网址导航。卸载金山毒霸后再打开 IE 浏览器，显示主页变更为毒霸网址大全。

原告诉称，原告系专业的互联网公司，旗下 2345 品牌产品在业界享有较高的知名度和美誉度。其中，核心产品 2345 网址导航在导航网站中排名前三，用户数量达 4000 万。三被告共同经营金山毒霸软件，自 2014 年始即在该软件的安装、运行、升级和卸载等各个环节中利用多种技术手段，擅自将用户浏览器中设定的 2345 网址导航主页劫持为毒霸网址大全。在此过程中，三被告还针对原告经营的 2345 浏览器与其他浏览器实施了区别对待行为。原告认为，流量对互联网企业而言具有极其重要的经济价值，三被告的上述行为显然有违诚实信用原则和公认的商业道德，不仅导致 2345 网址导航的流量大幅下降，而且严重影响了原告产品的用户体验与评价，对原告造成了极大的经济损失和商誉损害。据此，请求法院判令：(1) 三被告立即停止对原告实施篡改主页、劫持流量等不正当竞争行为；(2) 三被告在官网首页顶部公开澄清事实、消除影响，并连续刊登不少于 30 日的致歉声明，该声明的面积不小于 10 厘米 ×10 厘米；(3) 三被告共同赔偿原告经济损失 1000 万元；(4) 三被告共同赔偿原告支出的公证费 13,060 元。

三被告共同辩称，第一，金山公司是金山毒霸软件的独立经营者，三被告之间不存在混同经营的情况，故猎豹网络公司、猎豹移动公司并非本案适格被告。其中，猎豹网络公司仅在金山网络网站提供金山毒霸软件的下载服务，该网站亦非金山毒霸官网。而猎豹移动公司仅是毒霸网址大全的经营者，从未参与金山毒霸软件的经营，也未与金山公司合作通过金山毒霸软件劫持浏览器主页以推广毒霸网址大全。第二，通过对不同版本的金山毒霸软件进行操作演示可以发现，该软件在下载、安装、运行和卸载的过程中均不存在原告指控的流量劫持行为。第三，金山毒霸软件版本升级更新频繁，即便原告指控的相应版本存在流量劫持行为，因其持续时间极短，也不会对原告造成较大损失。况且原告经营的 2345 浏览器、2345 安全卫士等系列软件均具有防护功能，能够实现用户浏览器主页多渠道锁定而免遭篡改。第四，就本案纠纷所涉情况，原告已针对三被告及金山毒霸软件进行了诋毁性的回应，导致大量用户卸载金山毒霸软件，故原告指控的不正当竞争行为已不复存在。综上，三被告不同意原告的全部诉讼请求。

【法院裁判】

上海市浦东新区人民法院经审理认为，金山公司已自认其系金山毒霸软件的经营者。猎豹网络公司、猎豹移动公司虽否认共同参与经营金山毒霸软件,但三被告法定代表人同一,主要办事机构所在地与联系方式相同,在通过网站及其他形式对外宣传产品时主体高度混同。加之猎豹网络公司、猎豹移动公司各自主办的网站均带有金山毒霸官网标记,并在首页显著位置提供金山毒霸软件的下载服务,且金山毒霸 11 软件在安装、运行过程中发送数据请求的对象网站亦分别归属于猎豹网络公司和猎豹移动公司,故可据此判定三被告实际共同经营金山毒霸软件,均系本案适格被告。

三被告在金山毒霸软件安装、运行及卸载过程中实施了变更网络用户浏览器主页的行为。作为安全软件以及与原告经营的一般终端软件具有直接竞争关系软件的经营者,三被告在发挥安全软件正常功能时未采取必要且合理的方式,超出合理限度实施了干预其他软件运行的行为并给其他经营者造成损害。三被告利用网络用户对其作为安全软件经营者的信任,或未告知用户,或通过虚假弹窗、恐吓弹窗变更用户浏览器主页,直接侵害了网络用户的知情权和选择权,在非法获利的同时亦使原告的合法权益及良好商誉受到实际损害。同时,三被告在通过金山毒霸软件变更网络用户浏览器主页过程中实施的区别对待行为,会使网络用户对不同浏览器的使用体验产生差异,不当影响原告产品的用户体验与评价。故三被告的上述行为除违反诚实信用原则和公认的商业道德外,亦有违平等竞争的原则,构成不正当竞争。

上海市浦东新区人民法院于 2017 年 8 月 10 日作出(2016)沪 0115 民初 5555 号民事判决,判令:(1)被告猎豹网络公司、猎豹移动公司及金山公司于本判决生效之日起立即停止实施本案所涉不正当竞争行为。(2)被告猎豹网络公司、猎豹移动公司及金山公司于本判决生效之日起 10 日内在域名为 www. duba. com、www. ijinshan. com 及 www. duba. net 网站首页顶部居中通栏位置以五号字体全文显示形式刊登声明,消除因对原告二三四五公司实施本案所涉不正当竞争行为所造成的不良影响,声明的内容、发布位置须经本院审核,声明须连续保留 30 日。如不履行,本院将在相关媒体发布本判决的主要内容,费用由被告猎豹网络公司、猎豹移动公司及金山公司负担。(3)被告猎豹网络公司、猎豹移动公司及金山公司于本判决生效之日起 10 日内连带赔偿原告二三四五公司经济损失人民币 300 万元及合理费用人民币 13,060 元,合计人民币 3,013,060 元。(4)驳回原告二三四五公司的其余诉讼请求。宣判后,三被告均提出上诉。上海知识产权法院于 2018 年 9 月 17 日作出(2018)沪 73 民终 5 号民事判决,驳回上诉,维持原判。

【案例评析】

互联网市场竞争,一向以流量为王,而网址导航是极其重要的流量入口之一。在国内互联网环境下,网址导航网站很大程度适应了我国互联网用户的需求,在无须记忆网址、无须进行搜索的情况下即可浏览各类网站。基于上述便捷性及易用性,网址导航网站在提供导航的过程中,能够为各类网站带去可观的流量,在互联网入口特性方面占据了十分重要的地位。网址导航经营者一方面向网络用户提供网址链接服务、页面服务(包含搜索、购物、实用信息等服务),另一方面向广告主(包括网址类、展示广告类、搜索类等)收取费用,以期实现经营上的良性循环,而用户数量和导航使用量正是其经营之本。基于用户习惯,相较于其他进入网址导航网站的方式,如直接键入网址、搜索或链接等,被设置为用户浏览器主页显然使网站导航的使用频率更具稳定性,故能否更多占据终端用户的浏览器主页成为网址导航网站经营者获得更高经济利益的关键。

本案中,三被告所实施的行为,事实上是利用其金山毒霸作为底层安全软件优势,变更用户浏览器主页为自己经营的毒霸网址大全,上述行为客观上剥夺了用户接触、使用原告所经营的网址导航网站的机会,攫取和劫持原告流量,无疑将使原告遭受重大的经济损失。对此竞争行为,并无先例判决可予参考,又因互联网市场竞争的时不我待,亟须司法来定分止争。

对该行为的法律评价,未纳入 2017 年修订的《反不正当竞争法》第二章所列举具体的不正当竞争行为范围,因此需以《反不正当竞争法》第二条这一一般条款来寻求适用。法院经审理后认为:

首先,原告的合法权益确因该竞争行为而受到实际损害。原告经营其 2345 网站导航系合法经营行为,享有相应的经营利益。三被告利用金山毒霸软件变更用户浏览器原主页 2345 网址导航为毒霸网址大全,直接抢夺流量导入所带来的经济利益,损及原告的合法权益。

其次,三被告该竞争行为有违诚实信用原则和公认的商业道德。本案中,三被告经营的金山毒霸软件利用其作为底层安全软件所享有的系统优先权限、网络用户信任,通过多种方式擅自、诱导用户或强制用户变更浏览器主页为毒霸网址大全,完全超出了底层安全软件为实现其功能所必需的行为限度。正是基于底层安全软件其在计算机系统内的“特权”地位,对其竞争行为正当性判断应适用相对严格标准。三被告作为安全软件以及与原告经营的一般终端软件具有直接竞争关系软件的经营者,在发挥安全软件正常功能时未采取必要且合理的方式,超出合理限度实施了干预其他软件运行的行为并给其他经营者造成损害。以上情节足以判定三被告的竞争行为有违诚实信用原则和公认的商业道德。

最后,三被告该竞争行为侵害消费者福利。《反不正当竞争法》维护市场公平竞争秩序,其最终目的在于通过公平竞争,使用户获得最优的商品和服务,以保护消费者福利。网络用户对浏览器主页设置拥有完全的自主决定权,这直接影响网络用户的使用体验和消费福祉。金山毒霸作为底层安全软件,拥有网络用户对此类软件的天然信赖,却擅自或以虚假弹窗、恐吓弹窗等方式干预网络用户对一般网络服务的选择,未对网络用户的知情权和选择权加以充分保障,侵害了消费者福利。

据此,法院认定三被告行为违反《反不正当竞争法》第二条第一款、第二款之规定,构成不正当竞争。

同时,三被告在通过金山毒霸软件变更网络用户浏览器主页过程中实施的区别对待行为,会使网络用户对不同浏览器的使用体验产生差异,不当影响原告产品的用户体验与评价。据此法院认定,此行为除违反诚实信用原则和公认的商业道德外,亦有违平等竞争的原则,构成不正当竞争。

就三被告应当承担的民事责任,法院基于对原、被告用户数、流量价值、原告获得用户的成本、被告侵权行为的持续时间、范围、主观恶意等因素的考察,确定赔偿损失金额为当时法律规定的顶格数额300万元,具备科学性,适当填补了原告损失,提高了被告侵权行为的成本。

【典型意义】

在网络技术不断发展、网络领域竞争日趋激烈的当下,网址导航网站为各大网站带来了巨大的流量,也令各经营主体为此争夺不休。本案的审判,对底层安全软件经营者竞争行为的正当性判断标准加以厘定,对于规范流量争夺行为、确立互联网领域内的竞争规则具有典型意义。

本案的特殊之处还在于,案件审理时适用的是2017年修订的《反不正当竞争法》,该法第二章中并未对涉及互联网的不正当竞争行为进行列举式规制。但法院依据我国反不正当竞争法原理及《反不正当竞争法》第二条的规定,认定三被告所实施的变更网络用户浏览器主页的行为虽不属于《反不正当竞争法》第二章所列举的范围，但仍因违反诚实信用原则和公认的商业道德，扰乱市场秩序，原告的合法权益确因该竞争行为而受到实际损害，从而构成不正当竞争。及至2019年《反不正当竞争法》修正，因应社会发展，推出“互联网专条”（《反不正当竞争法》第十二条）。《反不正当竞争法》第十二条第二款第（二）项规定：“经营者不得利用技术手段，通过影响用户选择或其他方式，实施下列妨碍、破坏其他经营者合法提供的网络产品或者服务正常运行的行为：……（二）误导、欺骗、强迫用户修改、关闭、卸载其他经营者合法提供的网络产品或者服务；……”该项规定恰与本案法院认定的不正当竞争行为相契合，因此，本案判决也为《反不正当竞争法》顺应社会发展并逐步完善起到了很好的探索作用。

本案入选2018年中国法院十大知识产权案件、2018年上海知识产权十大典型案件、2018年上海法院知识产权司法保护十大案件。

【案例索引】

案号：

一审：上海市浦东新区人民法院（2016）沪0115民初5555号（2017年8月10日）

二审：上海知识产权法院（2018）沪73民终5号（2018年9月17日）

审判组织：

一审：宫晓艳、杨捷、孙宝祥

二审：丁文联、易嘉、杨馥宇

编写人：杨捷

23

网络抢购服务不正当竞争行为的司法认定

——陆金所公司等与陆智投公司不正当竞争纠纷案

裁判要旨

经营者提供的网络抢购服务应当遵循《反不正当竞争法》“互联网专条”之规定，不得利用技术手段，通过影响用户选择或者其他方式，妨碍、破坏其他经营者合法提供的网络产品或者服务的正常运行。当网络抢购服务不属于该条列明的具体行为类型从而适用兜底条款进行评价时，除应考量其对目标平台及用户是否造成损害外，还应审查是否具有不正当性。若网络抢购服务利用技术手段，为目标平台的用户提供不正当抢购优势，破坏目标平台既有的抢购规则并刻意绕过其监管措施，对目标平台的用户黏性和营商环境造成严重破坏的，应认定构成不正当竞争。

基本案情

原告：上海陆家嘴国际金融资产交易市场股份有限公司（以下简称陆金所公司）

原告：上海陆金所互联网金融信息服务有限公司（以下简称陆金服公司）

被告：西安陆智投软件科技有限公司（以下简称陆智投公司）

原告陆金所公司系“平安陆金所官网”的主办单位，也是“陆金所”手机应用的运营主体。原告陆金服公司系“上海陆金所互联网金融信息服务有限公司网站”的主办单位，也是“陆金服”手机应用的运营主体。

在两原告运营的上述网站和手机应用中，均有债权转让产品的交易服务，其中“慧盈—安 e+”是两原告自营的债权转让产品。债权转让产品由购买理财产品的用户转让而产生,数量有限且发布时间并不固定。两原告的用户在登录上述网站或手机应用后,可以查看可供购买的债权转让产品信息,并通过产品详情页内的“立即投资”选项,在输入交易账号、交易密码和验证码后进行抢购。

被告陆智投公司同时运营“陆智投”和“掌上陆智投”微信小程序、“陆智投”微信公众号、“陆智投”安卓手机应用以及“陆智投科技”网站。上述服务渠道中,除“陆智投”微信公众号和“陆智投”微信小程序外,均有抢购两原告债权转让产品的功能。

“掌上陆智投”微信小程序首页显示“工具”“任务”“推荐返利平台”三部分内容。2018 年 12 月 12 日更新后,“推荐返利平台”中出现“陆金所”“厚本”“网信”等各类投资平台,每一平台均有相应介绍。其中“陆金所”平台的介绍内容为“平安集团成员,平安财险保驾……”,点击该平台后可显示简介、奖励估算表及官方注册链接。用户在手机浏览器中输入上述链接地址即可进入“平安陆金所官网”的用户注册页面。

“陆智投”安卓手机应用 1.0.24 版发布于 2018 年 12 月 20 日,首页中推荐返利平台的类别、介绍内容与“掌上陆智投”微信小程序所示基本相同。推荐返利平台的“陆金所”板块内,提供有投资补贴奖励返利率、奖励试算表和陆金所平台的注册链接。点击注册链接后,在该手机应用内即可申请注册成为陆金所平台的用户。2018 年 12 月 27 日,该手机应用的网贷助手项下显示“安 E 转让总数”和“债转转让总数”均为 0 笔,助攻管理页面显示参与人数为 1877 人,赏金总金额“￥37,001.28”,累计撮合交易金额“￥4,196,288.00”。

“陆智投科技”网站首页末端载有“陆金所二手转让数据小程序”和“官方微信群”的二维码。用户登录网站后可以管理抢购工具和抢购任务,并可跳转至“看云”网站浏览《陆智投产品手册》。该网站社区板块中有近千条用户讨论帖,其中多条帖子涉及两原告平台债权转让产品的抢购工具。

通过“陆智投”平台抢购两原告债权转让产品的流程具体如下:(1)在工具市场安装“陆金所代购工具”;(2)预先输入用户在两原告平台注册的用户名、登录密码及交易密码;(3)输入所需购买的金额范围后启动抢购任务;(4)抢购系统通过安卓模拟器登录两原告平台对债权转让产品的信息进行不断刷新,并根据既定金额范围自动筛选,对符合条件的产品迅速提交购买申请。抢购任务的有效期间自任务创建时起至提交购买申请时止,在此期间用户除任务失败或需修改购买金额等情况外,无须进行主动操作。相较于通过人工方式抢购债权转让产品的用户，使用陆智投抢购服务的用户在产品信息浏览、作出交易判断和完成交易流程等环节上均具有一定的时间优势。与此同时，两原告对于自身平台用户的交易行为也进行了监管。除向全体用户发送站内信进行风险提示外，对于成交耗时短于正常值的用户，两原告采取复杂化验证码等方式延长其完成交易所需时间，以保证各用户在抢购债权转让产品时拥有相对公平的机会。对此，被告就“陆智投”抢购服务的成交耗时进行了专门设定，使其尽可能接近并略微领先于正常人工抢购的时长，从而规避两原告平台的监管。

自2018年5月10日起，先后有多位用户通过电子邮件及客服热线等形式向两原告平台投诉陆智投抢购工具影响普通会员的正常交易。而在百度贴吧“陆金所吧”内以“陆智投”为关键词进行搜索后，有多条关于两原告债权转让产品及外挂工具的帖子。用户讨论认为，尽管抢购成功与否和操作的熟练度、网速、手速及运气都有关系，但外挂工具的存在确实对两原告债权转让产品的正常抢购造成了影响。

【法院裁判】

上海市浦东新区人民法院于2020年8月6日作出(2019)沪0115民初11133号民事判决，判令：(1)被告陆智投公司自判决生效之日起立即停止通过抢购服务干扰两原告债权转让产品销售的不正当竞争行为；(2)被告陆智投公司自判决生效之日起立即停止涉案虚假宣传的不正当竞争行为；(3)被告陆智投公司自判决生效之日起10日内在“陆智投”微信公众号连续15日刊登声明、消除影响；(4)被告陆智投公司自判决生效之日起10日内赔偿两原告经济损失及为制止侵权行为所支付的合理开支共计50万元；(5)驳回两原告的其余诉讼请求。宣判后，原、被告双方均未提起上诉。

【案例评析】

《反不正当竞争法》第十二条作为“互联网专条”，通过例示性规范的方式明确了互联网环境下参与市场竞争所应遵循的规则。经营者提供的网络抢购服务，虽不属于“互联网专条”所明确规制的三类不正当竞争行为，也应遵循该条之兜底规定，不得利用技术手段，通过影响用户选择或者其他方式，妨碍、破坏其他经营者合法提供的网络产品或者服务的正常运行。在适用“互联网专条”之兜底条款判定网络抢购服务是否构成不正当竞争时,应参照最高人民法院“海带配额案”[①]所确立的裁判规则,评判被诉行为是否符合以下四个条件:(1)被诉行为系利用技术手段干扰他人网络产品或服务正常运行的行为;(2)被诉行为不属于该条明确列举的互联网不正当竞争行为;(3)反不正当竞争法保护的法益因被诉行为受到实际损害;(4)被诉行为基于互联网商业伦理具有不正当性。鉴于前两个条件的判定已基本为本案事实分析所涵盖,故对被告实施的涉案行为是否构成不正当竞争的判定,可同时从是否造成损害结果以及是否具有可归责性两个方面进行分析。

一、本案所涉网络抢购服务的损害结果分析

对于互联网环境下法益损害的判定,属基于因果关系的实证分析,应将互联网公共利益(市场秩序)、互联网经营者利益和互联网用户利益进行“三元叠加”予以综合考量。其中,经营者利益主要在于经营者不受强制自由开展经营活动的利益;消费者利益主要在于消费者作出理性的商业决定的自由;互联网公共利益主要在于竞争机制以及社会福祉最大化的目标是否受损。

本案中,两原告经营互联网金融平台,债权转让产品虽不属于定期发布的常规金融产品,但却因投资周期较短、手续费用相对优惠等因素颇受用户欢迎。因此,数量少、热度高、随机性强是两原告债权转让产品的主要特点。有意购买的用户不仅需要登录两原告平台全面查询、浏览产品信息,确定符合需求的目标产品,更需要提高信息浏览频度,以期在目标产品发布后的最短时间内进行抢购。依用户的一般访问习惯,其所浏览的内容既包括最终决定购买的产品,也包括其他备选产品以及不甚符合购买期望的产品,在关注不断变化的产品信息时投入了大量的时间成本。可见,用户为抢购特定的债权转让产品必须投入持续性的全面关注,这正是两原告作为一种营销模式推出该类产品所期待的结果,而这种结果能为两原告带来可观的流量利益。

用户正常抢购两原告的债权转让产品,大致需要经过产品检索、购买决策、密码输入和交易确认四个环节,每一环节均依靠用户人工完成。而被告运营的“陆智投”抢购服务,实质是由软件系统代替人工方式为用户抢购两原告平台的

---

① 最高人民法院民事裁定书,(2009)民申字第1065号。最高人民法院在该裁定书中指出:“总体而言,适用反不正当竞争法第二条第一款和第二款认定构成不正当竞争应当同时具备以下条件:一是法律对该种竞争行为未作出特别规定;二是其他经营者的合法权益确因该竞争行为而受到了实际损害;三是该种竞争行为因确属违反诚实信用原则和公认的商业道德而具有不正当性或者说可责性。”

债权转让产品。由于软件系统在抢购流程的各环节耗时更少,故使用“陆智投”抢购服务的用户较其他用户而言,在同等条件下具有更高的抢购成功率。尽管债权转让产品的抢购实质上属于平台用户间的利益竞争,但被告通过运营抢购服务介入其中并为部分用户提供抢购优势的行为,已造成以下三个方面的损害后果:

一是平台流量利益的减损。使用“陆智投”抢购服务的用户只需事先确定目标产品的金额范围即可设置自动抢购,其行为模式已由先浏览产品信息再评估产品是否符合需求,转变为先确定需求再搜索是否存在契合的产品。此时用户不再对两原告平台发布的金融产品信息存有高度依赖,失去了继续投入时间成本的驱动力,访问两原告平台的频度将不可避免地呈下降趋势。即便如被告辩称,“陆智投”抢购服务仍通过安卓模拟器访问两原告平台并检索产品信息,但该种以用户预设需求为基础的定向检索,与用户人工抢购时采取的全面信息浏览相比,显然在相当程度上减损了两原告平台本应获得的流量利益。更何况两原告平台除债权转让产品外,尚有其他自营、非自营金融产品在售。用户为抢购债权转让产品进行信息浏览时,有充分的机会接触该些产品,亦不乏在未能购得理想的债权转让产品时从中寻找替代产品之可能。因此,“陆智投”抢购服务导致用户对两原告平台的访问频度下降,客观上减少了两原告其他金融产品的展示机会。

二是用户潜在交易机会的剥夺。由于“陆智投”抢购服务的介入,通过人工方式正常抢购的用户购得两原告债权转让产品的概率大幅降低,这使本应由平台全体投资者公平竞争的投资收益向小部分投资者严重倾斜。被告运营“陆智投”抢购服务,客观上改变了债权转让产品在两原告平台用户间的收益分配,对其中大部分用户在市场投资活动中本应享有的机会利益造成了减损。

三是平台营商环境的破坏。尽管“陆智投”抢购服务在短期内可促使两原告平台债权转让产品快速成交,但单纯追求成交速率的做法与两原告平台的远期利益相去甚远。两原告经营的互联网金融平台,需依靠用户关注度和活跃度实现持续运营,通过用户习惯的培育和用户黏性的建立不断吸纳新的投资者和资本注入,债权转让产品正是其积累用户群体、拓展影响范围的重要载体。但在“陆智投”抢购服务促成的快速交易中,少数用户借助计算机系统的优势提升了其对目标产品的抢购成功概率,挤占了其他用户获得投资收益的空间,更使两原告平台与“外挂横行”之类的负面形象产生关联。长此以往,两原告平台最为依赖的投资者信心将受到冲击。由此导致用户黏性降低、投资者与资本流向其他投资渠道等后果，将使两原告平台的经营活动难以维系，其在现阶段获得的短期成交利益无法弥补平台整体价值的减损。

二、本案所涉网络抢购服务的可归责性分析

市场经济条件下，竞争与损害相伴而生。市场主体对特定竞争利益的争夺实属商业常态，而竞争行为通常必然导致一方受损。因此，竞争利益受到损害并非《反不正当竞争法》对受损方施以民事救济的充分条件，只有当相关竞争行为具有可归责性时，方受《反不正当竞争法》规制。本案中，尽管被告提供的债权转让产品抢购服务对两原告平台造成了损害，但仍需从以下两方面考量其可归责性。

一方面，“陆智投”抢购服务对两原告平台规则的颠覆破坏了产品抢购的公平基础。两原告平台根据债权转让产品随机发布的特点，已经在销售过程中建立起“先购先得”的抢购规则。用户竞争的核心标准即抢购所耗时长，其由发现产品耗时和达成交易耗时两部分组成，每一部分都受特定因素的影响。发现产品耗时一般与用户浏览产品信息的频率呈负相关，即用户登录两原告平台浏览产品信息的频率越高，发现目标产品所耗时长就越短。达成交易耗时则受主客观两方面因素的影响——网速、计算机响应速度等是取决于技术条件的客观因素，决策果断性、操作熟练度等是取决于用户自身特质的主观因素。除极小概率偶发因素的影响外，每一用户都根据其自身特质及投入的成本对抢购成功这一结果事件享有特定概率，这也正是两原告平台用户相互竞争所依赖的基础。用户参与两原告平台债权转让产品的抢购，实则是对上述抢购规则的认可和接纳，同意按照两原告平台预设的概率影响因素在相对公平的环境下进行抢购，并愿意投入一定的时间或经济成本改善相应的概率影响因素。“陆智投”抢购服务的介入，虽从表象上体现为通过技术手段提升抢购成功率，但该种技术手段的实质并非为改善概率影响因素，而是从根本上颠覆既有规则，破坏用户间抢购产品的公平竞争基础。通过正常方式进行抢购的用户，无论其如何缩短抢购所耗时长，都无法抗衡“陆智投”抢购服务通过计算机系统自动操作形成的时长优势。故此时抢购规则已然发生了改变，用户不再根据其对应的影响因素对抢购成功享有特定概率，抢购成功率整体上向使用“陆智投”抢购服务的用户严重倾斜，用户间公平竞争的基础丧失殆尽。

另一方面，“陆智投”抢购服务刻意规避两原告的监管机制，反映了被告对该行为所持的主观故意。两原告平台为遏制违规抢购、维系既定的抢购规则，专门设置了相应的监管机制，对成交时长过短的非正常交易行为进行管控。但“陆智投”抢购服务不仅破坏了两原告平台既定的抢购规则，还通过设置抢购时长下限的方式，刻意绕开两原告平台的监管，隐匿其行为痕迹。由此可见，被告熟知两原告平台的抢购与监管规则，也能够较为准确地预见“陆智投”抢购服务可能导致的不良后果，但其对该种后果的发生持积极期待的态度。

综上所述，被告经营的“陆智投”抢购服务利用技术手段，通过为两原告平台用户提供不正当抢购优势的方式，妨碍两原告债权转让产品抢购业务的正常开展，对两原告及平台用户的整体利益造成了损害，不正当地破坏了两原告平台公平竞争的营商环境。在同时符合“损害”与“可归责性”的前提下，被告实施的涉案行为构成不正当竞争，应当给予反不正当竞争法上的否定评价。据此，法院根据涉案行为的持续时间、影响范围、损害后果以及被告实施涉案行为的主观因素等方面，对被告所应承担的民事责任进行综合考量。

【典型意义】

近年来科技金融行业不断发展，通过网站和手机应用等网络平台推出的科技金融产品广受用户欢迎，同时也催生了各类网络抢购服务。网络抢购服务作为经营者实施的市场竞争行为，如何通过《反不正当竞争法》加以评价与规范，不仅关乎科技金融企业竞争利益和投资用户消费者利益的保护，更对维护金融平台营商环境具有重要意义。本案获评2020年中国法院50件典型知识产权案例、2020年上海法院知识产权司法保护十大案件，判决书获评第四届全国法院“百篇优秀裁判文书”、2020年度上海法院十大优秀裁判文书。

【案例索引】

案号：上海市浦东新区人民法院（2019）沪0115民初11133号（2020年8月6日）

审判组织：金民珍、徐俊、姜广瑞

编写人：徐俊、徐弘韬

24

不正当竞争中商业道德的司法认定

——腾讯公司等与北笙公司等不正当竞争纠纷案

裁判要旨

不正当竞争纠纷诉前行为保全的审查应在法律规定的审查因素的基础上结合该类纠纷的特点展开："事实基础和法律依据"的认定应基于行为法视角、"难以弥补的损害"着重考量竞争优势的减损，并审查行为保全对双方利益平衡和公共利益的影响。"难以弥补的损害"不限于经济利益的减损。被诉行为的发生或继续发生，将严重破坏申请人的运营机制、致使社会公众对申请人是否承担社会责任产生怀疑，导致申请人处于被投诉、被处罚的经营风险之中，应认定构成"难以弥补的损害"。

基本案情

申请人：腾讯科技（成都）有限公司（以下简称腾讯成都公司）

申请人：深圳市腾讯计算机系统有限公司（以下简称深圳腾讯公司）

被申请人：佛山市南海区北笙网络科技有限责任公司（以下简称北笙公司）

被申请人：上海二三四五网络科技有限公司（以下简称二三四五公司）

申请人腾讯成都公司是《王者荣耀》网络游戏的著作权人，其授权申请人深圳腾讯公司独家运营该游戏。经过长期的推广、运营，《王者荣耀》游戏已拥有广泛的玩家群体，具有较高的知名度。该游戏通过向用户提供免费的游戏下载、营造公平的竞技环境，以吸引更多用户，并提供"皮肤"等增值服务从中获利。为落实未成年人保护要求，《王者荣耀》账号采用实名制、未成年人"防沉迷"机制，未成年人仅能在《国家新闻出版署关于进一步严格管理切实防止未成年人沉迷网络游戏的通知》规定的时长、时段登录游戏。申请人还通过游戏用户协议明确要求用户不得将游戏账号提供给他人做代练、代打等商业性使用。被申请人北笙公司运营的“代练帮”App以“发单返现金”、设立“王者荣耀”专区的形式引诱、鼓励包括未成年人在内的用户通过其平台进行商业化、规模化的《王者荣耀》游戏代练交易。接单者可以非真实身份登录涉案游戏,未成年人亦可接单获得他人的游戏账号进入游戏并赚取费用。“代练帮”App从平台用户充值中抽取一定比例的手续费。被申请人二三四五公司在其运营的2345手机助手上提供“代练帮”App的下载。“代练帮”App上线于2020年前后,截至申请人公证取证时已有万余次的下载量。“代练帮”App明确要求接单者关闭手机定位以避免封号等处罚措施。

两申请人向上海市浦东新区人民法院提出行为保全申请,请求被申请人北笙公司立即停止未成年人进行游戏代练,被申请人二三四五公司立即停止在2345手机助手中提供“代练帮”App。

【法院裁判】

上海市浦东新区人民法院经审理认为,对诉前行为保全的审查应重点考量以下四个因素:申请人的请求是否具有事实基础和法律依据、不采取行为保全措施是否会对申请人的合法权益造成难以弥补的损害、采取行为保全措施是否会导致当事人间利益显著失衡、采取行为保全措施是否损害社会公共利益。

首先,关于申请人的请求是否具有事实基础和法律依据。国家新闻出版署通知要求游戏企业严格落实账号实名要求,严格控制未成年人游戏时长、时段,切实防止未成年人沉迷游戏。申请人对《王者荣耀》游戏采取账号实名制、未成年人“防沉迷”机制,未成年人仅能在规定的时长、时段登录游戏。申请人还通过游戏用户协议明确要求用户不得将游戏账号提供给他人做代练、代打等商业性使用。被申请人通过“发单返现金”、设立专区的方式,引诱、鼓励未成年用户进行《王者荣耀》代练交易并从中获利。该行为不仅破坏了涉案游戏的公平竞技机制,亦使用户可绕开申请人的实名制和“防沉迷”机制,妨碍涉案游戏的运营秩序,存在构成不正当竞争的可能性。故申请人的请求具有事实基础和法律依据。

其次,关于不采取保全措施是否会对申请人造成难以弥补的损害。若不对涉案行为加以制止,商业化、规模化的代练交易将借助网络突破时间和地域的限制,大量未成年人可通过承接订单不受时段、时长限制进入游戏系统,导致社会公众对申请人是否依法采取“防沉迷”机制、是否承担社会责任产生怀疑，致使申请人处于被投诉、被处罚的经营风险之中，从而给申请人的商誉造成难以挽回的损害。

再次，关于采取行为保全措施是否会导致当事人间利益显著失衡。诉前行为保全申请指向明确、范围适当，不会造成当事人间利益的显著失衡。此外，本院亦责令申请人提供了相应的担保，被申请人因申请人诉前行为保全错误可能带来的损害已有充分的法律保障。

最后，关于采取保全措施是否会损害社会公共利益。涉案“代练帮”App 系一款市场化产品，并不具有社会公共产品的属性，故对被申请人采取诉前行为保全措施不会损害社会公共利益。反之，及时采取保全措施，可有效保障游戏运营的正常秩序，并可保证未成年人“防沉迷”机制的落实。

综上所述，法院认定申请人的申请符合人民法院作出诉前行为保全措施的条件，裁定被申请人北笙公司立即停止通过“代练帮”App 允许未成年人提供《王者荣耀》游戏代练，被申请人二三四五公司立即停止提供“代练帮”App，直至“代练帮”App 停止涉案行为。

裁定作出后，两被申请人积极履行并将结果反馈法院。

【案例评析】

本案是全国首例基于未成年人“防沉迷”机制针对网络游戏代练行为作出的不正当竞争诉前行为保全。《法治日报》《人民法院报》等多家媒体对本案进行了报道。诉前行为保全是利害关系人因情况紧急于诉前向人民法院申请禁止被申请人为一定行为的保全措施，对权利人及时、便捷保护其合法权益具有重要意义。近年来，不正当竞争纠纷诉前行为保全申请日益增多，对该类纠纷行为保全审查要件的把握值得探析。

一、诉前行为保全的法律规定和审查要件

我国关于行为保全制度的规定最早见于 2000 年《专利法》。加入世界贸易组织后，我国基于《与贸易有关的知识产权协定》的相关规定修订了《著作权法》《商标法》。嗣后，2001 年、2002 年，最高人民法院先后发布《最高人民法院关于对诉前停止侵犯专利权行为适用法律问题的若干规定》（已失效）和《最高人民法院关于诉前停止侵犯注册商标专用权行为和保全证据适用法律问题的解释》（已失效），进一步细化完善了行为保全制度。2012 年修改的《民事诉讼法》统一规定了民事诉讼领域的行为保全制度，并细化为诉前保全和诉中保全两种形式。

根据《民事诉讼法》第一百零四条第一款和第二款的规定，利害关系人因情况紧急，不立即申请保全将会使其合法权益受到难以弥补的损害的，可以在提起诉讼前向人民法院申请采取保全措施。申请人应当提供担保，不提供担保的，裁定驳回申请。人民法院接受申请后，必须在48小时内作出裁定。2018年12月12日，最高人民法院发布《关于审查知识产权纠纷行为保全案件适用法律若干问题的规定》（以下简称《行为保全规定》）。根据《行为保全规定》第七条的规定，行为保全申请应当考量以下因素：第一，申请人的请求是否具有事实基础和法律依据，包括请求保护的知识产权效力是否稳定；第二，不采取行为保全措施是否会使申请人的合法权益受到难以弥补的损害或者造成案件裁决难以执行等损害；第三，不采取行为保全措施对申请人造成的损害是否超过采取行为保全措施对被申请人造成的损害；第四，采取行为保全措施是否损害社会公共利益；第五，其他应当考量的因素。据此，不正当竞争纠纷的行为保全申请应当遵循上述考量因素，并结合该类纠纷特点进行审查。

二、不正当竞争诉前行为保全中的考量因素

（一）事实基础和法律依据的认定应基于行为法视角

《行为保全规定》不再使用“侵权可能性”或者“胜诉可能性”的表述，而是采用“是否有事实基础和法律依据”。该表达方式提示裁判者审查的内容为事实和法律两个方面，且较之前的表述措辞更加平和。

行为保全作为特别的救济手段，具有紧迫性，审查时间较短。我们认为，“事实基础和法律依据”的审查标准不宜过高。审查标准过高会致使行为保全的审查形同实体审判，丧失了行为保全审查的必要性和及时性，无法充分发挥制度功能，不利于及时有效保护权利人。此外，行为保全审查并非避免错误的唯一途径，要求当事人提供担保可以发挥同样的功能。[①]《民事诉讼法》第一百零四条第一款规定，诉前行为保全的申请人应当提供担保。该法第一百零八条规定，申请有错误的，申请人应当承担损害赔偿责任。担保和损害赔偿责任能够有效阻止滥用行为保全。因此，审查标准对应优势证明标准。

就“事实基础和法律依据”的具体审查内容，较之商标、专利侵权行为等可直

① 参见宋鱼水、杜长辉、冯刚、蒋利玮：《知识产权行为保全制度研究》，载《知识产权》2014年第11期。

接审查权利归属再对被诉产品进行比对,不正当竞争纠纷中需要审查的内容更具模糊性,如诉请保护的竞争权益是否存在,被诉行为是否具有正当性、是否造成损害等,相应问题的判断更有难度。在审查时,应把握不正当竞争作为行为法的特性,避免采用侵权法的思路。审查核心在于竞争行为的正当性。竞争行为之所以具有不正当性,首先是因为它具有损害性,即损害一定的利益。① 与 1993 年《反不正当竞争法》相比,2019 年《反不正当竞争法》将"市场竞争秩序"置于经营者和消费者权益之前,并引入了"消费者利益",实现了公共利益、经营者利益和消费者利益"三元叠加"的保护目标,对被诉行为损害结果的分析也可以从上述三个方面进行。认定竞争行为的损害性之后,再考量该行为的可归责性,包括被申请人的主观意图、行为方式等。至于诉争双方之间的竞争关系,可作为确定申请人申请资格的考量因素,但并非构成要件。

本案涉及网络游戏商业代练是否构成不正当竞争的判断。审查时,法院首先确认两申请人对涉案游戏享有合法权益,进而判断被申请人是否存在不正当竞争的可能性。法院认为,被诉行为给申请人造成了以下损害后果:一是影响游戏用户的消费体验,对消费者权益造成侵害。被诉行为破坏了游戏的公平竞技匹配机制,使用户无法匹配水平相当的对手,影响其游戏体验。二是减损申请人的用户黏性,对经营者权益造成侵害。用户无须注册游戏账号即可获得游戏体验,减损了申请人的交易机会和经济利益。涉案代练客户端绕开了被诉游戏的实名制和未成年人"防沉迷"机制,致使申请人处于被投诉、被处罚的风险之中。三是破坏网络游戏运营秩序,对公共利益造成侵害。网络实名制是我国互联网管理的基层政策,《网络安全法》《未成年人保护法》对此均有规定。国家新闻出版署于 2021 年 8 月 30 日公布《关于进一步严格管理切实防止未成年人沉迷网络游戏的通知》,要求所有网络游戏必须接入国家新闻出版署网络游戏"防沉迷"实名验证系统。被诉行为致使游戏的实名制及未成年人"防沉迷"机制落空,妨碍网络游戏运营秩序,增加未成年人沉迷网络的风险。同时,涉案行为具有可责性。被申请人将申请人具有竞争性权益的网络游戏作为获利工具,造成损害申请人的客观后果,申请人却因无从知晓真实用户信息而难以规制。被申请人明确要求接单者关闭定位以避免封号等处罚措施,刻意规避申请人的监管机制,反映了其主观恶意。综上,法院认定申请人的行为保全申请"具有事实基础和法律

① 参见孔祥俊:《反不正当竞争法新原理(原论)》,法律出版社 2019 年版,第 17 页。

依据”。

（二）“难以弥补的损害”着重考量竞争优势的减损

“难以弥补的损害”是行为保全审查的重要考量因素，也是审查的难点所在。关于“难以弥补的损害”的含义，国内外的认识较为统一，即无法通过金钱赔偿进行弥补。①《最高人民法院关于当前经济形势下知识产权审判服务大局若干问题的意见》曾提出明确要求：“在认定是否会对申请人造成难以弥补的损害时，应当重点考虑有关损害是否可以通过金钱赔偿予以弥补以及是否有可执行的合理预期。”2015年公布的《最高人民法院关于审查知识产权纠纷行为保全案件适用法律若干问题的规定（征求意见稿）》曾对“难以弥补的损害”进行了定义，即“申请人受到的损害无法通过金钱来衡量”。② 但在2018年发布的《行为保全规定》中删除了该定义，使“难以弥补的损害”概念仍处于模糊状态。我们认为，“难以弥补的损害”判断的核心应为无法通过金钱来量化计算，或难以使用金钱赔偿进行弥补。

关于“难以弥补损害”的具体情形，《行为保全规定》第十条进行了列举。其中，第（一）项是被申请人的行为将会侵害申请人享有的商誉或者发表权、隐私权等人身性质的权利且造成无法挽回的损害，主要是指金钱赔偿无法弥补的情形；第（二）项与第（三）项分别为被申请人的行为将会导致侵权行为难以控制且显著增加申请人损害与被申请人的侵害行为将会导致申请人相关市场份额明显减少，该两项情形往往导致申请人市场竞争优势或者商业机会的严重丧失，虽然可以通过金钱予以赔偿，但是申请人的损失非常大或者非常复杂，以至于无法准确计算其数额，也属于难以弥补的损害；第（四）项情形属于兜底情形，可以在具体案件中进行探索予以明确。③ 在不正当竞争纠纷行为保全的审查中，“难以弥补的损害”多体现为竞争优势的减损甚至丧失，表现为对商誉、市场份额的影响。例如，淘宝网诉“帮5淘”插件诉前行为保全案，被申请人将其插件非法植入淘宝客户端，分流申请人的用户，并影响申请人经营产品的市场评价。本案中，涉案

---

① 参见伍敏欢、王岩：《知识产权侵权诉前禁令的审查标准探析——兼议〈最高人民法院关于审查知识产权与竞争纠纷行为保全案件适用法律若干问题的解释（征求意见稿）〉第七、八条》，载《电子知识产权》2017年第4期。

② 《最高人民法院关于审查知识产权与竞争纠纷行为保全案件适用法律若干问题的解释（征求意见稿）》第八条。

③ 参见宋晓明、王闯、夏君丽、郎贵梅：《〈关于审查知识产权纠纷行为保全案件适用法律若干问题的规定〉的理解与适用》，载《人民司法》2019年第7期。

行为破坏了申请人网络游戏实名制和未成年人“防沉迷”机制。若不对该行为加以制止，商业化、规模化的代练交易将借助网络突破时间和地域的限制。大量玩家能够在无须实名认证的情况下达成代练交易。未成年人亦可通过承接订单不受时段、时长限制进入游戏系统，导致社会公众对申请人是否按照国家规定依法采取“防沉迷”措施、是否承担社会责任产生怀疑，使申请人及其产品的社会评价降低，从而给申请人的商誉造成难以挽回的损害。此外，如果申请人因为未实施未成年人“防沉迷”机制被处罚，涉案游戏可能面临下架的处罚，对其市场份额的打击极其严重，应认定构成“难以弥补的损害”。

（三）利益平衡要件需充分评估双方当事人的利益

民事诉讼双方当事人法律地位平等，故人民法院在决定是否采取诉前行为保全措施时，应当考量采取该措施是否会导致当事人间利益的显著失衡。关于利益平衡应采用什么样的标准，《行为保全规定》第七条第（三）项规定：“不采取行为保全措施对申请人造成的损害是否超过采取行为保全措施对被申请人造成的损害”，即确立了适用诉前行为保全给被申请人带来的不利要小于不适用诉前行为保全给申请人带来的不利的基本判断标准。也就是说，人民法院在考量是否采用诉前行为保全时，不应单纯考虑申请人的损害，在评估申请人所面临损失的同时，也应把被申请人因诉前行为保全所面临的损失纳入考虑范围。本案中，被申请人提供、推广的涉案代练客户端已经给且正在给申请人带来负面影响，申请人的合法权益处于被侵蚀的风险之中。采取诉前行为保全申请不会造成当事人之间利益的显著失衡。

（四）社会公共利益考量限于特定范围

《行为保全规定》第七条第（四）项规定，人民法院审查行为保全申请，应当考量采取行为保全措施是否损害社会公共利益。“社会公共利益”是一个含义丰富、不断变化的概念。《最高人民法院关于当前经济形势下知识产权审判服务大局若干问题的意见》指出，人民法院应当严格审查被申请人的社会公共利益抗辩，一般只有在涉及公众健康、环保以及其他重大社会利益的情况下才予考虑。在“稻香村”行为保全案①中，北京知识产权法院对采取行为保全措施是否损害社会公共利益进行评价，法院认为，如果采取相关行为保全措施，不仅不会减损社会公共利益，还能在一定程度上帮助相关公众辨别相关商品的来源和提供者，促

① 北京知识产权法院民事判决书，(2015)京知民初字第1606号。

进公众福利。域外实践中,大多数禁令裁决中的“公共利益”都指向案件所涉及的实体法所保护的公共利益,如技术进步、公共健康与利益等。在 Abbott Lab *v.* Mead Johnson 案①中,原、被告生产同种口服电解液,原告认为,被告涉嫌使用虚假广告。美国联邦巡回上诉法院认为,垄断通常都是违背公众利益的,案件涉及医疗行业,社会成本高昂,考虑到被告产品安全、有效,法院不支持责令申请人销售侵权产品,但责令被告更正不实广告信息。我们认为,公共利益的考量应该限制在特定的范围内,只有在涉及公众健康、环保以及其他重大社会利益的情况下才予以考虑,避免申请人以公共利益为名限制被申请人行使正当权利。本案中,采取行为保全措施不仅不会有损社会公共利益,还对保护未成年人权益有促进作用。防治未成年人沉迷游戏是一项系统工程,既需要游戏企业切实履行法律义务,也需要游戏代练等周边产业承担起必要的社会责任,共同构筑起保护未成年人权益的屏障。法院对涉事游戏代练平台发出禁令,向全社会表明了司法保护未成年人权益的鲜明态度,也给此类游戏周边平台以警示,共同为未成年人的成长打造一个健康的网络空间。

三、诉前行为保全的程序性事项

(一)听证程序是否必要

《与贸易有关的知识产权协定》第五十条第四款并未规定听证是采取临时措施的必经程序。《行为保全规定》第五条第一款规定,人民法院裁定采取行为保全措施前,应当询问申请人和被申请人,但因情况紧急或者询问可能影响保全措施执行等情形除外。该条措辞为“应当询问”,从该条款的规定来看,听证并非诉前行为保全的必经程序,询问的具体方式如何也未明确规定。我们认为,诉前行为保全对被申请人的利益具有较大影响,在条件允许的情况下法院应召集双方当事人进行听证,听取被申请人对于行为保全申请的抗辩,保证保全裁定的客观公正。如果存在情况紧急、被申请人不配合等情况,则可以采取电话询问等方式听取意见。

(二)担保与保全措施的解除

《行为保全规定》第十一条第一款规定“申请人申请行为保全的,应当依法提供担保”,第二款要求申请人提供的担保相当于被申请人因执行保全措施所要遭受的损失,实践中多为被诉侵权产品的销售收益、保管费用等合理损失。《行为

---

① Abbott Laboratories *v.* Mead Johndon & Co. ,971 F. 2d 6(1992).

保全规定》第十二条规定："人民法院采取的行为保全措施，一般不因被申请人提供担保而解除，但是申请人同意的除外。"该条与《最高人民法院关于人民法院办理财产保全案件若干问题的规定》第二十二条关于"被保全人请求对作为争议标的财产的财产解除保全的，须经申请保全人同意"的规定精神保持一致。与因物权、债权等财产性权利引发的纠纷不同，知识产权纠纷的裁判关注实施知识产权或者其他经营行为的合法性，是否采取保全措施对双方当事人利益影响比较重大，不宜仅因被申请人提供担保而解除保全措施。[①]

（三）行为保全申请错误的认定

《行为保全规定》第十六条对《民事诉讼法》第一百零八条规定的"申请有错误"进行了规定，具体情形为：(1)申请人在采取行为保全措施后30日内不依法提起诉讼或者申请仲裁；(2)行为保全措施因请求保护的知识产权被宣告无效等原因自始不当；(3)申请责令被申请人停止侵害知识产权或者不正当竞争，但生效裁判认定不构成侵权或者不正当竞争；(4)其他属于申请有错误的情形。从该条规定可见，行为保全申请错误采取了客观归责原则，和《与贸易有关的知识产权协定》的规定相一致。我们认为，申请人作为保全措施的启动者和受益人，在申请保全时应慎重行使，减少由于滥诉而给被申请人造成损害。因此，对申请人申请错误的认定不应考虑其主观状态。只要出现《行为保全规定》第十六条规定的申请错误后果的，申请人即应当赔偿因申请行为保全而给被申请人造成的损失，而不考虑其是否存在过错。

【典型意义】

本案是全国首例基于未成年人"防沉迷"机制针对网络游戏代练行为作出的不正当竞争诉前禁令。防治游戏沉迷事关未成年人健康成长，是全社会的共同责任。本案采取的诉前行为保全措施迅速、高效地制止了针对未成年人的游戏代练交易行为，有效保证未成年人"防沉迷"机制落实，保障了网络游戏运营秩序，积极维护社会公共利益。禁令作出后，两被申请人积极履行并迅速反馈法院。《法治日报》头版"法治时评"栏目以《填平防治游戏沉迷"洼地"》为题对本案作专题评论，《人民法院报》等多家媒体对本案进行了报道。本案入选上海法

① 参见宋晓明、王闯、夏君丽、郎贵梅：《〈关于审查知识产权纠纷行为保全案件适用法律若干问题的规定〉的理解与适用》，载《人民司法》2019年第7期。

院2021年十大知识产权案件、2021中国十大新文娱事件、上海法院参考性案例。本案案例评析获评2022年度全国法院系统优秀案例优秀奖、入选上海司法智库,刊载于2022年6月16日最高人民法院司法案例研究院微信公众号、2022年第32期《人民司法》杂志。

【案例索引】

案号:上海市浦东新区人民法院(2021)沪0115行保1号(2021年12月27日)

审判组织:吴智永、倪红霞、袁田

编写人:袁田

25

设定相同 App 唤醒策略的不正当竞争行为的认定

——支付宝公司与斑马软件公司不正当竞争纠纷案

裁判要旨

互联网经济条件下，经营者之间是否属于同业竞争关系，并非提起不正当竞争之诉或认定不正当竞争的必要前提。经营者利用网络从事生产经营活动，妨碍、破坏其他经营者合法提供的网络产品或者服务正常运行，不属于“互联网专条”①类型化条款规定情形的，可适用“互联网专条”兜底条款予以规范。重点审查原告受《反不正当竞争法》保护的法益是否因被诉行为受到实际损害，被诉行为基于互联网商业伦理是否具有不正当性。网络竞争行为正当与否的判定应以互联网市场为场景展开，基于公共利益（市场秩序）、经营者利益、消费者利益作“三元叠加”的利益衡量，保障市场主体不受非法干扰的经营自由，维护普遍遵循的商业惯例，促进互联网市场的开放、创新、效率与安全。

基本案情

原告：支付宝公司（中国）网络技术有限公司（以下简称支付宝公司）

被告：被告江苏斑马软件技术有限公司（以下简称斑马软件公司）

原告支付宝公司系“支付宝”App 支付功能的运营主体。截至 2020 年 6 月 30 日，“支付宝”App 月度活跃用户数量达 7.11 亿，月度活跃商家超过 8000 万家，拥有金融机构合作伙伴超过 2000 家，所涉数字支付总支付交易规模达 118 万

① 《反不正当竞争法》第十二条。

亿元。支付宝公司经许可在经营活动中使用"alipay"注册商标,并以 www.alipay.com 作为其官方网站的网址。

被告斑马软件公司成立于2016年12月7日,经营范围包括互联网信息技术服务等,系"家政加"App的运营主体。据其公司网站介绍,被告专注于家庭服务业产品的研发和运营。截至2018年,其已形成较为可观的经营规模,全国共有37,000家企业使用被告研发的家政管理系统,系统录入的家政服务人员超过370万人。

为实现手机App之间互相跳转的顺利进行,苹果公司在iOS系统内向手机App开发者提供URL Scheme作为通信方式,用以识别唤醒特定的手机App或功能模块。手机App的开发者可以自主设定对应的URL Scheme作为唤醒策略。就企业用户而言,其通常选择以自身拥有的商标、品牌名称等具有识别性的标识作为URL Scheme。若不同的手机App设定相同的URL Scheme,则其跳转过程会发生冲突,相应的手机App将无法完成正常跳转。在支付宝开放平台公布的《商户App协议》中,原告将跳转至"支付宝"App的URL Scheme设定为"alipays://"和"alipay://"。第三方手机App的开发者根据原告设定的前述URL Scheme进行相应配置后,即可在需要时由该第三方手机App跳转至"支付宝"App,继而实现支付等功能。原告按照单笔交易金额收取一定比率的服务费,App支付或手机网站支付的标准费率为0.6%~1.2%。

在仅安装"支付宝"App的苹果手机中,用户通过"拼多多""菜鸟裹裹"等第三方App以及"淘宝""天猫""美团"等网页版购买商品或服务并选择通过支付宝付款,手机系统显示将要跳转至"支付宝"App,并询问用户选择"取消"还是"打开"。若用户选择"打开",则可正常跳转至"支付宝"App进行后续支付操作。

在苹果手机中同时安装"支付宝"App和涉案版本的"家政加"App后,重复前述通过"支付宝"App付款的步骤,此时手机系统弹出窗口显示将要跳转至"家政加"App,并询问用户选择"取消"还是"打开"。若用户选择"取消",则将停留在第三方手机App或网页的待支付页面;若用户选择"打开",则将跳转至"家政加"App而非"支付宝"App。若在已选择过"打开"的第三方手机App中继续重复前述支付步骤,此时手机系统不再弹出提示窗口,也不再询问用户选择,而是默认跳转至"家政加"App。为此,支付宝公司先后接到用户投诉及合作商户的安全警示。

【法院裁判】

上海市浦东新区人民法院于 2021 年 7 月 16 日作出(2020)沪 0115 民初 87715 号民事判决,判令:(1)被告斑马软件公司刊登声明、消除影响;(2)被告斑马软件公司赔偿原告支付宝公司经济损失 30 万元及为制止不正当竞争行为所支付的合理开支 185,269 元,以上共计 485,269 元;(3)驳回原告支付宝公司的其余诉讼请求。宣判后,被告斑马软件公司提起上诉后又撤回上诉,一审判决现已发生法律效力。

【案例评析】

本案系互联网领域的新类型不正当竞争纠纷,争点涉及竞争关系在不正当竞争诉讼中的定位、"互联网专条"类型化条款的适用范围和"互联网专条"兜底条款的适用条件等,以下分别讨论。

一、竞争关系在不正当竞争诉讼中的定位

在既往司法实践中,法院通常将竞争关系的有无作为判断不正当竞争行为成立与否的前置要件。最高人民法院的司法政策曾经认为,"认定不正当竞争,除了要具备一般民事侵权行为的构成要件外,还要注意审查是否存在竞争关系。存在竞争关系是认定构成不正当竞争的条件之一"。①

所谓竞争关系,从广义来说,指的是市场主体之间在竞争过程中形成的一种社会关系。但是早期受市场发展的成熟度所限,市场竞争主要发生在同业之间。很多法院在不正当竞争诉讼的裁判中,首先论述原、被告双方是否存在同业竞争关系,甚至通过当事各方经营范围的相同或相近来加强同业竞争关系的论证说理。然而,严格拘泥于同业竞争意义上的竞争关系,会使《反不正当竞争法》的调整范围受到很大限制。这既不符合《反不正当竞争法》的立法宗旨,也不适应日新月异的产业实践。互联网经济蓬勃发展之后,不同业务领域泾渭分明的传统格局已经发生深刻改变,各经营者实施的经营行为互相交织,目标用户群体彼此重合。竞争模式从最初的同业竞争发展为流量竞争、数据竞争、平台竞争和生态竞争,市场竞争边界和竞争关系趋于模糊。市场竞争出现了以流量为核心、以数

---

① 曹建明:《加大知识产权司法保护力度,依法规范市场竞争秩序——在全国法院知识产权审判工作座谈会上的讲话》,载法邦网 2004 年 11 月 11 日,https://code.fabao365.com/law_46164_7.html。

据为载体的利益争夺,这种崭新的市场规则和产业规律完全打破了过去传统同业竞争格局。必须对竞争关系之于《反不正当竞争法》的意义作出贴合现实和顺应时代发展趋势的解读,即"竞争关系"相对性的消解在互联网经济下是一个不争的事实。我们需要摆脱过去那种欲判断行为正当与否就首先需要判断是否存在竞争关系的思维惯性,应当明确,《反不正当竞争法》保护的不是特定竞争者,而是竞争秩序。作为行为法,它旨在禁止与竞争秩序不一致的行为,实现更广泛的竞争自由。不正当竞争之诉能否成立取决于经营者实施的特定行为是否具有市场竞争属性和不正当性,经营者之间是否属于同业竞争关系并非提起不正当竞争之诉或认定不正当竞争的必要前提。最高人民法院最新的司法政策已经提出明确要求,"根据新法关于公共利益、经营者利益和消费者利益一体保护的精神,正确认识竞争关系的法律定位,竞争关系并非认定不正当竞争或者提起不正当竞争之诉的条件"。①

本案中,尽管原、被告的主营业务并不相同,但涉案行为的直接表现是"家政加"App 设置了与"支付宝"App 相同的 URL Scheme 作为唤醒策略,客观结果是同时安装上述两款手机 App 的用户选择通过"支付宝"App 进行付款时会跳转至"家政加"App。涉案行为已充分体现原、被告之间对流量等互联网经营利益存在竞争,原告就此向被告提起不正当竞争之诉,具有相应的事实基础。

二、"互联网专条"类型化条款的适用范围

本案中,被诉行为虽系利用技术手段干扰他人网络产品或服务正常运行的行为,但并不属于《反不正当竞争法》第十二条即"互联网专条"第二款明确列举的互联网不正当竞争类型。首先,"互联网专条"第二款第(一)项规定了"未经其他经营者同意,在其合法提供的网络产品或者服务中,插入链接、强制进行目标跳转"这一具体的不正当竞争行为。被诉行为尽管通过设置相同 URL Scheme 的方式使本应跳转至"支付宝"App 的用户被引导跳转至"家政加"App,但其并未在"支付宝"App 中插入链接。同时,因受制于 iOS 手机系统的要求,须在用户同意后方能成功跳转至"家政加"App,故不属于强制进行目标跳转的行为类型。由此可见,涉案被诉行为既没有"插入链接",也没有"强制进行目标跳转",不属于该项所规范的行为类型。其次,"互联网专条"第二款第(二)项规定了"误导、

① 《最高人民法院副院长陶凯元在第四次全国法院知识产权审判工作会议上讲话》,载合肥知识产权律师网 2018 年 8 月 31 日,https://www.hfiplaw.cn/details/19320.html。

欺骗、强迫用户修改、关闭、卸载其他经营者合法提供的网络产品或者服务”的行为,将软件妨碍的行为方式限定为“误导、欺骗、强迫”用户,使之“修改、关闭、卸载”他人合法提供的网络产品或服务。尽管 iOS 手机系统在 URL Scheme 跳转的过程中提示用户将要打开“家政加”App,并为用户提供“取消”或“打开”的选项,但此时用户的选择范围仅限于是否跳转至“家政加”App,对于是否修改、关闭、卸载“支付宝”App 这一结果事件并无选择空间。换言之,当 iOS 手机系统提示用户将要打开“家政加”App 时,被诉行为所期待的直接结果已经发生,即“家政加”App 代替“支付宝”App 成为第三方手机应用或网站根据 URL Scheme“alipay”或“alipays”跳转的对象。故被诉行为不属于误导、欺骗、强迫用户修改、关闭、卸载“支付宝”App 相关产品或服务的行为。最后,“互联网专条”第二款第(三)项明确禁止“恶意对其他经营者合法提供的网络产品或者服务实施不兼容”。但很显然,涉案被诉行为并不影响“支付宝”App 在 iOS 手机系统中的兼容性。

从上述分析可以发现,涉案被诉不正当竞争行为在现有“互联网专条”类型化条款中找不到适用空间。互联网产业的不断发展,使经营业态与竞争模式更为丰富和多样化,产业实践中大量诉争的竞争行为难以在现有类型化条款的适用中找到答案。这也进一步暴露出立法在“互联网专条”类型化努力上的不足。竞争领域的创新永无止境,企图运用概念的定义系统来代替流动的意义评价难以成功。竞争行为的公平性检验只能有赖于法官在具体场景中的求索,在对生活事实描述的基础上,运用细节性经验知识比较和权衡,同时进行价值追问和效能评估。对本案面临的法律适用困难,我们需要进一步评估“互联网专条”兜底条款是否存在调整的可能。

三、“互联网专条”兜底条款的适用

“互联网专条”第二款第(四)项作为兜底条款,为其他妨碍、破坏其他经营者合法提供的网络产品或者服务正常运行的行为。在适用“互联网专条”兜底条款时,需要重点审查原告受《反不正当竞争法》保护的法益是否因被诉行为受到实际损害,被诉行为基于互联网商业伦理是否具有不正当性,并由此判定是否构成不正当竞争。

涉案被诉不正当竞争行为对原告利益的损害主要体现在三个方面:一是减损了原告的流量利益。被告将“家政加”App 对应的 URL Scheme 设定为“alipay”,这使原本希望通过“支付宝”App 进行支付的用户被引导跳转至“家政加”App。尽管iOS系统给予用户“打开”或“取消”的选择权,但无论用户作何选择,其最终结果均是无法进入“支付宝”App。更为严重的是,一旦用户选择“打开”选项,则后续再需跳转至“支付宝”App时,iOS系统将不作询问默认跳转至“家政加”App。由此可见,原告以“支付宝”App的支付功能作为流量入口的经营模式受到被告涉案行为的干扰。而与此同时,被告则可能通过涉案行为获取原本并不指向“家政加”App的流量利益。二是减损了原告的交易收益。对于通过“支付宝”App进行支付的交易活动,原告按照单笔交易金额收取一定比例的服务费。若用户无法通过“支付宝”App完成支付,则原告与此关联的服务费收益将不可避免地减少。三是降低了原告的用户评价。一方面,原告作为提供支付服务的金融服务企业,须确保“支付宝”App作为支付工具的安全性。被告实施的涉案行为使终端用户无法正常使用“支付宝”App,从而对“支付宝”App的安全性产生怀疑。另一方面,原告的合作商家基于终端用户的投诉,亦对原告发出警告,使“支付宝”App面临被取消作为合作支付工具的风险。

通过上述分析可见涉案被诉不正当竞争行为对原告的损害是显而易见的。然而,在市场经济条件下,竞争与损害相伴而生。竞争行为天生携带着威胁他人利益的基因,指望竞争者温文尔雅显然不切实际。竞争利益受损并不必然构成不正当竞争,只有竞争行为同时具有不正当性时,才需要适用《反不正当竞争法》进行规制。

在传统市场领域,竞争行为具有不正当性或可归责性的结论主要基于是否违反诚信原则或商业道德的判断。但是在互联网经济背景下,由于互联网产业以互联互通为基础,强调共享、共治、开放和包容,技术发展的更新迭代速度较快,具有更强的技术性、跨界性和动态性。对互联网竞争行为正当性与否的评价和判断不同于传统市场领域,也可以说,互联网商业伦理有别于传统商业伦理。

由于在互联网产业竞争中对公认的商业道德缺乏有效的判断标准,面对法律适用的困境,司法需要更为有效、更为直接的话语体系和分析工具来积极回应现实需求,而利益衡量的实质判断无疑是较为现实和妥当的选择。以竞争本身为基础形成的利益权衡框架,作为不正当竞争行为的认定依据,既有足够的适应性,相较于“诚实信用”和“商业道德”的判断又有明显的确定性。实际上,很多案例或场景中的正当性论理说明最终都演变为利益衡量。蕴含在一般条款背后的以动态竞争为基础的多元利益权衡框架,不仅可以覆盖整个竞争过程中可能产生的不正当行为,而且为法律实施者能在事实认定中充分考虑技术发展带来了不同市场主体之间利益结构的变化预留了空间。就裁判方法而言,无论是"互联网专条"类型化条款的限缩解释,还是"互联网专条"兜底条款中不确定概念的价值补充,在不同层次的法律适用中可能需要不同的法律解释方法,但无一例外地都充溢着利益衡量的实质判断。

判定互联网领域竞争行为的不正当性需要将商业伦理放在互联网产业背景下进行考量,基于公共利益(市场秩序)、经营者利益、消费者利益作"三元叠加"的利益衡量,保障市场主体不受非法干扰的经营自由,维护市场经营者普遍遵循的商业惯例,促进互联网市场的开放、创新、效率与安全。

被诉不正当竞争行为不仅对原告造成了实质损害,而且对消费者利益造成了损害。对于通过何种支付工具完成交易,消费者应享有充分的自主选择权。被告实施的涉案行为不仅使"支付宝"App 无法正常跳转,更使以"支付宝"App 作为首选支付工具的消费者不得不另行选择其他支付工具,不合理地增加其交易成本。

涉案行为还严重扰乱了代表社会公共利益的市场竞争秩序。主要体现如下:

1. 破坏经营自由。"互联网专条"明文规定,不得妨碍、破坏其他经营者合法提供的网络产品或者服务正常运行。所谓"产品或者服务正常运行",应理解为经营者选择的产品或者服务的运行方式得以实现,经营者享有经营自由或者经营自主权。如果他人的行为使经营者决定的产品或者服务的运行方式受到破坏,就属于该条所要规制的妨碍、破坏行为。这是从经营自由的价值取向出发,对市场主体经营自主权利作出规定。如果不对经营自由或者经营自主利益进行保护,放任一方的行为直接干扰另一方提供的产品,必然会引起另一方的防御或者反击,造成巨大的社会成本和资源浪费。因此,法律有必要保护经营自由和经营自主的利益。涉案行为的出现,使手机 App 之间准确跳转的目标无法实现,直接干扰了"支付宝"App 的正常运行。若此类行为得以允许,则手机 App 开发者为争夺竞争利益将无序利用 URL Scheme,社会公众使用手机 App 的便捷性和安全性将受到严重影响。

2. 损害经营效率。商业惯例是市场主体共同遵循的行为方式,是最有效率的集体共识。在市场经营活动中,同一产业领域的经营者为规范各方经营行为、寻求该领域整体利益最大化,往往会在经营过程中逐步探索形成普遍性做法与约束性规范。商业惯例作为既定的行动模式,必然限制市场参与者的行动自由,因此未必受到每个参与者的无条件拥护。尽管如此,行动者仍然不得不受制于它,否则相关市场就可能过于低效,以致无法产生足以吸引经营者进入的潜在福利。就本案而言,尽管手机 App 的开发者可以自主设定其所对应的 URL Scheme,但从各开发者的具体应用来看,选择与自身具有直接指向关系的标识作为 URL Scheme 已成为行业惯例。除"支付宝"App 外,"微信""微博""优酷"等常见的手机 App 设定的 URL Scheme 均与开发者存在较强的对应性。究其原因,接受来自其他手机 App 的跳转是开发者对手机 App 设定 URL Scheme 的主要目标之一,故准确和便捷是开发者设定 URL Scheme 时需要考虑的基本要求。通过选择与开发者指向性较强且简明扼要的标识作为 URL Scheme,特定手机 App 方能最高效地被其他手机 App 的开发者所识别并设置跳转。所以,被告实施的涉案行为违背商业惯例,损害了经营效率。

综上所述,被告作为"家政加"App 的开发者,与"alipay"标识之间并无关联,在原告已经预设"alipay"作为"支付宝"App 的 URL Scheme 并予以公示的情况下,仍在"家政加"App 的特定版本中设定相同的 URL Scheme 作为唤醒策略,该行为具有不正当性,涉案设定相同 App 唤醒策略干扰他人互联网服务的行为构成不正当竞争。

【典型意义】

本案为全国首例涉 App 唤醒策略的互联网不正当竞争纠纷案。生效判决对手机 App 设定 URL Scheme 作为唤醒策略实现通信的技术原理和功能目标进行了事实梳理,并在此基础上通过"三元叠加"的利益衡量认定涉案行为构成不正当竞争,保障市场主体不受非法干扰的经营自由,维护作为集体共识的商业惯例,促进了科技金融服务市场电子收付领域的效率与安全。该案受到业界广泛关注,《人民法院报》、人民网、澎湃新闻、《中国知识产权》杂志等十余家知名媒体对该案进行了深度报道。在该起纠纷中,法院还依申请采取了诉前行为保全措施,迅速、高效地制止了涉案不正当竞争行为。诉前行为保全案曾荣获 2020 年中国法院 50 件典型知识产权案例、2020 年上海法院加强知识产权保护力度典型案件,本案入选 2022 年度人民法院反不正当竞争典型案例,本案案例分析获评 2022 年全国法院优秀案例评析二等奖。

【案例索引】

案号：

一审：上海市浦东新区人民法院(2020)沪0115民初87715号(2021年7月16日)

二审：上海知识产权法院(2021)沪73民终852号(2022年4月8日)

审判组织：

一审：徐俊、姜广瑞、徐弘韬

二审：陈惠珍、何渊、杜灵燕

编写人：徐俊、徐弘韬

26

搜索关键词隐性使用的不正当竞争判定

——鸿云公司与同创蓝天公司等不正当竞争纠纷案

裁判要旨

搜索引擎后台将他人商业标识设置为关键词的行为未破坏该商业标识的识别性，不会导致相关公众混淆的，不属于《反不正当竞争法》规定的商业混淆等类型化不正当竞争行为。该种使用方式未对经营者利益、消费者利益和公共利益所组成的“三元叠加”法益造成实质性损害，亦未违反诚实信用原则和商业道德，亦不应再适用《反不正当竞争法》原则性条款予以规制。

基本案情

原告：上海鸿云软件科技有限公司（以下简称鸿云公司）

被告：同创蓝天投资管理（北京）有限公司（以下简称同创蓝天公司）

被告：北京百度网讯科技有限公司（以下简称百度公司）

原告鸿云公司是一家集移动应用定制开发、互动营销解决方案、移动应用云平台服务于一体的科技公司，主营 VR 全景制作及加盟服务，官方网站域名为“www.720think.com”。原告发现通过被告百度公司运营的“www.baidu.com”网站搜索“上海鸿云科技有限公司”，搜索结果显示，第一个链接为原告鸿云公司的官方网站。而将搜索页面下滑至末端，最后一个链接条目为“3DVR 全景加盟_VR招商加盟_VR 全景营销系统代理”，底下有“本月 66 人已咨询相关问题 3DVR 全景加盟酷雷曼 3DVR 全景加盟……电话咨询：24 小时人工在线”的介绍，下面有“酷雷曼加盟更省心”“广告”等字样。进入该链接条目，即进入域名为“4g.kuleiman.com”的网站，网站首页有“制作优质的全景作品提供完善的全景平台”。该网站的经营主体为被告同创蓝天公司。同创蓝天公司于2019年7月9日进行了添加URL的操作,添加的URL名称为“www.720think.com”。

原告鸿云公司认为,被告同创蓝天公司采用非正当方式,将原告www.720think.com(以下简称URL)作为关键词在百度搜索手机端进行推广,使原告的潜在客户在搜索原告企业名称时,在搜索页面出现被告的推广链接,属于恶意抢占原告客户源的行为。被告百度公司作为国内专业从事搜索推广服务的知名公司,理应严格审查被告同创蓝天公司的行为是否构成侵权,未尽到合理审查义务的,应承担侵权责任。两被告的行为违反了《反不正当竞争法》第二条、第六条第(三)项的规定,构成了对原告的不正当竞争。

被告同创蓝天公司辩称,首先,被告同创蓝天公司的行为既不构成《反不正当竞争法》规定的混淆性不正当竞争行为,也不构成《反不正当竞争法》规定的虚假宣传不正当竞争行为。其次,原告的合法权益并未因被告同创蓝天公司的竞争行为而受到任何实质性损害。被告同创蓝天公司的广告链接位于搜索结果页面最后一位,其并未因被告同创蓝天公司设置关键词而湮没在搜索链接中,该行为并未利用原告的商誉,也未给原告造成实际损害。最后,被告同创蓝天公司的行为没有违反诚实信用原则和公认的商业道德,该行为不具有不正当性和可责性。

被告百度公司辩称,首先,被告同创蓝天公司的推广链接有明显的“广告”标志,在前端亦未将原告任何信息作为商业标识在其推广链接的标题、描述或其网站页面中向公众展示。其次,被告同创蓝天公司仅在系统后台将原告URL设置为关键词,且搜索原告企业名称的前台展现上,原告官网链接仍然位居搜索结果第一位,被告同创蓝天公司在最后一位,已经保证了原告网址对于消费者的可见性。最后,被告同创蓝天公司设置推广链接的行为未导致搜索原告企业名称信息时的网络用户在搜索结果中不能发现或难以发现原告的网站链接或者对原、被告产品产生混淆误认而错误购买被告同创蓝天公司的产品。

【法院裁判】

上海市浦东新区人民法院经审理认为,适用《反不正当竞争法》第二条认定某一行为是否属于不正当竞争行为一般应具备以下条件:(1)法律对该种竞争行为未作出特别规定;(2)《反不正当竞争法》保护的法益因被诉行为受到实际损害;(3)该竞争行为确因违反诚实信用原则和公认的商业道德而具有不正当性和可责性。

第一,《反不正当竞争法》未对被告同创蓝天公司的行为作出特别规定。本案中,被告同创蓝天公司虽在被告百度公司提供的系统后台将原告的 URL 设置为关键词,但在前端均不存在与原告企业字号、URL 等任何内容相关的信息。在推广链接的底部明确标注了“广告”字样、载明了被告同创蓝天公司的注册商标“酷雷曼”且显示在搜索页面的最下方,相关公众在施以一般注意力的情况下,不会导致原告与被告同创蓝天公司发生产品来源混淆或二者存在特定关系的混淆,故被告同创蓝天公司的该行为不属于《反不正当竞争法》第六条混淆条款规制的内容。

第二,《反不正当竞争法》所保护的法益未因被诉行为受到实际损害。首先,被告同创蓝天公司的行为未损害原告的合法权益。虽然被告同创蓝天公司将原告的 URL 设置为搜索关键词,但原告官方网站依旧出现在搜索结果的首位。这种无须支付费用的“显示”已经保证了商业标识专用权人的网址对于消费者的可见性,未对原告的合法权益造成损害。其次,被告同创蓝天公司的行为未剥夺消费者信息选择的权益。从消费者利益的角度来看,若允许选用他人商标、企业名称、域名等商业标识作为关键词,则能够帮助消费者获得更多的信息和选择的机会,降低其搜索成本。互联网用户使用某一商业标识作为搜索词进行搜索时,其目的也有可能是寻找该商业标识所有人竞争对手的信息。这些信息只要不是虚假或误导性的,就有助于消费者作出理性的购买决策。最后,被告同创蓝天公司的行为未扰乱正常的市场秩序。本案中,被告同创蓝天公司的行为未破坏市场主体的辨识度,未扰乱正常的市场秩序。

第三,该竞争行为未违反诚实信用原则和公认的商业道德。自由竞争是市场经济的根本属性,任何竞争都会产生竞争者间的利益减损,竞争与损害相伴而生、如影随形。因此,竞争对手之间彼此进行商业机会的争夺是竞争的常态和应有特征,也是市场竞争所鼓励和提倡的。在付费搜索广告服务中,关键词选用行为本身,是一种市场竞争的手段。在开放的竞争环境下,隐性关键词的使用方式符合现代销售和合法竞争的精神,该竞争行为并不违反诚实信用原则和公认的商业道德。

综上所述,上海市浦东新区人民法院作出(2020)沪 0115 民初 3814 号民事判决,判决:驳回原告鸿云公司的全部诉讼请求。原告鸿云公司向上海知识产权法院提起上诉,但在收到催缴案件受理费通知后仍不予缴纳,且明确表示不再缴纳案件受理费,上海知识产权法院作出(2021)沪 73 民终 772 号民事裁定书,裁定:本案按上诉人鸿云公司自动撤回上诉处理。一审判决自裁定书送达之日起生效。

【案例评析】

所谓搜索关键词的隐性使用行为,是指在互联网搜索引擎的后台系统内部将其他经营者的商标、企业名称或域名等标识作为搜索关键词进行使用的行为。搜索关键词的隐性使用是与搜索关键词的显性使用是相对应的概念,在显性使用的情形中,使用人往往将其他经营主体的商业标识设置为关键词并展示在其运营的网站或广告内容之中,使他人的商业标识可以直接向互联网用户进行展示。对于搜索关键词的显性使用,司法实践中主要是通过商标侵权判定,从商标性使用、商标混淆或驰名商标淡化等路径入手进行规制,我国已有的司法判决对于显性使用行为多认定为构成商标侵权。① 然而对于搜索关键词的隐性使用行为,由于关键词仅设置于搜索引擎的后台中,因而用户并不能在推广网页中看到该等搜索关键词,故一般不会涉及商标侵权行为。② 在司法实践中,多数案例是从反不正当竞争的角度入手对搜索关键词的隐形使用行为进行评价的。同时,由于搜索关键词的隐性使用行为并不属于《反不正当竞争法》及相关司法解释所明确规定的不正当竞争行为,故实践中法院多依据《反不正当竞争法》第二条的一般条款进行评价。

一、搜索关键词隐性使用类不正当竞争的司法实践

当前司法实践中,人民法院对于搜索关键词隐性使用行为的裁判思路各异。根据关键词的具体使用情况及搜索结果的排列情况,现有的司法判例存在认定该等行为构成不正当竞争及认定该等行为不构成不正当竞争两种截然不同的裁判结果。本部分将分别选取这两种裁判结果的典型案例进行简要论述,并对其

---

① 参见陶乾:《隐性使用竞争者商标作为付费搜索广告关键词的正当性分析》,载《知识产权》2017年第1期。

② 对于搜索关键词的隐性使用行为能否构成商标性使用的问题实践中也存在一定的争议。例如,上海市普陀区人民法院在"恋舞 OL"的一审判决中认为:"通过将'恋舞''恋舞 OL'设置为《梦幻恋舞》的关键词这种方式,实际上将'恋舞''恋舞 OL'商标与《梦幻恋舞》产品建立了联系,属于商业使用别人注册商标的行为,仍属于商标法保护的领域。"上海知识产权法院民事判决书,(2019)沪73民终130号。然而,实践中的主流观点认为对于搜索关键词的隐性使用行为不会构成商标侵权。例如,北京市高级人民法院民事判决书,(2013)高民终字第1620号;江苏省高级人民法院民事裁定书,(2017)苏民申2676号;北京市高级人民法院民事判决书,(2018)京民再177号等。

裁判思路进行分析。

(一)认定构成不正当竞争行为

实践中,认定搜索关键词的隐性使用行为构成不正当竞争的典型案件包括"畅想软件案"[①]"映美 Jolimark 案"[②]"ETW 国际案""LPM 案"[③]等。在判决关键词的隐性使用行为构成不正当竞争的案例中,法院主要从行为人的主客观方面进行评价。在主观上,法院认为行为人将与他人商标或企业名称相同的文字、字母设置为关键词,主观上具有借用他人的声誉提高其网站点击率的故意,有违诚实信用原则,主观过错明显。而在客观上,法院所持的主要裁判观点包括:(1)认为被诉行为客观上改变了搜索引擎的搜索的结果,干预了互联网用户在搜索上述关键词后所应当出现的自然排序,从而导致了在搜索结果中被告网站出现在原告网站前面的结果,会使原本想访问原告网站的潜在客户访问被告网站,从而增加用户选择被告的可能性。(2)认为被诉行为增加被告的交易机会与营业收入并在一定程度上减少了原告的交易机会与收入。(3)认为被诉行为使商标权人就其享有的商标专用权应获得的相关利益受损,争夺了本该属于商标权人的商业机会,淡化了商标权人与其注册商标的联系,给商标权人造成消极影响。

(二)认定不构成不正当竞争行为

实践中,法院认为搜索关键词的隐性使用不构成不正当竞争的案件包括"金夫人案"[④]"慧鱼案"[⑤]"360 杀毒案"[⑥]"四通搬家案"[⑦]等。在上述认定搜索关键词的隐性使用不构成不正当竞争的案例中,法院的主要裁判观点包括:(1)认为被诉侵权人设置的推广链接的描述及其公司网站的内容足以表明其提供的商品的来源,并未借用商标权人的名义,并未故意造成与商标权人的商品混淆误认或使人认为二者有特定的联系,其行为不属于利用了原告的商誉,并未对原告的合法权益造成实际损害。(2)认为鉴于相关公众仅可能看到网页上显示的搜索结果,而对后台运行情况并无认知,故相关公众在看到网页上的搜索结果时并不会认为相关搜索结果与企业名称权人有关,亦即不具有混淆误认的可能性。据此,

---

① 最高人民法院民事裁定书,(2015)民申字第 3340 号。

② 北京市高级人民法院民事判决书,(2018)京民再 177 号。

③ 北京市第一中级人民法院民事判决书,(2013)一中民终字第 4394 号。

④ 江苏省高级人民法院民事裁定书,(2017)苏民申 2676 号。

⑤ 北京市高级人民法院民事判决书,(2013)高民终字第 1620 号。

⑥ 北京市第一中级人民法院民事判决书,(2014)一中民(知)终字第 8599 号。

⑦ 北京市第一中级人民法院民事判决书,(2013)一中民终字第 3106 号。

涉案竞价排名服务并不具有使相关公众产生混淆误认的可能性。

二、关键词隐性使用不正当竞争判定中的“三元叠加”法益考量

《反不正当竞争法》第二条第二款规定,不正当竞争行为,是指经营者在生产经营活动中,违反本法规定,扰乱市场竞争秩序,损害其他经营者或者消费者的合法权益的行为。据此,《反不正当竞争法》保护的法益是公共利益(市场秩序)、经营者利益和消费者利益的“三元叠加”。以一般条款认定不正当竞争行为,不能像判断绝对权侵权那样简单清晰,尤其不能简单以经营者权益受到竞争行为的损害来反推行为不正当,而需要综合考量竞争秩序和消费者利益等各种关系。[①] 因而,适用《反不正当竞争法》第二条判定某一行为的损害时,须就该“三元叠加”的法益进行全面衡量。

(一)市场经营者利益的考量

在市场经济之下,市场竞争主要表现为对资源和商业机会的争夺。正如最高人民法院在山东食品与马某庆案民事裁定书中所指出的,在《反不正当竞争法》上,一种利益应受保护并不构成该利益的受损方获得民事救济的充分条件。商业机会虽然作为一种可以受到《反不正当竞争法》所保护的法益,但本身并非一种法定权利,而且交易的达成并非完全取决于单方意愿而需要交易双方的合意,因此他人可以自由参与竞争来争夺交易机会。[②] 诚然,商业机会可以成为一种受《反不正当竞争法》保护的法益。然而,《反不正当竞争法》对于法益的保护具有限制并需要特定的方式,具有不确定性和有条件性,只有在他人实施不正当竞争行为时,才能通过制止该不正当竞争行为加以保护。[③]

本案中,原告诉称其交易机会可能会因被告同创蓝天公司将其 URL 设置为关键词的行为而减少。然而,这种具有一定概率性的交易机会的损害并不能当然获得法律保护。在竞争自由原则下,市场竞争者均有权利通过正常的商业手段争夺交易机会,一方竞争者难以仅因为另一方的市场竞争行为可能降低自己获得交易机会的概率而证明自己受有损失。原告是否获得该交易机会,其关键还在于自身产品质量、价格、售后服务等相较于被告同创蓝天公司是否更具有竞争力。被告同创蓝天公司隐性使用原告 URL 的行为并不必然导致原告交易机

---

① 参见孔祥俊:《反不正当竞争法新原理(原论)》,法律出版社 2019 年版,第 20 ~ 21 页。

② 最高人民法院民事裁定书,(2009)民申字第 1065 号。

③ 参见孔祥俊:《反不正当竞争法新原理(总论)》,法律出版社 2019 年版,第 315 页。

会的丧失,原告事实上并未能证明其因被告的行为受有实际损失。本案被告百度公司所提供的隐性关键词付费搜索服务是一种正常的商业推广服务,并未影响权利人自己的网页同时出现在自然搜索结果中,也并未影响权利人在自然搜索中的排位,因而关键词的选择并没有剥夺原告有效使用自己 URL 来告知和赢取客户的机会。

(二)消费者合法权益的考量

《反不正当竞争法》主要是通过规范和调整竞争关系,维护竞争秩序,来实现对消费者权益的保护。因此《反不正当竞争法》仅调整经营者实施的涉及竞争关系和竞争秩序的损害消费者权益的行为。[①] 从这个层面上来讲,《反不正当竞争法》上所保护的消费者权益与公共利益(竞争秩序)是息息相关的。而在搜索关键词的隐性使用类不正当竞争纠纷中,应当重点考察的是通过隐性关键词的使用行为是否因扰乱公平的市场竞争秩序而增加了消费者在通过使用搜索引擎搜索商品或服务的选择成本,进而损害消费者合法权益。

本案中,被告同创蓝天公司的推广网页中并没有包含虚假或误导性信息,网页信息中清楚地表明了自己的身份而未包含原告商标、企业名称等商业标识,且推广内容附有明确的广告标记使其与一般自然搜索结果可以区分,因此消费者在一般情况下可以清楚地将原告与被告进行区分而不会增加其选择成本。反之,互联网用户使用某一商业标识作为搜索词进行搜索时,其目的既有可能是寻找与该商业标识相关的信息,也有可能是寻找该商业标识所有人竞争对手的信息,隐性关键词的使用行为仍可能帮助消费者获得更多的信息和选择的机会,降低其搜索成本。

(三)公共利益的考量

《反不正当竞争法》对于公共利益的保护体现在对于市场竞争秩序的维护,公平的市场秩序对于相关市场及整个经济社会领域的发展都至关重要。而所谓对竞争秩序的损害,是指经营者的行为通过不当地损害了他人的竞争优势或不当地获取竞争利益从而导致相关市场丧失公平、正常的竞争秩序,其结果往往表现为导致市场上资源及商业机会的分配与相关经营者所作的商业上的投入失调。而正如本案判决书中所述,在关键词搜索中,良好的市场秩序要求各市场主体保持清晰的可辨识度,消费者不会对不同市场主体提供的产品、服务产生来源

---

① 参见王瑞贺主编:《中华人民共和国反不正当竞争法释义》,法律出版社 2018 年版,第 4 页。

混淆。在这种情况下,一方面推广链接中既未出现容易导致消费者混淆的标识,也未影响搜索结果的自然排名,不会影响原告潜在客户的识别与判断,不当然构成对原告竞争优势的损害;另一方面被告同创蓝天公司通过购买被告百度公司的设置后台隐性关键词服务向目标群体展示自己的网页链接,争取潜在的商业机会属于正常的商业推广行为,也并不属于不当地获取竞争利益。因而,本案中关键词的隐性使用行为未对正常的竞争秩序构成影响。

三、《反不正当竞争法》中诚实信用原则及商业道德的价值与标准

《反不正当竞争法》是维护商业伦理的法律。效率价值取向的商业伦理与世俗道德存在明显的差异,因此在适用《反不正当竞争法》第二条来评价行为人是否违反诚实信用原则、是否违反商业道德时,应当考量商业伦理中维护竞争自由和符合市场精神的价值取向,而避免仅用世俗道德标准来衡量商业道德。① 正如最高人民法院在山东食品与马某庆案民事裁定书中所指出的:“商业道德要按照特定商业领域中市场交易参与者即经济人的伦理标准来加以评判,它既不同于个人品德,也不同于一般的社会公德,所体现的是一种商业伦理。经济人追名逐利符合商业道德的基本要求,但不一定合于个人品德的高尚标准;企业勤于慈善和公益合于社会公德,但怠于公益事业并不违反商业道德。”②

事实上,追逐利益是市场经营者的“商人本性”,自由竞争是市场竞争的本质属性。就同一交易机会而言,竞争对手之间一方有所得另一方即有所失。利益受损方要获得民事救济,还必须证明竞争对手的行为具有不正当性。只有竞争对手在争夺商业机会时不遵循诚实信用的原则,违反公认的商业道德,通过不正当的手段攫取他人可以合理预期获得的商业机会,才为《反不正当竞争法》所禁止。③ 具体到本案中,在付费搜索广告服务提供商与广告商之间形成一种信息的交换,这是一种以“竞争对手的目标消费者群体的信息”为客体的交易,是一种帮助广告商定位到竞争对手的目标消费者群体的服务。因而,通过付费的方式选取搜索关键词并将其使用于搜索引擎后台以向潜在的目标群体推广自身的网页链接,其本身仅是一种正常的市场竞争手段。只要行为人的关键词使用行为没有不正当地影响关键词原权利人的商业利益或合理预期中的商业机会,就并不

① 参见王艳芳:《商业道德在反不正当竞争法中的价值与标准二重构造》,载《知识产权》2020 年第 6 期。

② 最高人民法院民事裁定书,(2009)民申字第 1065 号。

③ 北京市高级人民法院民事判决书,(2013)高民终字第 1620 号。

能仅以行为人通过使用关键词获取了利益而认定其行为违反了诚实信用原则与商业道德。而当推广链接并未展示其所隐性使用的关键词且明确标注其作为广告推广链接的身份时，特别是当推广链接在搜索结果中的排位低于关键词原权利人的链接时，推广链接并未影响原权利人链接对消费者的可见性与识别性，没有以混淆等方式干扰消费者的信息选择，没有减少原权利人的商业机会，因而该种市场竞争行为不应受到《反不正当竞争法》的否定评价。

《反不正当竞争法》的立法目的及适用价值不仅在于对不正当竞争行为的规制，还在于通过创造公平的市场竞争秩序保护经营者在法律框架内的竞争自由。正因如此，在判定一个行为是否属于不正当竞争行为时，应严格审查该行为是否损害了经营者利益、消费者利益和公共利益所组成的“三元叠加”法益，并且在商业伦理层面理解《反不正当竞争法》中的诚实信用原则及商业道德。作为一种新兴的市场竞争手段，关键词的隐性使用客观上一般不会构成对“三元叠加”法益的损害，主观上也并不与商业道德相悖，不宜受到《反不正当竞争法》的否定评价。

【典型意义】

随着信息时代的到来以及互联网经济的蓬勃发展，市场主体对其相关网页在搜索引擎中搜索的关键词选用已经成为一种市场竞争手段。将他人的商标、企业名称或其他商业标识添加为搜索关键词进行隐性使用是否构成不正当竞争，在实践中具有较大争议。本案判决为该类案件的审理提供了以下裁判思路：首先判断是否存在《反不正当竞争法》明确列举的不正当竞争行为；其次判断行为是否损害了经营者利益、消费者利益和公共利益所组成的“三元叠加”法益；最后判断该行为是否违反诚实信用原则和商业道德。本案判决明确了搜索关键词隐性使用案件的裁判思路，体现了对经营者在法律框架内竞争自由的维护，对维护互联网搜索领域公平有序的市场竞争环境具有一定指导意义。本案入选2021年中国新文娱十大影响力案例，本案案例分析获评2022年全国法院优秀案例评析三等奖。

【案例索引】

案号：

一审：上海市浦东新区人民法院（2020）沪0115民初3814号（2021年4月

27 日)

二审:上海知识产权法院(2021)沪 73 民终 772 号(2021 年 11 月 1 日)

审判组织:

一审:姜广瑞、徐弘韬、卜军形

二审:凌崧、杨馥宇、陈瑶瑶

编写人:姜广瑞、庄雨晴

知识产权合同纠纷案件

27

网络文字作品作者的认定方法

——阅文公司与常某欣著作权许可使用合同纠纷案

裁判要旨

对网络文字作品作者的认定,总的原则应当以兼顾权利保护与促进信息网络产业健康发展为核心,平衡作者、网络服务提供者和社会公众的各方利益。具体证明要求和标准,则应以文字作品的创作规律为主要依据。判断作者,从主、客观两方面考察。主观方面,可以考察当事人的主观目的、动机等因素。客观方面,可以根据利益取得机制、作品的宣传内容、可能产生的混淆等因素判断。当上述诸因素足以证明充分的相反事实时,可以不以署名作为认定作品作者的依据。

基本案情

原告:上海阅文信息技术有限公司(以下简称阅文公司)

被告:常某欣

原告诉称,其系起点中文网经营者,被告为其签约网络文学作者。原、被告签订《文学作品独家授权协议》,约定被告于2014年1月25日至2019年1月24日创作的所有作品全部著作权独家授予原告。但被告仅完成《商海谍影》后就停止创作,却在《余罪》大火后,发起设立沁水县龙港镇常某欣文化工作室(以下简称常某欣工作室),并招募其妻张某宏为签约作者,使用笔名与被告名字极其近似的常舒欣,其实质是金蝉脱壳以继续发表作品。故请求判令:(1)被告继续履行协议;(2)被告停止为他人创作非协议作品;(3)被告停止实施为非协议作品的宣传、商业推广活动;(4)被告停止发表不利于原告形象、名誉的言论,并删除不当言论;(5)被告赔偿原告违约金及经济损失1000万元。

被告辩称,其已按合同约定将协议作品独家授权予原告。被告有创作和不创作的自由,是否继续创作不受合同限制。涉案新作品系张某宏创作,被告不是作者,故被告未违约,无须承担违约责任。

法院经审理查明:原告系网络文学网站起点中文网的经营者,被告为原告的签约作者。

2014年1月及10月,原、被告先后签订两份《文学作品独家授权协议》,约定协议作品为《余罪》《商海谍影》。协议还约定被告将协议作品相关著作权独家授予原告并发表于原告平台,协议作品为截至2019年1月24日被告创作的所有长篇小说。被告依约创作《余罪》《商海谍影》发表于起点中文网,原告向被告合计支付报酬4,198,990.15元。但除上述作品外,被告未在协议期内将其他作品授权原告。2016年5月,由《余罪》改编的网络剧推出后成为现象级网剧,极大提升被告的知名度。

2016年1月,被告发布微博称"阅文要奴才,不要人才"。同年12月阅文集团发布微博,配图列示其众多知名作品,但未包括被告作品。被告在转发该微博时评论"以阅文的气量,这棵大树快倒了,送你一个字:呸!"。次年1月被告在转发他人微博时评论"这合同比阅文的厚道多了"。

2016年8月,被告设立常某欣工作室,其妻张某宏为签约作者。后该工作室与掌阅文化公司签订协议,约定将张某宏以笔名常舒欣创作的《第三重人格》著作权授权予掌阅文化公司。后在掌阅文化公司的网络文学平台上分别发表署名为常舒欣的作品《第三重人格》《危险拍档》,两部小说与《余罪》《商海谍影》类型趋同,都是罪案、刑侦、卧底等题材,文笔语言风格亦类同。在法院审理的原、被告其他案过程中,被告在微信朋友圈中发帖称"人生第二次当被告了,伟大而……的阅文在告我这么一位仆了八年的作者。八年给你们创收几百万,最终却砸我饭碗,不让我发新书,摸着你们已经黑了的良心,你们肯定没有愧疚。这样最好,我也不必有什么愧疚了"。

2016年8月,和讯网上新闻《大神写手频频换"马甲"为哪般?》中述"写了一部《余罪》而大火后,常某欣日前有了新动作,那就是签约另一家网站,只不过更名为常舒欣。常某欣和常舒欣是同一人,写手也不避讳这事,甚至还有意让人知道自己改了名字,要多多捧场"。2017年2月,澎湃网上新闻《回望2016网文市场:IP改编火热,头部作者议价能力增强》中述"2016年中《余罪》大火。耐人寻味的是,小说作者常某欣之后不久就跳槽去了掌阅"。《第三重人格》的百度百科中介绍常舒欣为掌阅小说网作家,曾用笔名常某欣发表《余罪》。常某欣的百度百科中称其本名为常舒欣,常舒欣一般指常某欣。《知音》2016 年 9 月发表文章,主要内容为被告与张某宏婚恋生活的描写。其中提及被告上大学前曾因涉嫌犯罪入狱,张某宏系教师。谈及《余罪》时称"余罪也一直活在自己身份的纠结中,就像常某欣那些年生活的缩影",还称"如今,他正在创作小说《第三重人格》"。

2017 年 4 月,《危险拍档》实体书出版,署名为常舒欣,在其封面上宣传:一个传奇线人的卧底日记;作者亲身卧底,真实还原地下世界的残酷、凶险、算计和血腥。在其腰封上宣传:《余罪》后,"老常"又一现象级刑侦小说。

【法院裁判】

上海市浦东新区人民法院经审理认为,本案主要争议焦点是协议期内于第三方网络文学平台上发表的文字作品《第三重人格》《危险拍档》的作者是被告常某欣,还是笔名为常舒欣的张某宏。虽涉案争议作品署名为常舒欣,但基于原、被告纠纷发生的背景、被告与张某宏之间的特殊身份关系、常舒欣与常某欣之间的混淆关系、被告部分自认创作作品的事实以及文字作品的创作规律等,有确实、充分的相反证据能够证明,上述作品的实际创作者为被告。故被告行为构成违约,并应承担违约责任。

上海市浦东新区人民法院于 2019 年 1 月 31 日作出(2017)沪 0115 民初 90500 号民事判决:被告删除涉案微博并支付原告违约金 1,259,697 元;驳回原告的其余诉讼请求。一审宣判后,被告提起上诉。上海知识产权法院于 2019 年 9 月 27 日作出(2019)沪 73 民终 138 号民事判决:驳回上诉,维持原判。

【案例评析】

本案是网络文学平台与知名写手之间纠纷的典型案件,其争议焦点就是网络文字作品作者的认定问题。司法实践中,在没有相反证明情况下,署名通常被推定为作者。至于相反证据的证明要求和标准,并没有明确的法律规定。而文学创作过程极其私人化,很少有直接证据能证明创作过程,特别是网络文学,本案审理难点即在于此。

通过审理,我们认为,对网络文字作品作者的认定,从原则上,应当以兼顾权利保护与促进信息网络产业健康发展为核心,平衡作者、网络服务提供者和社会公众的各方利益。在具体证明要求和标准上，首先，应以文字作品的创作规律为主要依据判断作者。其次，从主、客观两个方面分析，主观方面，可以考察当事人的主观目的、动机等因素。客观方面，可以根据利益取得机制、作品的宣传内容、可能产生的混淆等因素判断。当上述诸因素足以证明充分的相反事实时，可以不以署名作为认定作品作者的依据。

一、应当以兼顾权利保护与促进信息网络产业健康发展为核心，平衡作者、网络服务提供者和社会公众的各方利益

利益平衡是著作权保护中的永恒话题，平衡的中心点是如何激励创作和创新。① 整个著作权制度的发展过程就是各方主体利益平衡的斗争史，静态上持续的利益抢夺，动态上趋向的利益平衡推动著作权制度演进。及至互联网时代，该种利益抢夺和平衡的表现更为复杂。

《最高人民法院关于审理侵害信息网络传播权民事纠纷案件适用法律若干问题的规定》在引言中指出，依法保护信息网络传播权，促进信息网络产业健康发展，维护公共利益。在第一条明确规定，人民法院审理侵害信息网络传播权民事纠纷案件，在依法行使裁量权时，应当兼顾权利人、网络服务提供者和社会公众的利益。因此，在认定网络文字作品作者时，作者利益应予考虑，但亦应兼顾网络服务提供者和社会公众的利益平衡，既要鼓励创作，也需促进信息网络产业的健康发展。

常某欣系作者，阅文公司系网络服务提供者，常某欣作品的受众以及起点中文网的服务对象则是社会公众。以起点中文网为代表的付费网络文学网站主要经营模式是：网站与作者签约、支付报酬获得作品著作权，提供网站平台供作者发表、传播作品并予推广，再通过付费阅读以及作品著作权的经营获得收入；作者通过创作并向网站让渡部分著作权权利，取得在网站平台发表作品机会，再通过合同约定获得收入；社会公众通过付费获得心仪的作品。该模式下，各主体安居其位，以适当对价获得相应服务或报酬，既鼓励作者创作，又促进网络文学产业健康发展。其结构恰如三角形，抽离其中任何一根利益链条，都可能破坏模式的稳定。

但如前所述，静态的利益抢夺始终存在。网站与作者签约时，会因作者知名度的高低致话语权不同，合同约定的权利义务有所差异。当合同期内作者知名

---

① 参见孔祥俊：《网络著作权保护法律理念和裁判方法》，中国法制出版社 2015 年版，第 3 页。

度发生变化时，双方话语权与原合同条款失衡，利益抢夺随时可能产生。常某欣在成名后不满于与原告签订的合同，以常舒欣的名义在第三方平台发表作品就是该种利益抢夺的情形。

我们认为，从利益平衡角度来看，常某欣、阅文公司以及社会公众间通过起点中文网的经营模式均可获得相应利益，该行业发展模式较为健康。在平台与作者合同中，平台的市场影响力、作品的质量、作者的知名度等当然影响双方的话语权，并直接决定合同条款优劣。对已成名作者，平台支付的对价较高。对未成名作者，平台支付较低对价，在网站中施以推广，以期其中部分作者提高知名度，为平台带来更多收益，起到对未成名作者的扶持、培养作用。本案中，通过《余罪》的成功，常某欣从默默无闻到具备知名度，体现该模式对作者的培育作用。常某欣从阅文公司处获得的稿酬达到400万余元，也体现了激励效应。没有这种机制和平台的培育，普通作者很难有机会发表、传播作品，互联网文学行业也无法得到进一步发展。因此，常某欣的行为首先不符诚信原则。其次，若诸多作者效仿之，则使平台对作者的培育投入化为乌有，直接危及行业基础。就阅文公司而言，其平台经营机制被直接破坏、收入减损。长此以往，其他作者可能发表作品无门，最终遏制创作。就社会公众而言，虽从短期来看，能够获得常某欣的更多作品。但从长期来看，破坏行业健康经营机制，降低网络服务提供者积极性，最终社会公众将可能无法获得更多新作品。

因此，以兼顾权利保护与促进信息网络产业健康发展为核心，从平衡权利人、网络服务提供者和社会公众的各方利益判断，常某欣该行为需予规制。

二、以文字作品的创作规律为主要依据，再就主、客观两个方面分析认定网络文字作品的作者

以版权保护为目的的主张作者身份的个人必须展示、证明其“具有独创性、智力性生产、思维的、概念等事实的存在”。[①] 因此我们认为，虽有署名，但仍应着力于对创作过程的证明，可以文字作品创作的基本规律为主要依据，再从案件主体主、客观事实来判定作品的作者。

（一）以文字作品创作的基本规律为主要依据

每位作家的作品都有属于自己独特的“风格指纹”。正如一审判决中所述，

① 参见［美］朱莉·E. 科恩等：《全球信息经济下的美国版权法》（上），王迁等译，商务印书馆2016年版，第170页。

金庸长于武侠,琼瑶擅写言情,但如果让两位作家互换创作类型,可能都会举步维艰。认定文字作品的作者,创作的基本规律是主要依据。具体而言,可从作者基本的作品类型、题材,创作作品的生活基础等角度判定。若进一步细化,可以审查具体的用词习惯、语言风格。有一个经典事例,被称为美国宪法圣经的《联邦党人文集》由很多篇文章组成,有两位政治家先后称其中的 12 篇文章是自己创作的。为弄清楚这些文章的作者到底是谁,历史学家从政治观点角度出发进行梳理、研究,历经几个世纪也未得到一致答案。后来,这个让历史学家争论几个世纪的问题,却被统计学家轻易解决。统计学家的方法简单实用,就是统计文章中一些常用词的词频规律,然后比对,真相很快水落石出,这些文章的作者直指詹姆斯·麦迪逊。在经过大量验证后,这一结果得到历史学家和统计学家的一致认可。可见,文字创作始终有规律可循,个人创作的诸多特质、细节乃至习惯都很难复制。

本案中的四部涉案作品,其类型趋同,都是罪案、刑侦、卧底等题材,文笔语言风格亦类同,因此作者为同一人更符合文字作品创作的基本规律。常某欣相对复杂的生活阅历决定其具有创作该类作品的基础。而张某宏作为女教师,不存在这种现实经历和生活经验,也就基本没有创作该类作品的可能性。因此,从文字作品创作的基本规律判断,后续新作品的作者仍是常某欣。

(二)从当事人主观方面考察

主观方面,主要考察当事人的主观目的、动机等因素,是否存在在作品上虚假署名的故意。本案中,常某欣显然对与阅文公司签订的合同不满,其发表的微博、朋友圈也充分反映该种情绪。但网络文学作者的热度通常时效性较短,常某欣既急于发表新作品,进一步提升其知名度,又受制于其新创作的作品需发表于起点中文网的合同约定。因此,常某欣有充分的主观目的和动机,以他人名义在第三方平台发表自己的作品,既规避其与阅文公司的合同,又使公众认为是其新作品。

(三)根据案件各客观事实判断

从案件各客观事实认定作者,可着重考察以下几点:(1)利益取得机制,虽然作品署名为他人,但利益是否最终仍然流向作者;(2)与真实作者的攀附程度,作品虽署名虚假,但最终指向一般都是真实作者;(3)在社会公众端,是否产生混淆,或者明知作品就是真实作者所创作;(4)其他可证实作者身份的事实等。因个案事实有所不同,参考因素会存在差异。但究其根本,作品最终的利益归属以及社会公众对作品作者的认知,即作品带来的“名利”两个重要因素,是判断真实作者的关键。

本案中:(1)从利益取得机制判断,常某欣与张某宏系夫妻,在婚姻关系存续期间,新作品著作财产权所获经济利益归两人共同所有。作品署名是常某欣或是常舒欣,对被告而言获得的经济利益基本相同。(2)与真实作者的攀附程度,常某欣与张某宏笔名常舒欣仅一字之差,且读音完全相同,就读者而言,极易混淆。(3)社会公众的认知,常某欣在宣传新作品时刻意将其与常某欣绑定,而不宣传是其工作室签约作者常舒欣作品,以致读者、媒体以及网络平台上绝大多数观点均认为常舒欣就是《余罪》作者常某欣。(4)其他事实,大量的新闻报道、实体书宣传等间接证据亦证明常某欣自认其创作了《第三重人格》《危险拍档》。

【典型意义】

网络文学是我国互联网业态的重要组成部分。近年来,因不满与网站签订的创作协议,作者通过改名换姓、暗度陈仓方式跳开网站另发作品的现象时有发生。本案的审理为制止这种不当行为,规范互联网文学市场起到了一定作用。

本案判决后,2020 年 11 月 16 日,《最高人民法院关于加强著作权和与著作权有关的权利保护的意见》发布,其中第一条规定,“依法加强创作者权益保护,统筹兼顾传播者和社会公众利益……依法处理好鼓励新兴产业发展与保障权利人合法权益的关系,协调好激励创作和保障人民文化权益之间的关系,发挥好权利受让人和被许可人在促进作品传播方面的重要作用,依法保护著作权和与著作权有关的权利,促进智力成果的创作和传播,发展繁荣社会主义文化和科学事业。”第三条规定,“……对于署名的争议,应当结合作品、表演、录音制品的性质、类型、表现形式以及行业习惯、公众认知习惯等因素,作出综合判断。权利人完成初步举证的,人民法院应当推定当事人主张的著作权或者与著作权有关的权利成立,但是有相反证据足以推翻的除外。”本案对作品作者的认定,符合上述规定,既保护真实创作者权益,又统筹兼顾传播者和社会公众利益的要求,并结合作品性质、类型、表现形式以及行业习惯、公众认知习惯等因素作出综合判断。

本案案例分析获评 2020 年全国法院优秀案例评析二等奖。

【案例索引】

案号：

一审：上海市浦东新区人民法院（2017）沪 0115 民初 90500 号（2019 年 1 月 31 日）

二审：上海知识产权法院（2019）沪 73 民终 138 号（2019 年 9 月 27 日）

审判组织：

一审：杨捷、林新建、李加平

二审：陆凤玉、陈瑶瑶、易嘉

编写人：杨捷

28

特许经营合同中“目的不能实现”的司法认定

——郑某等与德赞公司特许经营合同纠纷案

裁判要旨

合同目的是当事人欲通过合同履行得到预期利益,合同目的能否实现是行使合同法定解除权的核心要件。在存在多种合同目的的情况下,应结合合同目的落空对当事人预期利益的影响程度判断解除权是否产生。区域代理型的特许经营合同兼具自营业务及返点收益双重目的,当因特许人原因导致返点收益的合同目的落空时,合同当事人之间的信任基础丧失,被许可人享有法定解除权。

基本案情

原告:郑某

原告:蒋某

被告:南京德赞餐饮管理服务有限公司(以下简称德赞公司)

2018 年 9 月 1 日,德赞公司(甲方)与两原告(乙方)签订《餐饮服务协议书》,约定:1.3 拟投资项目名称为“”;2.1 合同服务期限自 2018 年 9 月 1 日至 2019 年 8 月 31 日;2.2(单店服务)乙方向甲方一次性支付合同服务费为________元。/(区域服务)乙方向甲方一次性支付合同服务费 298,000 元;4.3 选择 4.2 条 B 项使用方式的乙方,除了享受单店客户所能享受的本合同权利外,还可享受该区域新成交客户服务合同金额的返点。返点计算方式为:新成交客户若是由乙方推荐的,乙方可享受新成交客户合同服务金额 50% 的服务费返点;新成交客户若是甲方自行发展的,乙方可享受新成交客户合同服务金额20%的服务费返点。甲方应按约定向乙方支付本条所述的居间服务费用,否则视为甲方违约。若新成交的客户委托甲方公司购买原材料,乙方还可以享受新成交客户原材料购买合同价款10%的物料返点。

同日,双方签订补充协议,对上述《餐饮服务协议书》进行修改和补充,主要约定:双方为区域代理合作关系;"该区域新成交客户"是指代新成立的店面或成交的客户在该区域内。签约后,原告向被告支付代理服务费298,000元。

合同签订当日,原告与被告员工的谈话录音显示:被告称,浦东新区的新增单店客户的物料都要从原告处过一下,原告有10%的物料返利;对于新增单店客户,被告有系统可以查询;关于物料采购,茶包和果糖必须通过被告采购,其他水果、牛奶、酱料等可以自行向第三方采购。原告称,选择进行区域代理加盟也是因为回本比较快。

2019年4月1日,被告向原告发送《德赞餐饮代理客户返利接收确认函》(以下简称《确认函》),记载单店客户的信息、投资金额48,800元,合同返利金额9224元,返利说明等。其中"返利说明"记载:"区域内单店客户王某斐2018年12月11日签约乌叶创业店,全款48,800元已交齐,2019年2月22日正式开业。按照合同约定:(合同款减去单店抽奖费用)乘以20%加上首批材料的10%给予返款,合同款返点明细:(48,800-2680抽奖门头灯箱)×20%=9224元。"

2019年4月4日,两原告收到《确认函》后,质疑该函件记载的返点计算方式,表示双方合同约定的签约新客户返点无须扣除抽奖费用,另外关于新客户的原材料购买返点也没有约定仅系首次购买的原材料费用。被告工作人员回复称这是统一的计算方式,无法变更。原告称,"物料是大问题,说好每次下家进货我们有10%的,我们才做的30万元大代理,现在销售以及公司存在欺诈,暂时暂停"。此后,双方发生纠纷,被告未再向原告供货。

关于单店加盟与区域代理的区别,原、被告庭审中一致确认:区域代理一年298,000元的服务费,单店加盟的服务费仅需几万元。两种加盟方式的区别在于,区域代理可以享受区域内新成交店铺服务费及材料购买费的返点。

原告诉称,原告之所以选择区域加盟而非单店加盟,其目的就是获得返点收益。现返利收益无法兑现,原告的合同目的落空,无法继续履行合同。故诉请判令解除原、被告的两份协议并处理相关合同解除后果。

被告辩称,不同意解除合同。系争合同系特许经营,合同的根本目的系从事特许经营。虽然合同也约定了返点的规则，但被告已向原告说明了该规则的具体细节，没有违反合同约定。原告正常开展特许经营已有一年，其合同目的并未落空，故无权解除合同。

【法院裁判】

上海市浦东新区人民法院经审理认为，本案的主要争议焦点在于，原告是否可以“合同目的不能实现”为由单方解除涉案合同。《合同法》(已失效)第九十四条第(四)项规定，当事人一方有其他违约行为致使不能实现合同目的的，另一方可以解除合同。故原告是否拥有合同解除权，要考虑是否由于被告的违约行为导致原告的合同根本目的不能实现。本案《餐饮服务协议书》第2.2条明确记载，客户可选择进行单店加盟，或者区域代理。结合被告自述，区域代理的服务费一年近30万元，而单店加盟的服务费一年仅几万元，两者之所以数额相差巨大，其唯一的原因在于区域代理可以享受返点福利。从双方当事人在合同磋商阶段的通话中也可以反映出来，原告之所以选择服务费更为昂贵的区域代理，是期望通过返点福利可以更快回本。由此可见，本案中的《餐饮服务协议书》兼顾特许经营与区域代理的双重性质，原告缔结该合同的根本目的，一系被特许人在特许人指导下使用特许人的相关经营资源，在特定经营模式下开展特许业务；二系获得区域新客户及新客户物料购买费的返点收益。双方合同明确约定了新客户由被告自行发展时，新客户服务费以及新客户物料购买费的返点规则。且双方签约时，被告方在解释合同条款时不但未对上述返点条款进行任何限制解释，反而强调被告方有后台系统可以查询到新客户的情况，而且果糖、茶包等原材料必须通过被告方购买。故双方合同中对于返点规则已经进行了明确清晰的约定，双方均应恪守。但是，从被告提供给原告的《确认函》、被告和原告后续的往来微信记录以及被告庭审陈述可以看出，被告实际计算的返点规则扣除了新客户的单店抽奖费用且物料购买费的返点仅限于首批物料，被告还明确表示无法提供后台系统供原告查询新客户的情况。被告的上述行为不仅违反了合同的约定，而且让原告陷入对于新增客户数量、新增客户服务费数额、新增客户物料购买费等基础数据完全被动接受却无法核实的境地，使其选择区域加盟的合同目的落空。因此，原告具有合同解除权。一审法院据此判决解除原告郑某、蒋某与被告德赞公司于2018年9月1日签订的《餐饮服务协议书》及补充协议，并对原告主张的其他合同解除后果逐一进行处理。

一审判决后，德赞公司提起上诉。上海知识产权法院二审判决：驳回上诉，维持原判。

【案例评析】

一、合同法定解除权与合同目的的关系

《民法典》第五百六十三条第一款第（一）项至第（四）项的条文表述中有两项解除事由均直接提及“不能实现合同目的”。该条款第（一）项与第（四）项同将不能实现合同目的作为行为后果列为解除事由，按实务中一般观念区分，第（四）项可约等于根本违约，第（一）项的不可抗力解除虽是从原因层面设置解除条件，但最终仍等同于第（四）项的判断标准。而第（二）项与第（三）项分别从合同履行期限届满前后不同维度设置解除条件，但落脚点都在于债务人的履行意愿，在第（二）项的预期违约制度设计下，债务人要有拒绝履行合同义务的意思表达，在第（三）项的迟延催告制度安排下，债务人则要有拒不履行的行为表现，在这种债务人无履行意愿的情况下，债权人基于合同履行产生利益的预期无法得到满足，合同订立的目的自然落空，故而享有合同解除权。可见，《民法典》第五百六十三条第一款规定的解除事由考量点虽显分散，但均可归结于合同目的无法实现，合同目的是否落空是判断法定解除权的根本所在。

由此，合同解除权的行使目的在于让当事人摆脱合同原定权利义务的约束，解除权的发生虽不以当事人的过错为前提，但核心为合同目的，当事人订立合同时所期待的取得利益若还有生存空间，法定解除权并不一定能发挥效用。正因合同目的是法定解除权的关键因素，本案原告诉请解除系争合同的直接理由就是无法取得合同订立时所预期的“返利”，基于“返利”的合同目的不能实现行使解除权，被告对此的抗辩也是集中在“返利”能否纳入合同目的的范围，可以看出，双方的主要争议焦点在于原告是否享有合同解除权，背后的实质问题是系争合同的合同目的是否已经落空，法院在审查原告是否享有法定解除权的主要考量因素即合同目的的构成条件及实现与否的标准。

二、合同解除语境下合同目的的判断要素

（一）合同目的的本质

解决本案解除权的行使争议首先应划定合同目的的司法认定标准，从《民法典》合同编整体的条文内容来看，涉及合同目的的表述有 11 处，但未有合同目的的条文定义。但对于合同目的的实质理解仍需从最初的立法状态分析，在合同

解除的语境下讨论合同目的意之所向。合同法定解除的前提是合同继续存在的基础丧失,合同义务得不到完全履行或者合同义务的履行已对债权人无实际意义,守约方本欲从合同履行中得到的各项利益落空,继续维系合同对双方均无必要,此时法律方可介入合同当事人的自由意思,赋予守约方单方解除合同的权利,脱离合同对待给付义务的约束。由此对应到合同目的落空的解释上,可以认为合同目的不能实现即指当事人基于合同产生的预期利益无法实现,合同目的约等于合同预期利益。被理解为合同目的的合同预期利益在形态上已作扩展,不仅包括经济利益,合同中的身份利益、人格利益等非经济利益落空亦可纳入法定解除的事由。因此,本案原告的合同目的应从原告欲从合同履行中获得的各种利益的角度考量。

(二)合同目的的区分

就合同目的的判断方法,已有学者从抽象视角和具体视角梳理归纳了典型交易目的的类型。[①] 在典型合同目的的判定上依客观标准可识十之八九,但认定非典型合同的目的并非易事。实践中,法院在区分合同目的时常会与合同动机产生混淆。相较于合同动机,合同目的具有一定客观性,是当事人订立的合同所希望达到的结果,可以从当事人的意思表示中反映或者推断出来。动机与目的偶尔会出现重叠或吸收现象,当动机出现在意欲之内,动机与目的同为一事,行为的背后原因与预达效果出现同化,此时的合同动机则可看作目的。此外,合同条款与合同目的也存在关联,合同条款是当事人意思表示的外化形式,是合同目的的固化和合同内容的表现,一般可用来直接认定合同权利义务关系。与合同目的相比,合同条款往往形式上更易分辨识别,但当对合同条款的理解产生争议时,就可能需要结合合同目的分析合同条款的真实含义,而合同目的往往需要合同条款来呈现,但又高于合同条款本身,二者互为补充。实践中,为了降低证明不能的风险,当合同动机明示于合同条款中,作为合同订立或履行基础条件时,合同动机就有了升格为合同目的的可能。从本案双方当事人签订的《餐饮服务协议书》及补充协议的主要内容可以看出,原告订立合同的直接目的在于投资获利,形式上是采用合作加盟的方式开展商业活动,双方之间的合同实为特许经营关系。原告的投资获利属于动机层面,双方订立的合同中并未明确投资的风险处理问题,故原告缔约后能否最终获利并不能纳入合同目的能否实现的考量中,

---

① 参见崔建远:《论合同目的及其不能实现》,载《吉林大学社会科学学报》2015 年第 3 期。

原告不能以投资亏损导致目的落空主张解除合同。从双方建立的特许经营关系来看,原告作为被特许人,其从事商业经营是建立在利用被告已有的品牌资源基础上,故被告授权原告合理使用品牌进行经营当然是原告选择缔约的目的,此为合同目的之一。而本案当事人之间签订的合同不同于单纯的特许经营权合同,原告选择了区域代理的形式,与单点加盟不同的是,区域代理在交纳更高的合作服务费的条件下可以享受区域内新成交店铺服务费及材料购买费的返点政策,在合同条款明确表述了区域代理的条件、内容时,原告期望通过区域代理获得更多投资收益的目的也是缔约的重要因素,此为合同目的之二。

(三)双重合同目的对法定解除权的影响

合同当事人之间关于权利义务关系的约定并非有固定程式,复合型合同的合同目的也在往多元化的方向发展。多元合同目的在重要性排列上可能存在主次之分,主合同目的一般基于合同主给付义务产生,次合同目的则产生于从给付义务、附随义务,甚至是合同动机。主合同目的的落空当然会导致合同无法继续履行,产生法定解除权自不待言,而次合同目的的落空则需要结合目的落空的原因、程度、对当事人继续履行合同的影响、解除的后果处理等多种因素综合判断。但在多个合同目的不存在主次之分时,则可作独立考量,若单个合同目的的落空将会使当事人合同预期的大部分利益丧失,继续维持合同关系实属无义,应赋予当事人解除权。

本案原告签订的特许经营合同就存在两个合同目的,在原告的双重合同目的影响下的原告的解除权行使问题需进一步分析。结合本案的相关事实,正如被告抗辩所称,原告客观上享有到了被告品牌的经营优势,也已实际利用被告的品牌运营经验、物料提供等基础顺利开展了相关的餐饮活动,并获得了一定的经营收益,从特许经营权的实现角度上,原告的前期经营目的已然实现。但原告选择区域代理的形式获得返利同样是重要的合同目的,双方在缔约时已经约定了新客户服务费以及新客户物料购买费的返点规则,还强调被告方有后台系统可以查询到新客户的情况,而现在被告单方对返点规则进行“扣除了新客户的单店抽奖费用且物料购买费的返点仅限于首批物料”的限缩解释,并明确表示无法提供后台系统供原告查询新客户的情况,被告的行为明显不合约定,与原告获得预期返利的目的相距甚远,此目的已然不能实现。本案原告的两个合同目的并无主次之分,不存在目的吸收的解释,两个同等位阶的合同目的均得以实现才是合同继续履行的前提,因此,被告的违约行为虽未使原告特许经营的目的落空,但导致返利目的不能实现，原告预期的重要利益已然丧失，符合《合同法》（已失效）第九十四条第（四）项［《民法典》第五百六十三条第一款第（四）项］关于法定解除权的事由构成要件，原告享有法定解除权。

三、特许经营权合同法定解除的特殊考量

特许经营的特殊性在于，特许人是通过输出其成功的经营模式及无形资产进行盈利，被特许人则是复制特许人的成功商业模式进行商业运营。鉴于特许人对于其经营资源有绝对的信息优势，这个优势贯穿于特许经营权合同在磋商、缔约、履行过程中，所以实际上，在特许经营合同地位上双方并不完全对等，双方合同地位的差异一般会体现在特许经营合同的条款制定上，以特许经营者事先拟制的格式条款为典型。特许经营合同的“事先拟制”并无权威部门监管或第三方中立机构的介入。在司法实践中，在由被特许人提起诉讼主张解除合同的案件中，原告通常有两种合同法定解除路径：一是特许经营合同特有的“冷静期”条款，二是特许人的违约行为导致合同目的不能实现。

当被特许人欲以合同目的落空为由解除合同时，法定解除权的司法判定核心就在于对合同目的落空的把握上。如前所述，特许经营合同具有地位不完全对等的天然特征，且不同于即时履行合同，特许人商业模式的输出并非通过一次性义务的履行得以完成，成功的商业模式推广涵盖了企业管理、质量控制、商品销售、广告宣传、店面装潢、标志设计、人员招聘、员工培训等各个方面，特许经营往往需要特许人长期、持续地对被特许人进行经营指导、员工培训等，[①]这种长期的合作关系决定了特许经营合同的继续履行基础是双方的信任关系，若特许人的违约行为已经打破了被特许人对持续经营的合理信赖，自然难谓特许经营合同的目的实现，被特许人行使法定解除权并未不妥。因此，从特许经营合同的个体特性来看，单就被告拒不提供后台系统供原告查询加盟新客户情况的行为而言，就已经让原告陷入对于新增客户数量、新增客户服务费数额、新增客户物料购买费等基础数据完全被动接受却无法核实的境地，使其选择区域加盟的合同目的落空，原告可以合同目的无法实现为由解除合同。

① 参见李自柱：《商业特许经营合同任意解除权的理解和适用》，载《中国工商报》2016 年 4 月 27 日，第 3 版。

【典型意义】

特许经营合同双方具有地位不完全对等的天然特性，这种差异一般会体现在特许经营合同的条款制定上，以特许经营者事先拟制的格式条款为典型。由于缺少权威部门监管或第三方中立机构的介入，这种合同条款的事先拟制性和无示范文本的特点会直接反映在合同的内容上，如对被特许人的义务履行和违约条款有较多规定，对于特许经营者的义务及违约责任却鲜有涉及。于是，合同履行的过程中一旦双方发生纠纷，若仅从合同约定的角度出发，被特许人难以寻找合适的合同解除依据。本案的纠纷处理，综合把握合同履行的全过程，探究双方当事人真实意思表示，寻找和识别合同订立的根本目的，从而为被特许人行使法定解除权找到理论依据和事实基础。本案案例分析获评全国法院系统 2021 年度优秀案例分析二等奖。

【案例索引】

案号：

一审：上海市浦东新区人民法院(2019)沪 0115 民初 79125 号(2019 年 12 月 10 日)

二审：上海知识产权法院(2020)沪 73 民终 84 号(2020 年 9 月 10 日)

审判组织：

一审：孙闫

二审：刘静、吴盈喆、杨韡

编写人：孙闫、卞贵龙

知识产权刑事案件

29

商标犯罪中“相同商标”的司法认定

——被告人陈某堂等销售非法制造的注册商标标识罪案

裁判要旨

对于涉商标犯罪中的“相同商标”的理解，应准确把握相关刑事司法解释中“基本无差别”的含义，避免将“近似商标”认定为“相同商标”，造成商标民事侵权与刑事犯罪界限不明，导致刑罚的不当扩张。

基本案情

公诉机关：上海市浦东新区人民检察院

被告人：陈某堂

被告人：陈某芳

被告人：万某宏

“”“SWEETIO”系美国都乐食品有限公司在我国核准注册的商标；“”“”系新西兰水果市场理事会（2012 年变更为泽斯普瑞集团有限公司）在我国核准注册的商标；“（指定颜色）”系美国新奇士种植者有限公司在我国核准注册的商标。上述注册商标均在有效期内，受我国法律保护。

被告人陈某堂、陈某芳、万某宏明知系假冒上述品牌的水果贴标，仍大量购入后在其经营的店铺内销售。2017 年 5 月 25 日，公安机关在其店铺内将被告人陈某堂、陈某芳、万某宏抓获，查获“”“”“”“”“”

“”“”“”“”“”“”11 种标贴共计 404,977 件。经商标权利人授权的单位鉴别,上述标贴均与其印制的注册商标标识不同,系假冒。各被告人到案后均如实供述了上述犯罪事实。经比对,法院认定上述标识中的“”及“”标识与权利人的注册商标不构成刑法意义上的相同商标,故涉及的 25,740 件“”标识及 31,080 件“”标识予以扣除后,认定涉案非法制造的注册商标标识为 348,157 件。

上海市浦东新区人民检察院指控,“Dole”“SWEETIO”“Zespri”“Zespri4030”“Sunkist”等商标均系在国家工商行政管理总局商标局核准注册的商标,核定使用商品为第 31 类新鲜水果、新鲜蔬菜等,且均在注册有效期内。被告人陈某堂、陈某芳、万某宏等 13 人明知系假冒上述品牌的水果贴标,仍大量购入后通过店铺或网络进行销售。2017 年 5 月 25 日,3 名被告人被抓获,公安机关查获印有上述品牌商标的贴标共计 404,977 件。经鉴定,上述商标标贴均系假冒注册商标的标识。各被告人到案后均如实供述了上述犯罪事实。

【法院裁判】

上海市浦东新区人民法院经审理认为,涉案非法制造的商标标识共 11 种,其中,“”“”“”“”“”“”“”“”“”9 种标识与注册商标相比较,在总体视觉上基本无差异。虽然上述部分标识通过添加地名、改变排列顺序、对文字稍作修改、增加条形码等方式对注册商标作出部分改变,但这种改变的识别性较弱,不属于对注册商标的实质性改变,不影响体现注册商标的显著特征,也未改变标识的整体结构,足以对消费者产生误导,故上述 9 种涉案非法制造的标识分别与相应的注册商标构成刑法意义上的相同商标。而“”标识与注册商标“”相比较,其上半部分基本相同,但将注册商标下半部分中的构成要素做了较大改变,其中将英文和数字改成了中文“红心”,两个标识的下半部分在文字类型、读音方面均不同,被控侵权标识在视觉上与注册商标差异明显,因此不构成刑法意义上的相同商标;“”标识由英文、数字及图形组成,与注册商标“(指定颜色)”相比较,其改变了注册商标的图形方向和结构,“Sunkist”位于标识的上部,字体较小,中间以白色为底色的竖条纹图形及“jingpin”字母在标识中占较大比例,两者构成要素、整体结构均不同,被控侵权标识在视觉上与注册商标的差异明显,因此不构成刑法意义上的相同商标。故涉及“”及“”的相应数量标识应从犯罪数额中予以扣除,本院最终认定涉案假冒注册商标的标识共计 348, 157 件。据此判决被告人陈某堂、陈某芳、万某宏犯销售非法制造的注册商标标识罪,判处刑期 2 年至 2 年 8 个月不等,同时处以罚金。

判决后,被告人未提出上诉,公诉机关亦未提起抗诉。

【案例评析】

本系列案件中查获的标贴均系非法制造的商标标识,其对注册商标的图形、文字等表达均进行了不同程度的修改,其中部分标贴差异超过了刑法中“相同商标”的认定范围。为准确界定涉案非法制造的注册商标标识的数量,需要依照刑法中“相同商标”的认定原则,将从被告人处查获的标识与注册商标进行比对,扣除认定为不相同的商标,以确保准确定罪量刑。因此,判断被控侵权标贴与注册商标是否构成刑法意义上的“相同商标”是本案的关键,并应划定与民事侵权中的“近似商标”的认定界限。

一、刑法意义上“相同商标”的认定规则

刑法上对于“相同商标”的认定,直接关系侵权行为人是否需要承担刑事责任,因此在“罪刑法定”原则的前提下,“相同商标”的判断标准应更严谨,在认定上需要更加谨慎。对于何为刑法意义上的“相同商标”存在广义说和狭义说两种不同的观点。广义说认为,“相同商标”是指内容完全相同或者基本相同的商标。狭义说认为,“相同商标”是指内容完全相同的商标,即文字商标的名称文字相同、图形商标的图形相同、混合商标的文字和图形均相同。如《国家工商行政管理局关于商标行政执法中若干问题的意见》(工商标字〔1999〕第 331 号,已失效)第五条第一款规定:“相同商标是指两商标相比较,文字、图形或者文字与图形的组合相同或者在视觉上无差别。”尽管在涉商标犯罪中，“相同商标”一般应指与注册商标的字母、文字、图形、数字、颜色、三维标志或者组合完全一致的商标。但由于制作工艺等原因，甚至有人为逃避法律制裁故意更改注册商标的大小、比例乃至文字、字母的大小写等方面，但这不应影响对“相同商标”的认定。此外，为贯彻《与贸易有关的知识产权协定》关于对所有具有商业规模的蓄意假冒商标都应予刑罚惩处的精神，对那些使用足以以假乱真、一般人用肉眼难以辨别、容易被误认为注册商标的侵权商标，应当认定为刑法意义上的“相同商标”。[①] 这种解释并不是违背罪刑法定原则，而是为了更好地打击犯罪，以维护注册商标专用权人的利益和消费者的利益。《最高人民法院、最高人民检察院关于办理侵犯知识产权刑事案件具体应用法律若干问题的解释》(以下简称 2004 年《解释》)第八条第一款实际上采取了广义说的观点，[②]对“相同商标”的认定进行了一定的扩张解释，认为“相同商标”除了与被假冒的注册商标完全相同的商标，还包括“与被假冒的注册商标在视觉上基本无差别、足以对公众产生误导的商标”。

为准确界定 2004 年《解释》中规定的与被假冒的注册商标“在视觉上基本无差别”和“足以对公众产生误导”的商标，《最高人民法院、最高人民检察院、公安部关于办理侵犯知识产权刑事案件适用法律若干问题的意见》(以下简称 2011 年《意见》)第六条进一步对“相同商标”的界定进行了规定。其中包括认定“相同商标”的三种具体情况，一是改变注册商标的字体、字母大小写或者文字横竖排列，与注册商标之间仅有细微差别的；二是改变注册商标的文字、字母、数字等之间的间距，不影响体现注册商标显著特征的；三是改变注册商标颜色的。此外，为了给司法实践中出现的各种情况预留空间，该条文还进行了兜底规定“其他与注册商标在视觉上基本无差别、足以对公众产生误导的商标”。但对“相同商标”的理解在司法实践中具体个案中的判断仍然非常复杂且常常产生很大的争议。2020 年 9 月 14 日起施行的《最高人民法院、最高人民检察院关于办理侵犯知识产权刑事案件具体应用法律若干问题的解释(三)》，对“相同商标”的认定有了更为明确的细化，主要包括六项：一是改变注册商标的字体、字母大小写或者文字横竖排列，与注册商标之间基本无差别的；二是改变注册商标的文字、

---

① 参见 2003 年 5 月 19 日最高人民法院发布知识产权刑法保护有关问题的调研报告。

② 《最高人民法院、最高人民检察院关于办理侵犯知识产权刑事案件具体应用法律若干问题的解释》第八条第一款规定：“刑法第二百一十三条规定的‘相同的商标’，是指与被假冒的注册商标完全相同，或者与被假冒的注册商标在视觉上基本无差别、足以对公众产生误导的商标。”

字母、数字等之间的间距,与注册商标之间基本无差别的;三是改变注册商标颜色,不影响体现注册商标显著特征的;四是在注册商标上仅增加商品通用名称、型号等缺乏显著特征要素,不影响体现注册商标显著特征的;五是与立体注册商标的三维标志及平面要素基本无差别的;六是其他与注册商标基本无差别、足以对公众产生误导的商标。与2011年《意见》规定相比,将"细微差别"修改为"基本无差别",沿用了2004年《解释》中的"基本无差别"的表述,这与《最高人民法院关于审理商标民事纠纷案件适用法律若干问题的解释》第九条规定的"商标相同,是指被控侵权的商标与原告的注册商标相比较,二者在视觉上基本无差别"的表述基本一致;在对做了一定修改的标识的"相同商标"的认定中则要求达到"不影响体现商标显著特征";兜底条款中,在"基本无差别"的条件下,还强调了"足以对公众产生误导"的条件。这样既防止入罪门槛设置太高而导致罪名形同虚设,同时也体现了刑法适用的谦益性。

与注册商标"基本无差别"即在相关公众的视觉感官上,侵权标识与注册商标仅有细微差别,一般情况下社会公众不能也不会注意到这种差别。如对于图形商标,实践中应从图形的整体效果来进行判断,如果图形整体结构只有细微差别,两个商标视觉效果相同,则应认定为"基本相同商标";对于文字商标,若其仅存在字体、颜色、字母横竖排列顺序等差异,基本视觉效果无差别,仍判定为"相同商标",因为对文字商标来说,字体、颜色、字母横竖排列顺序等均不是影响文字商标的主要元素。但如果文字商标拥有特定的艺术字体设计,其视觉效果同图形商标呈现的视觉效果近似,也会影响对两者相似程度的判断。例如,摩托罗拉中的"M"与麦当劳中的"M"商标,两者商标文字内容是相同的,但字体设计差异非常大,在判断时就应以字体的视觉呈现方式为主;对于由图形和文字组成的组合商标,应注意整体比对观察和主要部分比对观察。如果注册商标是文字商标,被控标识为组合商标,且文字部分是主要部分,图形部分为条形码等不具有识别性的通用图形,被控标识在文字部分与注册的文字商标无区别,则应认定为两者视觉上无差别,足以误导相关公众。在图形为商标显著部分的组合商标中亦然。总之,对刑法意义上的"相同商标"的认定应严格把握,不能扩大适用"基本无差别"的范围,保持刑法的谦抑原则。

"足以对公众产生误导",是指社会公众足以将所使用的商标误认为是他人的注册商标。是否足以对社会公众产生误导,实践中可以通过以下方法加以认定:(1)普通观察:以普通消费者的知识经验施以普通注意,而不是专业人士的专业观察。(2)隔离观察:普通消费者在隔离观察的情况下能否区分。(3)要部观察:构成商标的主要部分或显著特征部分有无差别。(4)整体观察:从整体或组合来判断视觉效果有无不同。实践中若存在涉案标识表现为以前缀、后缀等形式在注册商标上添加文字、图形的,应判断添加的文字、图形与注册商标能否共同构成完整的商业标识,若可以构成完整的商标标识,应当将该完整的标识与注册商标进行对比,并根据添加的效果,判断该标识与注册商标之间是否在视觉上基本无差别、足以对公众产生误导。

二、本系列案件中关于“相同商标”的认定

本案中,涉案非法制造的商标标识共 11 种,其中,“”“”“”“”“”“”“”“”“”9 种标识与注册商标相比较,在总体视觉上基本无差异。其与注册商标之间的差别主要体现在以下几种类型:一是添加显著性较弱的地名及数字,二是改变部分文字内容或排列顺序,三是增加显著性较弱的实物图案、条形码、背景图。虽然上述标识对注册商标做了一些改变,但这种改变在视觉上对消费者的认知影响极小,商标的整体结构未发生变化,不属于对注册商标的实质性改变,不影响体现商标的显著特征,故上述 9 种非法制造的标识分别与相应的注册商标构成刑法意义上的“相同商标”。

而以下涉案 2 种非法制造的标识经与注册商标比对,不构成“相同商标”,主要原因包括以下几个方面:

一是对注册商标的构成要素做了较大改变。如“”标识与注册商标“”相比较,其上半部分基本相同,但将注册商标下半部分中的构成要素做了较大改变,将英文和数字改成了中文“红心”,两个标识的下半部分在文字类型、读音方面均不同,上述被控标识在视觉上与注册商标差异明显,因此不构成刑法意义上的“相同商标”。

二是对注册商标的整体结构做了较大调整。如“”标识由英文、数字及图形组成,与注册商标“(指定颜色)”相比较,其改变了注册商标的图形方向,“Sunkist”位于标识的上部,字体较小,中间以白色为底色的竖条纹图形及

“jingpin”字母在标识中占较大比例，两者除了构成要素不同，整体结构亦均不同，涉案标识在视觉上与注册商标的差异明显，因此不构成刑法意义上的“相同商标”。

由于以上涉案被控标识与注册商标相比在构成要素、结构上变化较大，视觉上产生了较大差别，故涉及“”“”的相应标识数量应从查扣的数量中予以扣除。最终法院在判决时对公诉机关认定非法制造的注册商标标识的数量做了变更。

三、涉商标犯罪中“相同商标”与民事侵权中“近似商标”的认定界限

对于涉商标犯罪中的“相同商标”的理解，不但要注意刑法保护商标专用权和消费者合法权益目的的实现，也应注意与民法中的商标侵权的区分。避免将“近似商标”认定为“相同商标”，造成商标民事侵权与刑事犯罪界限不明，导致刑罚的不当扩张。

有观点认为，认定侵权标识与权利人商标构成商标刑事犯罪中的相同，同样情况按照民事审判认定标准却可能认定为近似而不是相同，故而 2004 年和 2020 年的《最高人民法院、最高人民检察院关于办理侵犯知识产权刑事案件具体应用法律若干问题的解释》将《刑法》第二百一十三条“相同商标”扩张解释为包括“基本相同”的商标之后，“相同商标”的刑事认定标准比民事认定标准更低。[①]这种思路实际上混淆了民事侵权与刑事犯罪之间的关系。尽管有少部分情况可能会出现依据刑事法律判断为“相同”，依据民事法律判断为“相似”的情况，但为了实现打击涉商标犯罪并维护商标权人和消费者利益的目的，司法解释对刑法规则进行了扩张解释，造成商标刑事犯罪中“相同”内涵的适当扩张，这种扩张仅囊括了侵权标识与注册商标存在“与注册商标基本无差别、足以对公众产生误导”的少数情况，即使少部分情况在民事法律中可能被判断为“近似”，仍有诸多民法中被判断为“近似”的情况，依据刑事法律不能被规制。根据《商标法》第五十七条的规定，未经商标注册人的许可，在同一种商品或者类似商品上使用与其注册商标相同或者近似的商标的，均属侵犯注册商标专用权。可见，对于商标民事侵权，对商标的要求是与注册商标相同或近似，而在商标刑事犯罪中，对商标的要求仅为与注册商标相同。即使司法解释稍作扩张，商标民事侵权规制的行

① 参见李国泉、黄文旭：《相同商标的认定标准》，载《人民司法》2013 年第 6 期。

为类型和数量均多于商标刑事犯罪。换言之,涉案标识与注册商标之间的相似程度可划分为"完全不相像、近似、基本相同、相同","完全不相像"并不会受到法律规制,"近似"情况仅受到民事法律规制,"基本相同"和"相同"情况可能受到民事法律和刑事法律的规制,其中仅情节严重或特别严重的情况才会受到刑事法律的规制。从商标民事侵权和商标刑事犯罪各自完整的行为规制范围来看,商标民事侵权和商标刑事犯罪仍实现了对不同法益侵害程度行为的有序规制。

总之,商标刑事犯罪中的"相同商标"原则上应是与注册商标完全相同的商标,在满足一定条件的情况下也包括与注册商标基本相同的商标。扩张解释刑法条文应慎重,以实现罪刑法定和刑法的谦抑性,司法解释已经对刑法条文进行了扩张解释,解释该司法解释就不宜再次扩张,而应严格把握商标刑事犯罪中"相同商标"和民事侵权中近似商标的区别。[①] 防止将"基本无差别"扩大适用,避免将本应作为民事侵权处理的案件纳入刑事处罚的范围。

【典型意义】

本案是一起被告人以营利为目的,未经注册商标权利人许可,明知是伪造的注册商标标识而予以销售,构成销售非法制造的注册商标标识罪的案件。本案中查获的标贴均系非法制造的注册商标标识,其对注册商标的图形、文字等表达均进行了不同程度的修改,其中部分标贴差异超过了刑法中"相同商标"的认定范围。本判决严格、准确把握了刑法意义上的"相同商标"的认定尺度,划定了商标刑事犯罪中的"相同商标"与民事侵权中的"近似商标"的认定界限,以避免刑罚的不当扩张,实现罪刑法定和刑法的谦抑性,对同类案件的审理具有一定的借鉴和参考价值。本案入选 2018 年全国检察机关知识产权典型案例。

【案例索引】

案号:上海市浦东新区人民法院(2017)沪 0115 刑初 3303 号(2018 年 1 月 11 日)

审判组织:徐俊、倪红霞、冯祥

编写人:倪红霞

① 参见吴忆萍:《假冒注册商标罪中"相同商标"的认定》,载《电子知识产权》2008 年第 1 期。

30

侵害汇编作品著作权犯罪的司法认定

——被告人张某等侵犯著作权罪案

裁判要旨

互联网题库能否认定为汇编作品,应结合试题来源、命题方法、题目选择或者编排方式等因素综合判断。在题目选择或者编排上体现出个性化的选择、判断,具有独创性的题库,属于汇编作品。汇编作品是我国《著作权法》规定的作品类型。以营利为目的,未经著作权人许可,擅自复制发行其汇编作品,达到一定违法所得数额或者具有其他严重情节的,应以侵犯著作权罪追究刑事责任。

基本案情

公诉机关:上海市浦东新区人民检察院

被告人:张某

被告人:邱某

上海市浦东新区人民检察院指控,上海君睿信息技术有限公司(以下简称君睿公司)于2015年3月15日创作完成君睿特种设备作业人员网上培训平台题库(以下简称特种设备题库),并于2018年7月25日完成作品登记。2017年2月,被告人张某、邱某在君睿公司任职期间,私下成立上海查宏信息技术有限公司(以下简称查宏公司)并注册“全国考证在线学习平台”网站(域名www.qgkzzx.com),在未经君睿公司许可的情况下,复制特种设备题库作为该网站后台题库,供购买其学习卡的用户登录使用。经审计,至案发为止,被告人张某、邱某通过上述手段非法获利共计人民币120万余元。经工业和信息化软件与集成电路促进中心知识产权司法鉴定所鉴定,特种设备题库和提取的“全国考证在线学习平台”有对应关系的题库平均相同比例为99.86%。2019年1月15日,被告人张某在其住处被公安机关抓获。2019年1月16日,被告人邱某在投案途中被公安机关抓获。公诉机关认为被告人张某、邱某未经著作权人许可,复制发行其文字作品,违法所得数额巨大,其行为均已触犯《刑法》第二百一十七条第(一)项,应以侵犯著作权罪追究其刑事责任。被告人张某、邱某系共同犯罪,适用《刑法》第二十五条第一款。

被告人张某、邱某对公诉机关指控的事实和罪名均提出异议,均认为其不构成犯罪。

被告人张某、邱某的辩护人对公诉机关指控的犯罪事实及罪名均有异议,认为特种设备题库的题目不具有独创性,该题库的著作权也并非归属于君睿公司,两被告人主观上不具备侵犯君睿公司著作权的故意,客观上未实施侵权的行为,不构成侵犯著作权罪。

法院经审理查明:君睿公司于2010年1月6日注册成立,公司类型为有限责任公司,经营范围包括计算机软件的开发、设计、制作、销售(除计算机系统安全专用产品)、系统集成,并提供相关的技术咨询、技术服务、技术转让等,法定代表人为刘某策。“君睿特种设备作业人员网上培训平台软件V1.0”的著作权人为君睿公司,开发完成日期为2014年4月1日,首次发表日期为2014年4月1日,权利取得方式为原始取得,登记日期为2016年1月30日。特种设备题库于2018年7月25日进行作品登记,登记的作品类别为文字作品,作者及著作权人为君睿公司,创作完成时间为2015年3月15日,首次发表时间为2015年4月1日。特种设备题库涉及锅炉安全管理、压力容器安全管理、压力管道安全管理、电梯安全管理、起重机械安全管理、场内专用机动车辆安全管理、一级锅炉司炉、二级锅炉司炉、三级锅炉司炉、一级锅炉水质处理、二级锅炉水质处理、固定式压力容器操作、移动式压力容器操作、压力管道、电梯机械安装维修、电梯电气安装维修、电梯司机、起重机械机械安装维修、起重机械电气安装维修、起重机械指挥、起重机司机、机械式停车设备司机、大型游乐设施维修、大型游乐设施操作、车辆维修等作业种类与项目的题目。

被告人张某于2010年进入君睿公司工作,担任技术研发人员,2015年转为销售人员,2017年8月被君睿公司开除。被告人邱某于2015年3月进入君睿公司工作,担任销售人员,2017年6月提出解除劳动合同并离职。

2017年2月,被告人张某、邱某注册成立查宏公司,公司类型为有限责任公司(自然人独资),经营范围包括从事信息科技专业领域内技术开发、技术转让、技术咨询、技术服务,计算机软硬件开发,计算机信息系统集成服务,计算机、软件及辅助设备销售等,法定代表人为杨某,实际经营人为被告人张某、邱某,其中被告人张某负责技术和部分地区的销售工作,被告人邱某负责销售工作。被告人张某开发并注册了"全国考证在线学习平台"网站(域名 www.qgkzzx.com)。被告人张某、邱某在未经君睿公司许可的情况下,复制特种设备题库并在"全国考证在线学习平台"网站中向用户提供,用户购买学习卡后可通过输入卡号及密码登录并使用题库。

经工业和信息化部软件与集成电路促进中心知识产权司法鉴定所鉴定,将特种设备题库中的习题与"全国考证在线学习平台"(http://www.qgkzzx.com/default.do)中提取的习题逐一比对,有对应关系的题库的比例为99.86%。经上海华安会计师事务所有限公司鉴定,被告人张某、邱某非法经营数额为120万余元。

2019年1月15日,被告人张某在其住处被公安机关抓获。2019年1月16日,民警在常州火车站巡逻过程中发现可疑男子并上前盘问,经比对该男子为网上逃犯邱某,后将被告人邱某抓获。

【法院裁判】

上海市浦东新区人民法院经审理认为,君睿公司根据考试大纲,组织编写题目,并将题目按照一定的标准进行取舍,选择出可以放入题库的试题,体现了题库内容上的个性化的选择、判断等因素,具有独创性,属于汇编作品。汇编作品作为法定的作品类型,属于《刑法》第二百一十七条规定的作品范畴。被告人张某、邱某以营利为目的,未经著作权人许可,擅自复制发行其作品,非法经营数额达120万余元,系具有其他特别严重情节,其行为均已构成侵犯著作权罪。

上海市浦东新区人民法院于2021年6月23日作出(2019)沪0115刑初4634号刑事判决:(1)被告人张某犯侵犯著作权罪,判处有期徒刑3年6个月,罚金人民币70万元;(2)被告人邱某犯侵犯著作权罪,判处有期徒刑3年3个月,罚金人民币60万元;(3)违法所得予以追缴;(4)扣押在案的作案工具予以没收。一审宣判后,被告人张某、邱某不服一审判决,向上海市第三中级人民法院提出上诉。上海市第三中级人民法院于2021年9月27日作出(2021)沪03刑终63号裁定:驳回上诉,维持原判。判决已发生法律效力。

【案例评析】

互联网时代,新技术、新业态的发展,给知识产权司法保护带来新的机遇和挑战。互联网题库作为适应时代发展的产物,不仅是企业的核心知识产权,也在保障数据安全、加强产权保护方面提出了新的课题。互联网题库能否作为作品予以刑事司法保护,如何保护需要结合题库自身特点、结合行为人的主客观方面进行综合判断。

一、互联网题库认定为汇编作品的标准

根据《著作权法》的规定,汇编作品是汇编若干作品、作品的片段或者不构成作品的数据或者其他材料,对其内容的选择或者编排体现独创性的作品。本案中,特种设备题库是技术类资格考试网络题库,涉及锅炉安全管理、压力容器安全管理等多种作业种类与项目的题目,题型包括单项选择题和多项选择题。对于这种类型的互联网题库是否构成汇编作品,主要可以从以下角度考量:

1. 题库来源。特种设备题库针对各类特种设备作业人员考试设计,结合不同种类特种设备作业人员考试的情况,在锅炉安全管理、压力容器安全管理、压力管道安全管理、电梯安全管理、起重机械安全管理等作业种类与项目的框架下组织多位相关领域专家命题,题目来源包括专家原创题目及通过相应考试大纲进行修改、汇总产生的题目,专家出题后将题目交给君睿公司。

2. 命题方法。从君睿公司对题目的选择方式来看,由君睿公司将专家命题的题目经过取舍后确定题库中保留的题目,题型包括单项选择题和多项选择题,题库中每个作业种类与项目涉及的题目包含基础知识(一般占10% ~30%)、专业知识(一般占20% ~40%)、安全知识(一般占10% ~55%)、法规知识(一般占10% ~40%)以及针对特定作业种类与项目设置的个性化知识点等。题库对每个作业种类与项目下最少配套试题数量及具体知识点编写配套试题的数量有明确限制。

3. 独创性的判断。著作权保护的对象是对思想及事实的独创性表达,具体认定作品时应当把握是否由创作者独立创作完成,体现了创作者的个性化选择、判断及技巧等因素。[①] 据此,独创性要求作品体现创作者的个性化选择、判断及技巧等因素。特别是互联网题库具有随机抽题进行考试的特点,无法通过题目

① 参见刘德权主编:《最高人民法院司法观点集成(知识产权卷)》(第2版),人民法院出版社2014年版,第365页。

编排判断独创性的情况下,认定汇编作品时应重点关注题目的选择是否具有独创性。本案涉案题库的独创性,可以从以下两个方面进行判断:

第一,对题目的选择。汇编作品可以分为两类,对作品进行汇编而形成的汇编作品,以及对事实、数据等不构成作品的信息进行汇编而形成的汇编作品。① 正是因为汇编作品的内容来源通常是已有作品或者数据材料,创作者的贡献不在于已有作品或数据材料本身,而是对这些内容的“选择或编排”。本案中,一方面,君睿公司根据考试大纲,组织编写题目,并将题目按照一定的标准进行取舍,选择出可以放入题库的试题,体现了题库内容上的个性化的选择、判断等因素,具有独创性。另一方面,本案的特种设备题库中虽有源于公开渠道及第三方的内容,但不影响对其独创性的判断。对于汇编作品,被汇编的内容可以是作品、作品片段或者不构成作品的数据或者其他材料,汇编作品因其内容经选择或编排形成了具有独创性的智力创作成果而作为一个整体受到法律保护。汇编作品中的材料可以有多种来源,汇编材料的来源不影响汇编作品受到法律保护,不能因为特种设备题库中有源于其他渠道的试题而否认该题库构成汇编作品。

第二,选择题目后得到的结果。辩护人提出,被告人所使用的题库系经过其独创性的选择和编排形成的不同于特种设备题库的新的汇编作品。本案中,与特种设备作业人员考试试题相关的信息的数量、范围难以精准确定,即使面对相同范围的信息,不同的主体在运用不同的选择或者编排方法时,因加入自己个性化的主观判断,会得到不同的汇编结果。而本案中,经鉴定,“全国考证在线学习平台”试题与特种设备题库试题的相同比例达 99.86%,即被告人运用其所称的经过其独创性的选择和编排的方法得出的汇编结果与特种设备题库的汇编结果基本相同,明显不符合常理,这也从另一个角度论证了特种设备题库具有的独创性。

因此,结合试题来源、命题方法、题目选择等因素综合判断后,本案的特种设备题库在题目选择上体现出个性化的选择、判断,系具有独创性的题库,可以认定为汇编作品。

二、《刑法》第二百一十七条修改前后侵犯著作权罪作品类型的立法原意探究

“汇编作品”是否属于侵犯著作权罪保护的作品范畴,在实践中存在一定的争议。有观点认为,汇编作品是侵犯著作权罪所保护的“作品”,侵犯汇编作品的

---

① 参见王迁:《知识产权法教程》(第 7 版),中国人民大学出版社 2021 年版,第 229 页。

著作权满足一定的数额或者情节的,构成侵犯著作权罪。还有观点认为,《刑法》第二百一十七条关于侵犯著作权罪规定中,没有将汇编作品作为作品类型予以列举,故不能作为侵犯著作权罪中的"作品"予以保护,不能以被告人侵犯了汇编作品的著作权为基础认定其构成侵犯著作权罪。

随着文化、科学事业的发展,依法明确刑法著作权保护的作品范围,既防止刑事打击范围过于宽泛,也要准确界定罪与非罪的界限。综观《刑法》第二百一十七条第(一)项中对于作品类型的规定,经历了一个逐渐明晰的过程。

1998年《刑法》第二百一十七条第(一)项规定:"以营利为目的,有下列侵犯著作权情形之一,违法所得数额较大或者有其他严重情节的,处三年以下有期徒刑或者拘役,并处或者单处罚金;违法所得数额巨大或者有其他特别严重情节的,处三年以上七年以下有期徒刑,并处罚金:(一)未经著作权人许可,复制发行其文字作品、音乐、电影、电视、录像作品、计算机软件及其他作品的……"该条的规定中,除明文规定的"文字作品、音乐、电影、电视、录像作品、计算机软件"之外,"其他作品"具体包括的作品类型,实践中一直存在较大争议。什么类型的作品属于"其他作品",仍无法明确。

2011年《最高人民法院、最高人民检察院、公安部关于办理侵犯知识产权刑事案件适用法律若干问题的意见》第十三条关于通过信息网络传播侵权作品行为的定罪处罚标准问题中规定:"以营利为目的,未经著作权人许可,通过信息网络向公众传播他人文字作品、音乐、电影、电视、美术、摄影、录像作品、录音录像制品、计算机软件及其他作品,具有下列情形之一的,属于刑法第二百一十七条规定的'其他严重情节'……"此项规定也对《刑法》第二百一十七条第(一)项中的作品类型进行了扩展,明确规定了美术、摄影作品也属于刑法该条文保护的范围。但这一意见的出台,并未从根本上解决《刑法》第二百一十七条第(一)项保护的作品类型的争议。

2021年3月1日起施行的《刑法修正案(十一)》对于《刑法》第二百一十七条进行了修改,将该条第(一)项修改为"未经著作权人许可,复制发行、通过信息网络向公众传播其文字作品、音乐、美术、视听作品、计算机软件及法律、行政法规规定的其他作品的"。此次修改从根本上回应了实践中对于作品类型的争议。这里规定的作品,包括法律、行政法规规定的所有作品类型。本条选择性地明确规定了文字作品、音乐、美术、视听作品、计算机软件等几种常见的作品类型,并做了“法律、行政法规规定的其他作品”的兜底规定。[①] 因此,对于未被《刑法》第二百一十七条第(一)项明文列举的作品类型,如果构成法律、行政法规规定的作品类型,亦可以受到侵犯著作权罪的规制。

本案审理过程中,正值《刑法修正案(十一)》对于《刑法》第二百一十七条进行修改。从《刑法》的立法原意出发来看,汇编作品作为法定的作品类型,属于《刑法》第二百一十七条规定的“其他作品”范畴。故在未经著作权人许可的情况下,他人不得擅自复制发行特种设备题库。

三、涉汇编作品侵犯著作权罪的主客观构成要件认定

对于涉汇编作品侵犯著作权罪的认定,需要综合全案证据,从主、客观角度进行全面分析。

第一,主观上具有侵犯他人著作权的故意,且以营利为目的。本案中,对被告人侵犯著作权的故意的判断,可以从以下方面综合判断:首先,从被告人对特种设备题库的性质认识上来看,两名被告人进入君睿公司后均签署过保密协议,协议约定被告人须在客户信息、数据信息和技术信息等方面做到保密,两名被告人在 QQ 聊天中谈到“你回去看一下公司的保密协议”“题库是个风险点,我们的客户资源是个风险点”,说明两名被告人在明知特种设备题库是君睿公司的核心数据资源之一的情况下,仍使用该题库内容。其次,从被告人对于自己行为性质的认识上来看,被告人张某未从君睿公司离职时就注册成立查宏公司,两名被告人因“都是君睿公司的员工”“觉得不太合乎道义”,而不担任查宏公司的法定代表人,对外以其他人的名义卖学习卡,在君睿公司发现查宏公司在做同类业务后又注册成立了其他公司,收到君睿公司的律师函后向律师进行咨询,说明两名被告人对获取特种设备题库并进行销售的行为具有侵权性是明知的。对于被告人是否具有营利目的,根据相关证人证言、收款回单等证据,结合两名被告人的供述,被告人张某、邱某在商业经营活动中向他人销售包含题库的学习卡牟利,部分客户还系君睿公司的客户,可以认定两名被告人具有营利目的。

第二,在未经著作权人许可的情况下,擅自复制发行其汇编作品,实施了侵犯著作权罪的行为。本案中,被告人实施的犯罪行为是目的明确且连贯的。首先,从特种设备题库的获取途径来看,根据相关证人证言,君睿公司与特种设备

① 参见许永安主编:《中华人民共和国刑法修正案(十一)解读》,中国法制出版社 2021 年版,第 191 页。

题库相关的源代码和配套习题集等数据在君睿公司的技术研发系统内,只有君睿公司的研发技术人员才有权限通过账户和密码登录。且君睿公司亦未授权许可被告人张某、邱某使用特种设备题库。而被告人张某在君睿公司担任技术研发人员期间,可以接触特种设备题库。其次,从被告人所设网站中的试题来源来看,两名被告人的供述中提到题库中有题目是从君睿公司拷贝过来或至君睿公司的网站把最新的题目复制过来,使查宏公司的题库与君睿公司的题库保持一致。相关客观证据亦显示被告人的工作电脑存在访问君睿公司研发中心外网 IP 地址以及测试数据库服务器内网 IP 地址的记录,并存有君睿公司的试题文件。再次,从特种设备题库中的试题与被告人所设网站中的试题的比对结果来看,根据相关鉴定意见,将特种设备题库与"全国考证在线学习平台"中的习题进行比对,有对应关系的题库基本相同。最后,从两名被告人销售学习卡的情况来看,根据被告人的供述,学习卡的客户存在部分以前君睿公司的客户。在未取得君睿公司授权的情况下,两名被告人实施的行为系侵犯著作权的行为。

综上所述,以营利为目的,未经著作权人许可,擅自复制发行其汇编作品,达到一定违法所得数额或者具有其他严重情节的,应以侵犯著作权罪追究刑事责任。

【典型意义】

本案系全国首例涉技术类资格考试网络题库侵犯著作权罪案件,对于《刑法》第二百一十七条侵犯著作权罪中保护的作品类型进行了有益探索,首次明确了网上培训平台题库构成汇编作品的,属于侵犯著作权罪保护的作品类型。本案审理过程中,正值《刑法修正案(十一)》对于《刑法》第二百一十七条进行修改,本案的裁判明确了对于未被《刑法》第二百一十七条明文列举的作品类型,如果构成法律、行政法规规定的作品类型,亦可以受到侵犯著作权罪的规制,从而保护了营商主体的合法权益和核心知识产权,强化了互联网知识产权治理,更好地为"引领区"建设保驾护航。

【案例索引】

案号:

一审:上海市浦东新区人民法院(2019)沪 0115 刑初 4634 号(2021 年 6 月 23 日)

二审：上海市第三中级人民法院（2021）沪03刑终63号（2021年9月27日）
审判组织：
一审：倪红霞、王潇、冯祥
二审：程亭亭、高卫萍、朱瑜

编写人：王潇

知识产权行政案件

31

禁止令在惩治商业秘密犯罪中的适用

——被告人纪某某等侵犯商业秘密罪案

裁判要旨

对依法宣告缓刑的侵犯商业秘密罪的犯罪分子，从严厉打击和预防犯罪的需要出发，可以根据犯罪情况适用禁止令，禁止其在缓刑考验期限内从事与商业秘密犯罪相关的生产经营活动。人民法院在宣告禁止令时可以综合考量下列因素：(1)被告人所掌握的商业秘密的类型、数量；(2)被告人所掌握的商业秘密的价值，对被害单位未来生产经营的影响程度；(3)被告人实施商业秘密犯罪是否违反竞业禁止、资格准入等职业要求；(4)被告人再次披露、使用或许可他人使用商业秘密的可能性和便利性；(5)是否存在与被告人实施商业秘密犯罪密切相关的上下游产业链；(6)如被告人再犯可能给被害单位、所在行业或公共利益导致的严重后果。

基本案情

公诉机关：上海市奉贤区人民检察院

被害单位：A公司

被告人：纪某某、刘某某、王某、隋某某

被害单位A公司成立于2011年10月21日，为中外合资有限责任公司，经营范围包括印刷包装机械及相关机电产品的设计、生产、维修，销售公司自产产品等，主营业务包括制袋机的研发、生产和销售，核心技术包括“共轭凸轮控制的上头卡装置”“纸袋翻转装置”等。

A公司主张的密点“共轭凸轮控制的上头卡装置”，经鉴定，该技术信息于

2020年4月9日前构成不为公众所知悉的技术信息。经评估,该技术信息以2020年4月9日为基准日的研发价值为124.04万元。

A公司主张的密点“纸袋翻转装置”,经鉴定,该技术信息于2020年5月7日前构成不为公众所知悉的技术信息。经评估,该技术信息以2020年5月7日为基准日的研发价值为83.31万元。

2016年10月1日起,被告人纪某某入职A公司,任总经理。2015年3月23日起,被告人刘某某入职A公司,任常务副总经理。2013年10月1日起,被告人王某先后入职B公司(A公司的关联公司)和A公司,任常务副总经理。2017年3月1日,被告人隋某某入职A公司,任机械设计主管。任职期间,各被告人均签订了劳动合同和保密协议,约定如员工的工作涉及公司的商业秘密,员工不得将其泄露给任何第三方,或用于工作之外的其他用途。除了履行职务的需要外,员工承诺,未经公司同意,不得泄露、公布、发布、出版、传授、转让或者其他任何方式使任何第三方知悉。员工离职时应返还属于公司的财物,包括记载着公司秘密的一切载体,不得遗失。员工无论任何原因离职,在离职后不得泄露公司的商业秘密或违反保密协议规定直接从事相关业务。2019年3月5日、5月15日、3月5日、4月18日,被告人纪某某、刘某某、王某、隋某某分别从A公司离职。

2018年12月起,被告人纪某某、刘某某、王某合谋,共同出资成立C公司,其中被告人纪某某出资150万元、持股36.250%,被告人刘某某、王某各出资50万元、持股24.375%。2019年4月10日,由C公司控股成立D公司,生产、销售与A公司同类型的制袋机牟利。

被告人纪某某、刘某某、王某从A公司离职后,均进入C公司工作。后三被告人又招募被告人隋某某进入C公司工作,允诺给予其5%干股股权。被告人隋某某离职前,将A公司研发的“共轭凸轮控制的上头卡装置”、“纸袋翻转装置”、L形制袋机等电子版机械图纸复制、修改公司名称后交由被告人王某负责生产。被告人王某使用上述图纸生产制造了5台与A公司相似的L形制袋机,并对外销售了2台,销售金额共计265万元。被告人刘某某离职前,将其负责保管的存有A公司全部电子版机械图纸的硬盘予以备份,并将备份的电子版机械图纸带至C公司使用至案发。

2019年6月起,被告人纪某某、刘某某、王某、隋某某经共谋,将A公司“共轭凸轮控制的上头卡装置”“纸袋翻转装置”技术信息直接或者部分修改后,通过申请实用新型专利的方式对外公开。其中,名称为“一种凸轮控制的上头卡装置”的实用新型专利，申请日为2019年6月20日，申请号为201920930284.2，授权公告日为2020年4月10日，授权公告号为CN210283447U，专利权人为D公司；名称为“一种纸袋翻转装置”的实用新型专利，申请日为2019年8月8日，申请号为201921296321.5，授权公告日为2020年5月8日，授权公告号为CN210477960U，专利权人为D公司。经鉴定，A公司持有的“共轭凸轮控制的上头卡装置”技术信息与D公司所申请实用新型专利“一种凸轮控制的上头卡装置”披露的技术信息相同；A公司持有的“纸袋翻转装置”技术信息与D公司所申请实用新型专利“一种纸袋翻转装置”披露的技术信息实质相同。

2021年5月11日，被告人纪某某、刘某某、王某、隋某某被公安机关抓获，到案后均如实供述了上述罪行。公安机关在D公司实际经营地查获并扣押移动硬盘、U盘等物品，其中存储有涉案电子版机械图纸。

2021年6月15日、7月2日，被告人刘某某、王某、隋某某分别在家属的帮助下赔偿被害单位A公司经济损失80万元、80万元、40万元，均取得了被害单位的谅解。

2022年1月25日，被告人纪某某在家属的帮助下与被害单位A公司达成协议，赔偿被害单位经济损失81万元(已支付47万元)，取得了被害单位的谅解。

审理期间，被告人纪某某、刘某某、王某、隋某某各退还违法所得2万元。

【法院裁判】

上海市浦东新区人民法院经审理认为，根据《刑法》第二百一十九条的规定，商业秘密是指不为公众所知悉，能为权利人带来经济利益，具有实用性并经权利人采取保密措施的技术信息和经营信息。被害单位A公司主张的“共轭凸轮控制的上头卡装置”“纸袋翻转装置”两项技术信息，经鉴定均构成不为公众所知悉的技术信息。被害单位A公司主营制袋机生产和销售，上述两项技术信息系该公司生产、销售的L形制袋机的关键技术，能为该公司带来经济利益，具有商业价值和实用性。四名被告人原系被害单位A公司的员工，在任职期间均签订了劳动合同和保密协议，明确约定对公司的商业秘密负有保密义务。故被害单位A公司对上述两项技术信息采取了保密措施。据此，公诉机关指控的“共轭凸轮控制的上头卡装置”“纸袋翻转装置”两项技术信息构成被害单位A公司的商业秘密。

被告人刘某某、隋某某违反保密约定和权利人有关保守商业秘密的要求，披露、使用其所掌握的商业秘密,被告人纪某某、王某明知前述行为,仍获取、使用和披露该商业秘密,给商业秘密的权利人造成重大损失,其行为均已构成侵犯商业秘密罪。综合考虑被告人纪某某、刘某某、王某、隋某某的犯罪性质、情节、社会危害性、认罪悔罪表现等,对四名被告人均予宣告缓刑并宣告禁止令。

上海市浦东新区人民法院于 2022 年 2 月 10 日作出(2021)沪 0115 刑初 5190 号民事判决:(1)被告人纪某某犯侵犯商业秘密罪,判处有期徒刑 2 年,缓刑 2 年 6 个月,罚金人民币 18 万元。(2)被告人刘某某犯侵犯商业秘密罪,判处有期徒刑 2 年,缓刑 2 年,罚金人民币 15 万元。(3)被告人王某犯侵犯商业秘密罪,判处有期徒刑 2 年,缓刑 2 年,罚金人民币 15 万元。(4)被告人隋某某犯侵犯商业秘密罪,判处有期徒刑 1 年 9 个月,缓刑 1 年 9 个月,罚金人民币 15 元。(5)禁止被告人纪某某、刘某某、王某、隋某某在缓刑考验期内从事制袋机生产、销售及相关经营活动。(6)被告人纪某某、刘某某、王某、隋某某退还的违法所得依法予以没收,未退还的违法所得依法予以追缴。(7)扣押在案的侵犯商业秘密的机械配件及移动硬盘、U 盘、电脑等作案工具,依法予以没收和销毁。

一审判决后,公诉机关未抗诉,被告人均未上诉。判决已发生法律效力。

【案例评析】

禁止令是《刑法修正案(八)》新增设的一项制度,是对非监禁刑具体执行方式的创新。根据《刑法修正案(八)》的规定,对判处管制、宣告缓刑的犯罪分子,可以根据犯罪情况,同时禁止犯罪分子在管制执行期间或缓刑考验期限内从事特定活动,进入特定区域、场所,接触特定的人。禁止令是为了防止服刑人员再次接触犯罪诱因,促进犯罪分子教育矫正,有效维护社会秩序,体现了宽严相济的刑事司法政策。

在知识产权犯罪中适用禁止令并不鲜见,但通常集中在假冒注册商标罪、销售假冒注册商标的商品罪等商标类犯罪,且通常涉及食品、药品等涉及人身健康与安全的领域。如上海市高级人民法院知识产权审判庭发布的《关于常见知识产权犯罪的量刑指引》中规定,“假冒注册商标商品或者销售假冒注册商标商品系食品、药品、母婴幼儿专用品、农药、兽药、化肥、种子以及其他危害人身安全等产品的,依法宣告缓刑时,一般应同时宣告禁止令”。对其他类型、涉及其他领域的知识产权犯罪应否适用禁止令,法律规范尚付之阙如,司法实践也颇少涉及。侵犯商业秘密罪作为知识产权犯罪的一种类型,在符合禁止令适用条件的情况下,可以禁止犯罪分子在缓刑考验期限内从事与商业秘密犯罪相关的生产经营活动。

一、商业秘密犯罪适用禁止令的合理性

从商业秘密的内涵与特点出发,其与禁止令具有天然的契合性。禁止被判处缓刑的犯罪分子从事与商业秘密犯罪相关的生产经营活动,可以进一步强化商业秘密的保护效果,具有一定的合理性。商业秘密是指不为公众所知悉,能为权利人带来经济利益,具有实用性并经权利人采取保密措施的技术信息和经营信息。根据这一定义,商业秘密应当同时满足秘密性、保密性和经济性三个要件。其中,秘密性是商业秘密的核心要求,也是其与一般技术信息、经营信息的本质区别。在商业秘密犯罪中,破坏秘密性是一种典型的犯罪情形。例如,被告人将以不正当手段获取的商业秘密公之于众,或者违反保密义务、保密要求披露所掌握的商业秘密,导致相关技术信息或经营信息为公众所知悉。在这种情况下,商业秘密往往因为犯罪行为而"失效",那么在刑罚执行阶段,就不再存在需要继续保护的"商业秘密",通常也没有再适用禁止令的必要。但是构成商业秘密犯罪也不必然会导致商业秘密"失效"。例如,在使用型侵犯商业秘密罪中,被告人仅是使用其以不正当手段获取的或违反保密义务、保密要求而掌握的商业秘密,未造成商业秘密的泄露,仍保持商业秘密处于不为公众所知悉的状态。在这种情况下,在惩治犯罪之余,还应当妥善确保继续维持商业秘密的秘密性。这一目标就与禁止令预防再次犯罪的核心功能不谋而合。对商业秘密犯罪适用禁止令,可以强化缓刑的适用效果,有效避免侵害商业秘密行为的持续或再犯,切实保障商业秘密权利人的合法权益。

二、商业秘密犯罪适用禁止令的原则

(一)必要性原则

从刑法的规定来看,禁止令不是一种新的刑罚,而是对管制犯、缓刑犯具体执行监管措施的革新。① 刑罚是对犯罪分子过去已经实施的犯罪行为的处罚,而禁止令是基于犯罪分子将来的人身危险性、社会危害性等因素的预防性处置。法院在作出是否适用禁止令的裁决时,不仅要关注案件中的定罪事实,更要关注案件中的量刑事实。对犯罪分子再次犯罪的人身危险性的综合评判,才是决定

---

① 参见胡云腾、周加海、喻海松:《〈关于对判处管制、宣告缓刑的犯罪分子适用禁止令有关问题的规定(试行)〉的理解与适用》,载《人民司法》2011 年第 13 期。

对犯罪分子是否需要适用禁止令的主要依据。只有在犯罪分子具有较大的人身危险性,确需通过禁止令预防再次犯罪的情况下,才有必要对其宣告禁止令。需要特别指出的是,适用禁止令的目的并不是加重对犯罪分子的惩罚。因此,应当避免主要依据犯罪分子的罪行客观危害的大小决定是否适用禁止令,更不能将本不应适用缓刑的犯罪分子降格判决,再适用禁止令进行量刑平衡,将禁止令作为一种刑罚替代措施。[①]

(二)关联性原则

《最高人民法院、最高人民检察院、公安部、司法部关于对判处管制、宣告缓刑的犯罪分子适用禁止令有关问题的规定(试行)》(以下简称《禁止令规定》)第二条规定,人民法院宣告禁止令,应当根据犯罪分子的犯罪原因、犯罪性质、犯罪手段、犯罪后的悔罪表现、个人一贯表现等情况,充分考虑与犯罪分子所犯罪行的关联程度,有针对性地决定禁止其在管制执行期间、缓刑考验期限内"从事特定活动,进入特定区域、场所,接触特定的人"的一项或者几项内容。根据该条规定,法院对侵犯商业秘密罪的犯罪分子适用禁止令,应当充分考虑禁止令与侵犯商业秘密罪的关联性。禁止令的创设和适用应当结合犯罪分子的人身危险性程度、商业秘密犯罪的行为特点以及商业秘密法益的特征。

(三)比例性原则

法院在商业秘密犯罪中适用禁止令,应当确保比例协调,即禁止令的期限、范围和程度等,应当与防止犯罪分子重新犯罪、促进其改造、避免涉诉商业秘密再次受到犯罪分子侵害的必要程度相适应。例如,禁止令的期限应当与商业信息的秘密程度相协调,如果相关商业秘密临近解密的,就不宜处以较长期限的禁止令。又如,禁止犯罪分子从事特定经营活动的,不宜将经营活动的范围设置的过宽,以免影响犯罪分子从事正当合法的生产经营活动。

三、商业秘密犯罪适用禁止令的考量因素

根据《禁止令规定》第二条的规定,法院宣告禁止令,应当考量犯罪分子的犯罪原因、犯罪性质、犯罪手段、犯罪后的悔罪表现、个人一贯表现等因素。具体到商业秘密犯罪,可以从以下几个因素综合考量。

1. 被告人所掌握的商业秘密的类型、数量。一般而言,被告人掌握的商业秘密保存难度越低,数量越多,被告人再犯的可能性相对越高。例如,对于技术程

① 参见余剑、邵旻:《论刑法禁止令制度的司法适用》,载《法学》2011 年第 11 期。

度较复杂的商业秘密,行为人必须依赖保存介质才能获取技术,而全部介质已被没收的,可以不适用禁止令。

2. 被告人所掌握的商业秘密的价值,对被害单位未来生产经营的影响程度。涉诉商业秘密的价值越高,被告人可能再次实施犯罪的动力也相对越大,对被害单位生产经营的影响也相对越大。

3. 被告人实施商业秘密犯罪是否违反竞业禁止、资格准入等职业要求。如被告人违反竞业禁止义务,进入竞业公司或自立竞业公司工作,或者违反行业准入资格实施商业秘密犯罪的,可以认为被告人的人身危险性较大,再次犯罪的可能性较高,可以考虑适用禁止令。

4. 被告人再次披露、使用或许可他人使用商业秘密的可能性和便利性。在涉诉商业秘密易于被被告人再次获取或披露、使用的情况下,如商业秘密可以通过记忆、重现的方式再次获得和使用,或者被告人仍具有其他再次获取商业秘密的方法的,可以认定其再次犯罪的可能性较高。

5. 是否存在与被告人实施商业秘密犯罪密切相关的上下游产业链。如果被告人所实施的犯罪行为与上下游产业联系紧密,且上下游产业并未因涉案犯罪的惩治而切断,则被告人重新回到产业链中实施犯罪行为的可能性较高。

6. 如被告人再犯可能给被害单位、所在行业或公共利益导致的严重后果。如果被告人再次犯罪将给商业秘密的权利人或社会公共利益造成严重后果的,则有必要适用禁止令预防该种严重后果的发生。

具体到本案中,四名被告人掌握了被害单位全部商业秘密电子版图纸,而公诉机关仅指控了其中两项技术秘密,相关商业秘密仍具有一定的经济价值,对被害单位的生产经营仍有重要作用。而被告人从被害单位离职后自立有竞争关系的公司,经营同类产品、从事同类业务。此外,虽然相关商业秘密的储存载体已被没收、销毁,但四名被告人具有相关职业和技术背景,仍具有披露、使用或许可他人使用商业秘密的能力和可能性。法院综合考量上述情况,对四名被告人均宣告了禁止令。

【典型意义】

本案是上海首例对侵犯商业秘密罪的犯罪分子适用禁止令的案件,且系统梳理了此类禁止令的适用要件。法院综合考虑被告人掌握被害单位商业秘密的具体情况、商业秘密的经济价值,犯罪情节,被告人再次披露、使用或许可他人使用商业秘密的可能性和便利性等因素，为避免可能出现的进一步损失，对四名被告人全部宣告禁止令，禁止被告人在缓刑考验期内从事商业秘密相关经营活动。本案在商业秘密犯罪中适用禁止令，丰富了商业秘密保护手段，加大了商业秘密保护力度，防止企业因再次泄密受损，同时也充分体现了宽严相济刑事政策，对护航企业创新发展、维护市场竞争秩序、营造法治化营商环境，起到了良好的法律效果和社会效果。

【案例索引】

案号：上海市浦东新区人民法院（2021）沪0115刑初5190号（2022年2月10日）

审判组织：倪红霞、胡琛罡、陆光怡

编写人：胡琛罡

32

涉自贸区地理标志证明商标行政案件的司法审查

——特威茶公司不服行政处罚决定及行政复议决定案

裁判要旨

地理标志证明商标的功能在于标识商品来源，以及标识商品因源于某地区而产生的由该地区的自然因素或者人文因素所决定的质量、制造方法等其他特定品质。可以使用地理标志的产品必须符合地理标志证明商标的特定品质要求。侵犯地理标志证明商标权的认定，应结合地理标志证明商标的特点和《商标法》关于侵犯注册商标专用权行为的规定综合分析。未经地理标志证明商标权利人许可，在商品外包装上使用商标标识的行为系商标侵权行为。在自贸试验区内发生的侵犯商标权的行为，不能排除我国《商标法》等法律的适用。对进口商品贴附中文标签，在中国境内进行销售的，其行为应受我国法律的规制。

基本案情

原告：特威茶餐饮管理(上海)有限公司(以下简称特威茶公司)

被告：上海市浦东新区知识产权局(以下简称浦东知识产权局)、上海市浦东新区人民政府(以下简称浦东新区政府)

第三人：浙江省农业技术推广中心

被告浦东知识产权局于2020年11月2日作出浦知处字〔2020〕1520198343号行政处罚决定书，认定：当事人特威茶公司自2014年起从事茶叶销售和餐饮管理的经营活动，主要通过天猫平台及线下门店销售茶叶。当事人于2018年7月、2019年3月、2019年7月分三次从新加坡TWG TEA COMPANY PTE LTD（以下简称TWG公司）进口茶叶，当事人委托上海旭暮国际贸易有限公司（以下简称上海旭暮公司）为其办理进口上述茶叶的手续，并向上海旭暮公司提供了茶叶的中文名称、原产国、原材料等信息，要求上海旭暮公司按其提供的数据制作中文标签并贴附在产品上。2018年7月、2019年7月两次茶叶进关过程中，上海旭暮公司按当事人要求将标有"盛玺龙井茶"的中文标签贴附在共计576盒规格为70克/盒的茶叶上并办理了进关手续。上述涉案商品进关后，由当事人运至仓库待售。据"龙井茶Longjing Tea"商标权利人浙江省农业技术推广中心2019年11月12日发给浦东知识产权局的复函［浙农技函（2019）7号］称当事人未取得"龙井茶Longjing Tea"注册商标的许可。当事人的违法经营额合计272,636.53元。"龙井茶Longjing Tea"是浙江省农业技术推广中心在中国注册的证明商标，商标注册号为第5612284号，注册有效期限至2028年12月6日，核定使用商品（第30类）：茶（截止）。当事人未经许可在茶叶外包装上贴附标有"龙井茶""盛玺龙井茶"字样的中文标签起到了标识商品的原产地等特定品质的作用，且当事人无法证明涉案茶叶原料的原产地，也没有获得商标权利人的授权，上述中文标签上的"龙井茶"字样与"龙井茶Longjing Tea"注册商标上的中文文字相同，构成近似，且使用在同种商品上，当事人的行为易使公众误认为涉案茶叶获得"龙井茶Longjing Tea"证明商标的授权，容易造成混淆。当事人的行为构成了《商标法》第五十七条第（二）项"有下列行为之一的，均属侵犯注册商标专用权：……（二）未经商标注册人的许可，在同一种商品上使用与其注册商标近似的商标，或者在类似商品上使用与其注册商标相同或者近似的商标，容易导致混淆的；……"所指之行为。遂依据《商标法》第六十条第二款的规定，决定责令当事人立即停止侵权行为，并处罚如下：（1）没收侵权的标有"盛玺龙井茶"的茶叶247盒（规格：70克/盒）及标有"龙井茶"的茶叶1175盒（规格：37.5克/盒）；（2）罚款545,273.06元。

原告特威茶公司不服，向被告浦东新区政府申请行政复议。被告浦东新区政府经审查后认为原告提出的复议理由于法无据，故于2021年3月22日作出浦府复决字（2020）第1010号行政复议决定书，维持了被告浦东知识产权局作出的上述行政处罚决定。

原告特威茶公司诉称，浦东知识产权局作出的行政处罚决定书事实不清、适用法律不当,浦东新区政府作出的行政复议决定对此予以维持,亦没有事实和法律依据:第一,原告的行为并未构成侵犯"龙井茶"注册商标权。进口中文标签贴附行为并非原告的行为,该中文标签贴附行为发生在入境前,不应认定为原告在中国境内实施的行为,被告对此认定没有事实和法律依据。"盛玺龙井茶""龙井茶"中文标签贴附并非区分商品来源,不构成商标法意义上的"商标使用"行为,行政处罚决定书认定中文标签贴附行为构成商标侵权没有事实和法律依据。行政处罚决定书认定原告销售的产品未获得"龙井茶"注册商标权利人的授权,事实依据不足。第二,对原告进行行政罚款的行政行为不具有合法性,且金额过高不具备合理性。原告行为不构成商标侵权,不应被行政处罚。原告的产品销售行为不应被处以行政罚款。即使认定原告的行为构成商标侵权,作出545,273.06元的行政罚款的处罚过重,没有法律依据且不具有合理性。综上,原告特威茶公司请求判令:撤销浦东知识产权局的浦知处字〔2020〕1520198343号行政处罚决定书、浦东新区政府的浦府复决字(2020)第1010号行政复议决定书。

法院经审理查明:"龙井茶 Longjing Tea"是第三人浙江省农业技术推广中心在中国注册的证明商标,商标注册号为第5612284号,注册有效期限至2028年12月6日,核定使用商品(第30类):茶(截止)。原告特威茶公司于2018年、2019年分三次从新加坡进口茶叶,委托案外人报关公司为其办理进口上述茶叶的手续,未经商标权人许可在茶叶包装上贴附标有"盛玺龙井茶"及"龙井茶"字样的中文标签,后在国内进行销售。被告浦东知识产权局于2020年11月2日作出浦知处字〔2020〕1520198343号行政处罚决定书,认定特威茶公司的行为构成《商标法》第五十七条第(二)项规定的侵犯注册商标专用权行为,决定责令特威茶立即停止侵权行为,没收侵权茶叶,罚款545,273.06元。原告特威茶公司不服,向被告浦东新区政府申请行政复议。被告浦东新区政府经审查后认为原告提出的复议理由于法无据,故于2021年3月22日作出浦府复决字(2020)第1010号行政复议决定书,维持了被告浦东知识产权局作出的上述行政处罚决定。原告不服,向上海市浦东新区人民法院起诉,请求判令撤销浦东知识产权局的浦知处字〔2020〕1520198343号行政处罚决定书及浦东新区政府的浦府复决字(2020)第1010号行政复议决定书。

【法院裁判】

上海市浦东新区人民法院经审理认为,《商标法实施条例》第七十六条规定,在同一种商品或者类似商品上将与他人注册商标相同或者近似的标志作为商品名称或者商品装潢使用,误导公众的,属于《商标法》第五十七条第(二)项规定的侵犯注册商标专用权的行为。原告在商品外包装上使用"龙井茶"标识的行为属于《商标法》第五十七条第(二)项所指的商标侵权行为,原告向被告浦东知识产权局提供的证据不足以证明其具备使用"龙井茶"地理标志证明商标的条件,构成对第三人享有的"龙井茶 Longjing Tea"注册商标专用权的侵害。被告浦东知识产权局对原告涉案行为作出的认定定性准确,证据充分,符合法律规定。被告浦东知识产权局的被诉行政处罚决定认定事实清楚、证据确实、充分,适用法律、法规正确,符合法定程序,处罚结果并无不当,原告请求撤销该行政处罚决定的诉请缺乏事实和法律依据,本院不予支持。被告浦东新区政府提供的证据和依据足以证明其具有作出被诉复议决定的职权,所作复议决定合法,原告请求撤销该复议决定的理由亦不能成立。

上海市浦东新区人民法院于2021年9月16日作出(2021)沪0115行初399号行政判决,判决驳回原告特威茶公司的诉讼请求。一审宣判后,特威茶公司向上海知识产权法院提起上诉。上海知识产权法院于2022年8月17日作出(2022)沪73行终1号行政判决,判决驳回上诉,维持原判。判决已发生法律效力。

【案例评析】

地理标志即"原产地名称",是一种无形的财产。由于地理标志具有标识商品的产源、质量、信誉等特征的功能,其也成了促进区域特色经济发展的有效载体,保护和传承传统优秀文化的鲜活载体,也是权利人和企业参与市场竞争的重要资源。在地理标志证明商标被侵权时,行政机关可依据法律对侵权人处以相应的行政处罚,侵权人对行政处罚不服的,可以请求行政复议。而对于行为人的行为是否侵犯地理标志商标权的判断和行政处罚、行政复议的合法性审查,是审理地理标志证明商标知识产权行政案件的主要内容。

一、地理标志商标的性质

地理标志是一种特殊的产源识别性商业标记,具有特殊的文化价值和产权价值。我国的地理标志商标得到的保护经历了一个由外而内的过程。

《保护原产地名称及其国际注册里斯本协定》指出,"原产地名称是指一个国家、地区或地方的地理名称,用于指示一项产品来源于该地,其质量或特征完全或主要取决于地理环境,包括自然和人为因素"。《与贸易有关的知识产权协定》第二部分第三节对地理标志的保护作出了专门规定,该协定第二十二条规定:"本协定的地理标志是指标示出某商品来源于某一缔约方的领土或该领土的一个地区或一个地方的标志,而该商品的特定的质量、声誉或其他特征在实质上可归属于其地理来源。"《保护工业产权巴黎公约》第一条关于工业产权保护范围的规定明确列举了货源标记或原产地名称。《与贸易有关的知识产权协定》中所称的"地理标志"就是指《保护工业产权巴黎公约》中所说的"原产地名称"。我国自 1985 年加入《保护工业产权巴黎公约》,就承担起保护原产地名称的义务。

《商标法》第三条第三款规定,证明商标是指由对某种商品或者服务具有监督能力的组织所控制,而由该组织以外的单位或者个人使用于其商品或者服务,用以证明该商品或者服务的原产地、原料、制造方法、质量或者其他特定品质的标志。该法第十六条规定,地理标志是指标示某商品来源于某地区,该商品的特定质量、信誉或者其他特征,主要由该地区的自然因素或者人文因素所决定的标志。根据《商标法实施条例》第四条的规定,《商标法》第十六条规定的地理标志,可以依照《商标法》和本条例的规定,作为证明商标或者集体商标申请注册。以地理标志作为证明商标注册的,其商品符合使用该地理标志条件的自然人、法人或者其他组织可以要求使用该证明商标,控制该证明商标的组织应当允许。

二、地理标志商标侵权的司法审查

地理标志证明商标的功能包括两个方面,一是标识商品来源,二是标识商品因源于某地区而产生的由该地区的自然因素或者人文因素所决定的质量、制造方法等其他特定品质。本案中,龙井茶作为我国传统名茶,具有较高的知名度,其特定的品质主要由其茶叶产区的自然因素、采摘条件和制作工艺等决定。第三人浙江省农业技术推广中心在第 30 类"茶"上取得第 5612284 号"龙井茶 Longjing Tea"注册商标,且在注册有效期内,第三人作为该地理标志证明商标权利人,有权对该商标的使用进行有效管理或控制,使使用该商标的商品达到其使用管理规则的要求。对于不符合"龙井茶 Longjing Tea"地理标志使用条件的,第三人有权予以制止。

对于行为人的行为是否侵犯地理标志商标的商标权,除了判断商品是否相同或类似、商标是否相同或近似,最关键的是要判断行为人的行为是否属于商标性使用行为。《商标法》第四十八条规定,本法所称商标的使用,是指将商标用于商品、商品包装或者容器以及商品交易文书上,或者将商标用于广告宣传、展览以及其他商业活动中,用于识别商品来源的行为。

1. 行为样态的判断。原告实施了贴附中文标签的行为。根据原告特威茶公司与案外人报关公司签订的协议,报关公司代理进口报关单证的整理与审核,特威茶公司对进口合同负有履约责任。结合特威茶公司与报关公司的相关人员在询问笔录中所述,涉案茶叶外包装盒中文标签上的文字内容系特威茶公司提供,标签制成后经特威茶公司确认后再由报关公司进行贴附,产品由原告进行销售,故该贴附行为应认定为由原告实施,相关法律后果亦应由原告承担。

2. 地理标志商标的特定要求。根据《龙井茶证明商标使用管理实施细则》的规定,龙井茶证明商标是经国家工商行政管理总局商标局注册的证明商标,用于证明龙井茶的特定品质。浙江省农业技术推广中心是龙井茶证明商标的注册人,对龙井茶证明商标享有专用权。使用龙井茶证明商标的产品的种植地域范围为以下县(市、区):杭州市西湖区(西湖风景名胜区)、萧山区等。产品按 GB/T 18650—2008《地理标志产品　龙井茶》的规定进行生产加工,产品质量符合 GB/T 18650—2008《地理标志产品　龙井茶》。GB/T 18650—2008《地理标志产品　龙井茶》中进一步明确,龙井茶(Longjing tea)系在龙井茶地理标志产品保护范围内采摘的符合选用龙井群体等经审(认)定的适宜加工龙井茶的茶树良种茶树品种要求的茶树鲜叶,按照传统工艺在地理标志产品保护范围内加工而成,具有"色绿、香郁、味醇、形美"的扁形绿茶。龙井茶对于加工器具、加工工艺、加工技术有相应的要求,产品按感官品质(包括外形、香气、滋味、汤色、叶底及其他要求)分为特级、一级、二级、三级、四级、五级,并符合相应的质量安全指标和理化指标(水分、总灰分、水浸出物、粉末和碎茶),且满足一定的净含量负偏差要求。因此,可以使用"龙井茶 Longjing Tea"地理标志的产品必须符合上述种植地域及质量要求。

3. 混淆误认的判断。原告将"盛玺龙井茶""龙井茶"作为商品名称使用,易使相关公众对商品来源及其特定品质产生误认。原告以涉案方式在商品外包装盒中文标签上突出标注"盛玺龙井茶""龙井茶"字样,作为商品名称使用,一方面容易使相关公众对茶叶来源产生误认,误认为原告销售的茶叶源于龙井茶种植地域范围;另一方面亦会导致相关公众对茶叶的加工工艺、感官品质、质量安全指标、理化指标、净含量要求等龙井茶所具有的特定品质产生误认,误认为原告销售的茶叶具有"龙井茶 Longjing Tea"地理标志商品的特定品质。

综上所述,《商标法实施条例》第七十六条规定,在同一种商品或者类似商品上将与他人注册商标相同或者近似的标志作为商品名称或者商品装潢使用,误导公众的,属于《商标法》第五十七条第(二)项规定的侵犯注册商标专用权的行为。原告在商品外包装上使用“龙井茶”标识的行为属于《商标法》第五十七条第(二)项所指的商标侵权行为,原告向被告浦东知识产权局提供的证据不足以证明其具备使用“龙井茶”地理标志证明商标的条件,构成对第三人享有的“龙井茶 Longjing Tea”注册商标专用权的侵害。

三、自贸区内商标侵权行为的规制

本案中,标签贴附行为发生在商品出关前,贴附中文标签的行为应受我国《商标法》规制。一方面,中国(上海)自由贸易试验区是根据我国法律法规在我国境内设立的区域性经济特区,由于自由贸易试验区海关政策的特殊性,进口货物入区程序、报关方式更加便捷,但在自贸试验区内发生的侵犯商标权的行为,不能排除我国《商标法》等法律的适用。另一方面,原告对进口的茶叶商品贴附中文标签的目的是在中国境内进行流通,现涉案茶叶商品已经进入中国境内并销售,贴附标签的具体时间、地点均不影响贴附标签行为的性质,原告的涉案行为应受我国法律的规制。

四、知识产权行政处罚及行政复议的合法性判断

《商标法》第六十条第二款规定,工商行政管理部门处理时,认定侵权行为成立的,责令立即停止侵权行为,没收、销毁侵权商品和主要用于制造侵权商品、伪造注册商标标识的工具,违法经营额5万元以上的,可以处违法经营额5倍以下的罚款,没有违法经营额或者违法经营额不足5万元的,可以处25万元以下的罚款。对5年内实施两次以上商标侵权行为或者有其他严重情节的,应当从重处罚。销售不知道是侵犯注册商标专用权的商品,能证明该商品是自己合法取得并说明提供者的,由工商行政管理部门责令停止销售。被告浦东知识产权局根据原告的违法经营数额为272,636.53元,结合原告违法行为的性质、情节,对原告作出没收侵权产品及处违法经营额2倍的罚款的处罚决定,符合上述法律规定且在合理范围内。

关于尚未销售茶叶的金额是否可以计入其违法经营额,根据《商标法实施条例》第七十八条的规定,“计算商标法第六十条规定的违法经营额,可以考虑下列因素:(一)侵权商品的销售价格;(二)未销售侵权商品的标价;(三)已查清侵权商品实际销售的平均价格;(四)被侵权商品的市场中间价格;(五)侵权人因侵权所产生的营业收入;(六)其他能够合理计算侵权商品价值的因素”。因此,违法经营额既包括已经销售的侵权产品的经营额,也包括尚未销售的侵权产品的经营额。本案中,被告浦东新区知识产权局对原告已销售的侵权商品价值,按照实际销售价格计算。对未销售的侵权商品价值,按照查清侵权商品实际销售的平均价格计算,符合上述规定。

关于应当、可以免除,从轻或者减轻行政处罚的情形的判断,根据2017年《行政处罚法》第二十七条的规定:“当事人有下列情形之一的,应当依法从轻或者减轻行政处罚:(一)主动消除或者减轻违法行为危害后果的;(二)受他人胁迫有违法行为的;(三)配合行政机关查处违法行为有立功表现的;(四)其他依法从轻或者减轻行政处罚的。违法行为轻微并及时纠正,没有造成危害后果的,不予行政处罚。”本案中,虽然原告能够配合被告浦东知识产权局的调查,但原告的商标侵权行为已经实施完毕,违法行为导致的后果已经发生,且在被立案后仍存在销售行为,违法经营额较高,不属于违法行为轻微的情形,不构成从轻、减轻或者免除行政处罚的条件,被告浦东知识产权局的处罚决定未违反法律规定。

综上所述,被告浦东知识产权局的被诉行政处罚决定认定事实清楚、证据确实、充分,适用法律、法规正确,符合法定程序,处罚结果并无不当。被告浦东新区政府提供的证据和依据足以证明其具有作出被诉复议决定的职权,所作复议决定合法。

【典型意义】

本案系首例涉地理标志知识产权行政案件,是知识产权“三合一”审判机制的生动实践,是浦东法院在全国率先探索并打造知识产权“三合一”审判机制升级版的工作成果之一。本案明确了侵犯地理标志证明商标权的裁判规则,体现了严格知识产权保护,加强地理标志保护的决心和力度。本案系涉自贸区知识产权行政案件,判决明确了在自贸区进口商品,进入我国境内并进行销售的,相关行为仍需受我国法律的规制,积极回应了上海自贸区知识产权司法保护需求,推进了法治化营商环境建设。判决依法确认了行政处罚和行政复议的合法性,有效监督、支持行政机关依法行政,充分发挥了依法行政“助推器”及社会矛盾“化解器”的作用。

【案例索引】

案号：

一审：上海市浦东新区人民法院（2021）沪 0115 行初 399 号（2021 年 9 月 16 日）

二审：上海知识产权法院（2022）沪 73 行终 1 号（2022 年 8 月 17 日）

审判组织：

一审：吴金水、吴智永、王潇

二审：钱光文、凌宗亮、范静波

编写人：王潇

33

《行政处罚法》*第二十七条第二款中“不予处罚”的理解与适用

——陈某龙等不服行政处罚案

裁判要旨

《行政处罚法》第二十七条第二款所规定的不予处罚,是某一行政违法行为因不具有行政处罚的可罚性要求而不予处罚。在判断某个违法行为是否符合该条款的规定时,需具体判断相应的违法行为是否同时满足“违法行为轻微”“及时纠正”“没有造成危害后果”这三个要件。对商标侵权违法行为进行行政处罚,除了依照《商标法》有关规定外,还需遵循《行政处罚法》规定的过罚相当原则。

基本案情

原告:陈某龙

原告:陈某亮

原告:汪某贵

被告:上海市浦东新区知识产权局(以下简称浦东知产局)

第三人:美西西餐饮公司

被告浦东知产局于2017年12月15日向原告陈某龙、陈某亮、汪某贵分别出具了浦知案处字[2017]第1520178337号、[2017]第1520178323号、[2017]第1520178336号行政处罚决定书(以下简称被诉决定),称经查,三原告共同投资经营奶茶店,2017年9月17日其店铺正式对外营业,并在其店招、店内宣传横幅、

* 本部分《行政处罚法》为2017年内容,2021年《行政处罚法》进行了修订,后文不再赘述。

价目表以及奶茶杯上均标有"HEAKCAA喜茶"字样。第三人美西西餐饮公司注册有第19122315号"HEEKCAA"、第13595312号"喜茶"商标,核定使用服务均为第43类咖啡馆、茶馆、饭店等。三原告未经商标注册人许可,在其店招、店内宣传横幅、价目表以及奶茶杯上均标有"HEAKCAA喜茶"字样,与商标权利人的注册商标构成近似,且使用在同种服务上,容易导致相关公众混淆。三原告的上述行为构成《商标法》第五十七条第(二)项所指之未经商标注册人的许可,在同一种商品/类似商品上使用与其注册商标近似的商标,容易导致混淆的行为。根据《商标法》第六十条第二款之规定,责令三原告立即停止侵权行为,并各处罚款人民币4000元整。

三原告诉称,其等人并非有意使用被控侵权标识,被控侵权标识是由凯之美餐饮公司授权三原告使用,双方签订了餐饮服务协议书(加盟合同),凯之美餐饮公司收取了原告加盟费用并颁发授权书,原告在不知情的情况下使用授权商标,没有主观侵权故意,且使用时间仅1个月,违法行为轻微,第一次被告上门后即停业整改,及时纠正,没有造成危害后果。三原告也是商标侵权的受害者,在支付巨额授权费用、房租费和装修费后,不应雪上加霜,再遭受被告的罚款。根据《行政处罚法》第四条第二款、第五条、第二十七条第二款,被告作出的被诉决定认定事实不清,适用法律错误,应予撤销。故请求法院判决撤销被诉决定,免除三原告的罚款责任。

被告辩称,被告依法对原告侵犯他人注册商标专用权的行为进行处罚是依法履职,行政主体适格,合法有效。第一,被告对原告作出的被诉决定认定事实清楚,证据确凿充分。第二,被告对原告作出行政处罚程序合法。被告对原告作出行政处罚具有充分法律依据,处罚适当,原告认为自己不应受处罚的理由不能成立。三原告的违法经营额达到了人民币12,000元,同时使公众造成了混淆,已造成危害后果。被告对三原告分别处以违法经营额1倍的罚款,在法律规定的幅度之内,也是被告自由裁量的最低限度,同时也是本着处罚与教育相结合的原则,希望原告能够意识到自己的错误并改正,避免以后发生更严重的违法行为。故请求法院判决驳回原告的诉讼请求。

第三人述称,在三原告与凯之美餐饮公司签订餐饮服务协议书之前,"HEEKCAA"及"喜茶"商标经第三人使用和推广宣传在国内已经具有很高的知名度和美誉，在此情况下，三原告既没有停止签约或侵权，也没有向凯之美餐饮公司索要商标证或其他授权标识的权利证明文件，可见三原告是明知或应知所控侵权标识存在侵权情况却仍在经营的店铺使用，不应对其免除处罚。故请求法院判决驳回原告的诉讼请求。

【法院裁判】

上海市浦东新区人民法院经审理认为，根据《商标法》第六十一条及《上海市人民政府关于浦东新区知识产权工作有关事项的决定》的规定，被告具有对本辖区内侵犯注册商标专用权行为的投诉举报进行调查处理的法定职权。三起案件中，被告浦东知产局已经针对市民的投诉开展了受理、调查、询问、反馈等工作，执法程序符合相关规定。

该三起案件的争议焦点是被告针对三原告的商标侵权行为所作出的行政处罚在法律适用方面是否正确，处罚金额是否合法。第一，《行政处罚法》第二十七条第二款所规定的“违法行为轻微并及时纠正，没有造成危害后果的”不予处罚，是某一行政违法行为不具有行政处罚的可罚性要求因而不予处罚。三原告的行为尚未同时满足“违法行为轻微”“及时纠正”“没有造成危害后果”这三个要件。首先，三原告未对被授权使用的项目标识进行严格审核，主观方面存在较大过错。其次，涉案店铺自开业至被告上门执法检查时已经营月余，三原告行为已然侵害了第三人作为第 19122315 号英文词“HEEKCAA”和第 13595312 号中文词“喜茶”商标权利人的合法权益，同时也损害了消费者的利益，已经造成了一定的危害后果。最后，三原告系在被告进行执法检查以后，方才将显示有被控侵权标识的店招、装潢全部撤下，但此时危害后果已经发生，尚未达到上述条款所规定的及时纠正的要求。

第二，被告对三原告作出的处罚金额合法。三原告系各出资 1/3 开设店铺，从店铺正式对外营业至被查处时的营业额为 1.2 万元，被诉决定根据该情况，以三人的投资比例、收益分成比例为依据，认定三原告的违法经营额分别为总额的 1/3，即 0.4 万元，作出的行政处罚与法不悖，亦未违反《行政处罚法》第四条规定的处罚相当原则。

综上所述，三原告起诉认为被诉决定认定事实不清、适用法律错误，要求撤销被诉决定的诉讼请求,缺乏事实和法律依据,依照《商标法》第五十七条第(二)项、第六十条第二款、第六十一条及《行政诉讼法》第六十九条的规定,判决驳回三名原告的诉讼请求。

一审判决后,各方当事人均未上诉,判决已发生法律效力。

【案例评析】

三原告认为其违法行为轻微,而且主动及时纠正了违法行为,没有造成危害后果,符合《行政处罚法》第二十七条第二款的规定,应当免除处罚。对此,应当在正确理解《行政处罚法》第二十七条第二款的前提下,结合案件事实分析、判断三原告的行为是否符合该条文的规定,从而对被告行政行为的合法性作出全面审查。

一、正确理解《行政处罚法》第二十七条第二款的内涵

《行政处罚法》第二十五条[①]、第二十六条[②]和第二十七条第二款分别规定了三种情形的"不予处罚",其中第二十五条和第二十六条主要是根据行为人无责任能力的情况来规定的,因行为主体存在特殊情形,使行为本质上已不具有违法性;而第二十七条第二款所规定的"违法行为轻微并及时纠正,没有造成危害后果的"的不予处罚,是指行政机关依照法律、法规的规定,由于存在法定事由,对本应给予行政处罚的违法行为人免除对其适用行政处罚[③],即行为本质上仍具有违法性,只是行为人不承担行政处罚的法律责任而已。从条文规定的字面含义来看,应当同时满足三个要件:(1)违法行为轻微,即相较于其他行政违法行为而言,行为的性质、情节、社会危害性等都是轻微的,需特别注意的是,若法律、法

---

① 《行政处罚法》第二十五条规定:"不满十四周岁的人有违法行为的,不予行政处罚,责令监护人加以管教;已满十四周岁不满十八周岁的人有违法行为的,从轻或者减轻行政处罚。"(现《行政处罚法》第三十条规定:"不满十四周岁的未成年人有违法行为的,不予行政处罚,责令监护人加以管教;已满十四周岁不满十八周岁的未成年人有违法行为的,应当从轻或者减轻行政处罚。"——编者注)

② 《行政处罚法》第二十六条规定:"精神病人在不能辨认或者不能控制自己行为时有违法行为的,不予行政处罚,但应当责令其监护人严加看管和治疗。间歇性精神病人在精神正常时有违法行为的,应当给予行政处罚。"(现《行政处罚法》第三十一条规定:"精神病人、智力残疾人在不能辨认或者不能控制自己行为时有违法行为的,不予行政处罚,但应当责令其监护人严加看管和治疗。间歇性精神病人在精神正常时有违法行为的,应当给予行政处罚。尚未完全丧失辨认或者控制自己行为能力的精神病人、智力残疾人有违法行为的,可以从轻或者减轻行政处罚。"——编者注)

③ 参见《关于实施〈中华人民共和国行政处罚法〉第二十七条有关问题的答复》(工商法字[2003]第148号)。

规、规章等已对相关违法行为的情节轻微作出了细化规定，则应当优先适用，只有在其他条文未对“不予处罚”情形作出规定时，才适用《行政处罚法》第二十七条第二款的规定。(2)及时纠正，主要强调及时采取纠正措施以避免危害后果的发生，若某一行为即使纠正也不能避免或消除危害后果的发生，就没有适用该条款的必要性。(3)没有造成危害后果，则是指客观上未对法律所保护的法益造成侵害。学术界对于危害后果主要有两种不同的认识，一是认为危害后果是违法行为对我国行政法所保护的客体造成损害；二是认为危害后果是违法行为对行政法所保护的行政管理秩序已经或者可能造成的损害[①]。此处应取广义理解。

二、三原告的行为构成《商标法》第五十七条第(二)项所规定的商标侵权

行政处罚的对象是应受行政处罚的行为，即行政相对人实施的违反行政法上的义务，依法应当受到处罚的作为或者不作为，它是行为人承担行政处罚责任的基础，[②]故查明并认定三原告的行为及其性质，是行政机关作出行政处罚的前提。本案审理过程中，三原告曾提出其等人在开设的奶茶店使用被诉侵权标识系经过案外人凯之美餐饮公司授权，具有合法来源，应当适用《商标法》第六十条第二款、第六十四条第二款关于合法来源的规定，不应对其处以罚款。综合在案证据，“HEEKCAA”和“喜茶”标识系第三人美西西餐饮公司的第19122315号、第13595312号注册商标，其核定使用服务均为第43类咖啡馆、茶馆、饭店等。三原告共同出资开设经营的奶茶店，与第三人上述注册商标核定使用的服务属同种服务。三原告经与案外人凯之美餐饮公司签订餐饮服务协议书，被授权在上海市浦东新区某路某号开设“喜茶”(港座喜茶)形象店。将三原告在其奶茶店的店招、店内宣传横幅、价目表以及奶茶杯上使用的“HEAKCAA喜茶”“HEAKCAA”“喜茶”等标识与第三人的第19122315号“HEEKCAA”、第13595312号“喜茶”注册商标分别进行比对，英文词部分仅在第三个字母存在“A”与“E”上的不同，整体字形、读音近似；中文词部分仅“喜茶”二字的字体

① 参见全梦琰：《〈行政处罚法〉第27条“不予行政处罚”规定的探析》，华东政法大学2016年硕士学位论文，第36页。

② 参见江必新：《论应受行政处罚行为的构成要件》，载《法律适用》1996年第6期。

不同，且虽然三原告使用的中文词“喜茶”二字右上方有图标，但该方框图标及框内文字（上下排列的“GANGZUO 港座”）整体偏小，图标位置偏上且与“喜茶”二字有一定的距离，容易被相关公众忽略，从而导致混淆。因此，三原告的行为属于《商标法》第五十七条第（二）项规定的未经商标注册人的许可，在同一种商品上使用与其注册商标近似的商标，容易导致混淆的情况，并非《商标法》第五十七条第（三）项规定的销售侵犯注册商标专用权的商品的行为，被告可以依照《商标法》第六十条第二款的规定对三原告作出行政处罚。

三、三原告的行为尚未满足《行政处罚法》第二十七条第二款所规定的要件

在判断某个违法行为是否符合该条款的规定时，需具体判断相应的违法行为是否同时满足“违法行为轻微”“及时纠正”“没有造成危害后果”这三个要件。实践中，对于“违法行为轻微”的判断，一般综合考量行为人的主观过错程度，行为是否仅违反程序性规定，违法行为涉及的金额、次数等因素。

第一，从三原告的主观过错程度来看，行为人的主观过错程度是判断商标侵权行为性质和情节的重要因素，而商标侵权行为的性质、情节又是判断该行为社会危害性、可罚性的要件之一。三原告在庭审中称案外人凯之美餐饮公司的客服告知其等人可以到位于上海来福士的“喜茶”（第三人在上海的直营店）参观，使三原告误认为案外人是正规的“喜茶”运营商而与之签订加盟协议，其等人在经营的奶茶店所使用的被控侵权的店招、店内宣传横幅、价目表以及奶茶杯上的标识，均依照案外人授权的要求制作（或从案外人处进货），“喜茶”并非知名度很高的商标，三原告本身并无侵权的主观恶意。三原告作为奶茶店的加盟商，应当对授权方是否为被授权标识的合法所有者尽到合理的审核义务，然而根据在案证据，案外人凯之美餐饮公司在签订加盟合同的过程中，向原告提供了营业执照复印件、“HEAKCAA 喜茶”授权书、开店资格证等材料，但未提供过被控侵权标识的商标注册证书，三原告在未查清相关事实的情况下就在其开设的店铺里使用“HEAKCAA 喜茶”“喜茶”字样标识，未尽到合理的审核义务，主观方面存在较大过错，并非只要遵守协议约定使用授权方指定的标识、装潢等即可排除主观恶意，且该过错也与被侵权商标的知名度高低无直接关系。

第二,从三原告违法行为的危害后果来看,行政处罚通常并不以损害结果的发生为基本要件,但某个行为所产生的危害后果通常能够反映出该行为社会危害性的大小。[①] 三原告经营的奶茶店于 2017 年 9 月 17 日开始对外营业,被告在接到市民投诉后于同年 10 月 25 日对涉案店铺开展执法检查,经过调查询问等一系列法定程序,最终作出行政处罚决定。可见,涉案店铺自开业至被告执法检查已经营月余,三原告的行为已然侵害了第三人美西西餐饮公司作为第 19122315 号“HEEKCAA”和第 13595312 号“喜茶”商标权利人的合法权益,同时也损害了消费者的利益,已经造成了一定的危害后果。

第三,从三原告是否及时纠正违法行为来看,所谓及时纠正,应是危害后果尚未发生之前进行纠正方为及时,根据被告提交的询问笔录,三原告系在被告进行执法检查以后,方才将显示有被控侵权标识的店招、装潢全部撤下,但此时危害后果已经发生,尚未达到上述条款所规定的及时纠正的要求。

四、被告对三原告作出的处罚符合过罚相当原则

《行政处罚法》第四条第二款规定,设定和实施行政处罚必须以事实为依据,与违法行为的事实、性质、情节以及社会危害程度相当。一般而言,实施行政处罚需综合考虑以下因素:违法行为的事实是否该罚,违法行为的性质及是否属于行政处罚的范畴,违法行为的情节,社会危害程度等。本案中,三原告系各出资 1/3 开设店铺,从店铺正式对外营业至被查处时(历时一个多月)的营业额为 1.2 万元,被诉决定根据该情况,以三人的投资比例、收益分成比例为依据,认定三原告的违法经营额分别为总额的 1/3,即 0.4 万元。被告在《商标法》第六十条第二款规定的幅度之内,综合考虑三原告违法行为的情节、性质、社会危害性、主观过错等因素对三原告分别处以 4000 元的罚款,并未违反上述原则。

【典型意义】

伴随网络经济的成长,在“网红店”加盟层出不穷的同时,也出现了山寨品牌现象。本案系因山寨“喜茶”经营者不服浦东知产局商标行政处罚引发的知产行政诉讼,是上海法院探索专利、商标、版权行政“三合一”改革后受理的首例行政

---

① 参见尹培培:《不予行政处罚论——基于我国〈行政处罚法〉第 27 条第 2 款规定之展开》,载《政治与法律》2015 年第 11 期。

案件。法院在案件审理中充分发挥司法主导作用,结合我国《行政处罚法》的条文精神,以过罚相当为原则作出裁判,依法支持行政机关积极履职,切实维护知识产权行政管理秩序,有力促进了知识产权行政保护。本案的裁判同时也提示加盟商在从事相关经营前,应当对许可方的相关资质、经营资源的合法性审慎核查。本案判决对于净化市场经营秩序、维护消费者合法权益具有积极意义。本案获评 2018 年上海法院知识产权司法保护十大案例。

【案例索引】

案号:上海市浦东新区人民法院(2018)沪 0115 行初 373 号 - 375 号(2018 年 8 月 14 日)

审判组织:金民珍、倪红霞、陆光怡

编写人:陆光怡

知识产权诉前行为保全案件

34

不正当竞争纠纷诉前行为保全申请的司法审查

——腾讯公司等与幻电公司等诉前行为保全案

裁判要旨

人民法院审查知识产权诉前行为保全时,应综合考量申请人的请求是否具有事实基础和法律依据、不采取保全措施是否会对申请人造成难以弥补的损害、采取行为保全措施是否会导致当事人间利益显著失衡以及是否会损害社会公共利益等因素。

基本案情

申请人:重庆腾讯信息技术有限公司(以下简称重庆腾讯公司)

申请人:深圳市腾讯计算机系统有限公司(以下简称深圳腾讯公司)

被申请人:谌某涛

被申请人:上海幻电信息科技有限公司(以下简称幻电公司)

重庆腾讯公司系涉案网络游戏《一起来捉妖》的著作权人,并授权深圳腾讯公司独家运营该游戏。该游戏利用手机即时定位系统,通过AR功能抓捕身边的妖灵并对他们进行培养,在游戏中完成对战、展示、交易等诸多功能。该游戏自2019年4月11日上线以来,注册用户已超过2000万,上线当日即登顶App Store免费榜榜首,并获得OPPO至美奖等奖项,具有较高的知名度和市场美誉度。两申请人发现,被申请人谌某涛通过微信、淘宝等渠道销售虚拟定位插件,该插件通过改变手机操作环境,欺骗涉案网络游戏《一起来捉妖》的定位系统,使游戏玩家无须实际位移,即可通过虚拟定位插件迅速变换地理位置抓取妖灵。而且,被申请人谌某涛通过直播、录播、打广告等形式向不特定的公众传播利用虚拟定位插件获取不正当利益的游戏视频。两申请人认为,被申请人谌某涛在游戏中使用并大量售卖给游戏玩家使用具有虚拟定位功能的外挂设备,篡改玩家的真实地理位置,使玩家作弊参与游戏资源抢夺等活动,严重破坏了游戏的公平性,构成对申请人的不正当竞争。此外,被申请人谌某涛将使用虚拟定位插件操作涉案游戏的过程录制成多个视频,放置到被申请人幻电公司运营的 bilibili 网站、App 平台进行宣传、推广等商业活动,并设置了专区。被申请人幻电公司放大了被申请人谌某涛不正当竞争行为的影响范围,亦应当立即停止侵权行为。据此,申请人提出行为保全申请:(1)被申请人谌某涛停止提供、推广妨碍网络游戏《一起来捉妖》正常运行的虚拟定位插件的不正当竞争行为;(2)被申请人幻电公司立即删除其运营的 bilibili 网站及 App 平台内被申请人谌某涛推广妨碍网络游戏《一起来捉妖》正常运行的虚拟定位插件的视频。

【法院裁判】

上海市浦东新区人民法院经审查认为,诉前行为保全是利害关系人因情况紧急于诉前向人民法院申请禁止被申请人为一定行为的保全措施,以避免其合法权益受到难以弥补的损害。本案系不正当竞争纠纷之诉,涉案诉前行为保全的审查应考虑以下因素:(1)申请人的请求是否具有事实基础和法律依据;(2)不采取保全措施是否会对申请人造成难以弥补的损害;(3)采取行为保全措施是否会导致当事人间利益显著失衡;(4)采取保全措施是否会损害社会公共利益。

首先,关于申请人的请求是否具有事实基础和法律依据。被申请人谌某涛提供、推广的虚拟定位插件通过改变涉案网络游戏正常运行的生态环境,导致涉案游戏以地理位置为核心的功能玩法难以实现,玩家时间、金钱的投入和产出方面的平衡性被打破,由此导致申请人通过增值服务获得游戏收入的交易机会降低,申请人的合法权益因此受损。同时,使用虚拟定位插件的游戏玩家相较于未使用的玩家将获得明显的竞技优势,遵守游戏规则的正常游戏玩家的合法权益难以保障。而且,被申请人谌某涛基于涉案游戏谋取利益的主观意图明显。故被申请人谌某涛的上述行为涉嫌构成对申请人的不正当竞争。被申请人谌某涛借助被申请人幻电公司运营的 bilibili 网站和 App 平台对涉案虚拟定位插件进行宣传、推广,进一步扩大了其行为的影响范围。故申请人请求对被申请人采取诉前行为保全措施具有相应的事实基础和法律依据。

其次,关于不采取保全措施是否会对申请人造成难以弥补的损害。申请人提交的初步证据显示,涉案游戏因虚拟定位插件问题遭受部分正常玩家的投诉及差评,涉案游戏的下载量亦呈现下降趋势。因虚拟定位引发的问题已经给且正在给两申请人带来负面影响。此外,一款网络游戏从立项、设计、制作到上网运营,需要耗费大量的人力、物力和财力,若不及时制止被申请人的上述行为,任由涉案虚拟定位插件泛滥,可能对申请人的竞争优势、经营利益以及涉案游戏的市场份额带来难以弥补的损害。

再次,关于采取行为保全措施是否会导致当事人之间利益显著失衡。民事诉讼双方当事人法律地位平等,故人民法院在决定是否采取诉前行为保全措施时,应当考量采取该措施是否会导致当事人之间利益的显著失衡。本案中,如前所述,被申请人谌某涛提供、推广的涉案虚拟定位插件已经且正在给两申请人带来负面影响,申请人的合法权益处于被侵蚀的风险之中。申请人请求法院责令被申请人谌某涛停止提供、推广妨碍涉案游戏正常运行的虚拟定位插件的行为、被申请人幻电公司删除其运营的 bilibili 网站及 App 平台内相关视频的行为系为防止对涉案游戏继续带来损害所采取的合理措施,该申请指向明确、范围适当,不会造成当事人间利益的显著失衡。此外,本院亦责令申请人提供了相应的担保,被申请人因申请人诉前行为保全错误可能带来的损害已有充分的法律保障。

最后,关于采取保全措施是否会损害社会公共利益。诉前行为保全系当事人之间的民事诉讼法律行为,故人民法院对社会公共利益的考量应当从严审查。只有在涉及公众健康、环保及其他重大社会利益的情况下方可认定为社会公共利益。本案中,涉案虚拟定位插件系一款市场化产品,产品本身并不具有社会公共产品的属性,产品的提供者亦系完全市场化的经营主体,故对被申请人采取诉前行为保全措施不会损害社会公共利益。

基于此,两被申请人的行为涉嫌构成不正当竞争,浦东法院依法裁定被申请人立即停止妨碍涉案网络游戏正常运行的行为。裁定作出后,两被申请人未申请复议,一审裁定生效。

【案例评析】

本案系国内法院针对网络游戏外挂作出的首例诉前行为保全裁定。诉前行为保全是利害关系人因情况紧急于诉前向人民法院申请禁止被申请人为一定行为的保全措施,以避免其合法权益受到难以弥补的损害。作为一项临时措施,诉前行为保全对权利人及时、便捷保护其合法权益具有很重要的意义。

一、诉前行为保全应坚持的基本原则

(一)积极、及时原则

相较于有体物而言,知识产权具有无形性,其受到侵害后难以恢复原状,即便知识产权权利人赢得诉讼,却可能早已丧失市场竞争优势,或者商业秘密已经泄露。因此,人民法院对知识产权诉前行为保全应采取相对积极的态度。对于可能存在申请人的商业秘密即将被非法披露,申请人的发表权、隐私权等人身权利即将受到侵害,诉争的知识产权即将被非法处分,申请人的知识产权在展销会等时效性较强的场合正在或者即将受到侵害、在时效性较强的热播节目正在或者即将受到侵害等紧急情形的,人民法院应当及时作出裁定。裁定采取保全措施的,应当立即开始执行,以及时制止那些可能给申请人带来难以弥补的损失的侵权行为。

(二)分类施策原则

知识产权类型多样,人民法院在判断是否采取行为保全措施时,应区分不同的知识产权类型,做到分类施策。对于涉及著作权、商标权的行为保全案件,因该类知识产权具有相对较为清晰的权利边界,被诉行为是否构成侵权亦较容易判断。如申请人提供证据充分,事实较为清楚的,应及时采取有效措施制止侵权,降低权利人的维权成本。对于专利权,由于外观设计专利未经过实审,其权利本身即存在较大的不稳定性。而实用新型专利和发明专利往往涉及复杂的技术,被申请人是否侵权,人民法院往往需要进行专业的技术比对方能确定,故对涉专利侵权案件应慎重采取诉前行为保全措施,以维护企业的正常经营。

(三)比例协调原则

诉前行为保全系人民法院根据申请人提供证据而对被申请人行为进行一定限制的临时措施。这是根据知识产权的性质特点而对权利人在正式庭审程序前进行的一种强保护。但与此同时,人民法院亦应注重对被申请人的权利的尊重,做到比例协调。因此,权利人申请诉前行为保全的,人民法院应要求其提供相应的担保。对于保全错误的,申请人应承担相应的赔偿责任,且该赔偿责任采用客观归责原则,无须考虑申请人的主观状况。同时,除特殊情况外,人民法院采取诉前行为保全应当询问被申请人,以充分保障申请人就有关问题作出申辩的权利。

二、诉前行为保全的考量因素

（一）胜诉可能性的判定

《最高人民法院关于审查知识产权纠纷行为保全案件适用法律若干问题的规定》（以下简称《行为保全规定》）第七条第（一）项规定，人民法院审查行为保全，应考量申请人的请求是否具有事实基础和法律依据，包括请求保护的知识产权效力是否稳定。司法实践中，判断申请人的请求是否具有事实基础和法律依据，主要还是判断申请人的请求是否具有胜诉可能性。考虑到行为保全裁定属于程序性裁定，人民法院在审查行为保全申请时，对于胜诉可能性的程度把握达到优势可能性即可。通常情况下，法官内心"不纠结"，即"包括事实认定的不纠结以及法律适用的不纠结"，从而得出胜诉可能性的判断。此外，适用诉前行为保全还应当考虑请求保护的知识产权效力是否稳定。知识产权效力是否稳定，一般可以从以下几个方面考察：所涉权利的类型或者属性、所涉权利是否经过实质审查、所涉权利是否处于宣告无效或者撤销程序中及存在被宣告无效或者撤销的可能性以及所涉权利是否存在权属争议等。

（二）难以弥补的损害的认定

对于"难以弥补的损害"的含义，几乎国内外都具有高度的统一性，即不能以金钱补偿或不能以金钱衡量的损失，能够以金钱衡量的损失则不得请求禁令。从国外的实践来看，在苹果公司与三星公司的专利案件中，美国联邦上诉法院在论述苹果公司所遭受和即将遭受的不可弥补的损害时，从市场份额的划分、用户体验与获得等角度充分分析，作出让人信服的判决。该案中运用"反比例原则"提出，申请人对胜诉可能性的证明程度越高，则对不可弥补之损失的证明要求就越低。从知识产权诉前行为保全案件来说，如存在以下情形，一般可以认定为对申请人造成了难以弥补的损害：被申请人的行为将会侵害申请人享有的商誉或者发表权、隐私权等人身性质的权利且造成无法挽回的损害，被申请人的行为将会导致侵权行为难以控制且显著增加申请人损害以及被申请人的侵害行为将会导致申请人的相关市场份额明显减少等。

（三）利益平衡的引入

民事诉讼双方当事人法律地位平等，故人民法院在决定是否采取诉前行为保全措施时，应当考量采取该措施是否会导致当事人间利益的显著失衡。关于利益平衡应采用什么样的标准，《行为保全规定》第七条规定"不采取行为保全措施对申请人造成的损害是否超过采取行为保全措施对被申请人造成的损害”，即确立了适用诉前行为保全给被申请人带来的不利要小于不适用诉前行为保全给申请人带来的不利的基本判断标准。也就是说，人民法院在考量是否采用诉前行为保全时不应单纯考虑申请人的损害，在评估申请人所面临损失的同时，也应把被申请人因诉前行为保全所面临的损失纳入考虑范围。美国法院在 Ebay 案中提出了类似“balance of hardship”的要求。为保障这一目标的实现，《行为保全规定》第五条第一款规定了人民法院裁定采取行为保全措施前应当询问申请人和被申请人这一程序设计，以程序性的要求来实现利益平衡的引入。

（四）公共利益的考量

诉前行为保全系民事私主体之间纠纷，其首要考量的是当事人之间的利益。因此，大多数案件确实没有公共利益发挥作用的余地，但随着社会发展、科技进步，司法结果对于社会影响日益凸显。公共利益作为利益衡量的最外围层次扩充了衡量维度，“利益”主体范围就成了“当事人 + 第三人 + 社会（将来）”。特别是在有关药品专利侵权案件中，如果诉前行为保全阻断了某些必要医疗程序、药品或者装置的供应，则公共健康等公共利益将在否定诉前行为保全救济方面，发挥决定性作用。在美国同样存在类似公共利益的考量，如在 Abend *v*. MCA，Inc. 案中，美国联邦第九巡回上诉法院指出，尽管被告侵害原告版权，从市场上回收电影 RearWindow 将损害公共利益，对原告也将不公平，故法院拒绝了原告回收电影的诉请。但我们认为，公共利益的考量仍应限制在特定的范围，一般只有在涉及公众健康、环保以及其他重大社会利益的情况下才予考虑，以避免被申请人随意以公共利益之名不当限制申请人行使正当权利。

三、诉前行为保全应注意的程序性问题

（一）听证程序是否为必要

尽管《与贸易有关的知识产权协定》第五十条第四款并未规定听证是采取临时措施的必经程序。但考虑到法院作出的行为保全裁定立即生效，当事人虽可申请复议，但复议期间不停止裁定的执行，因此是否采取行为保全措施对双方当事人意义都非常重大。为了确保程序的公正性，保障被申请人获得充分表达意见的机会，《行为保全规定》第五条规定了“人民法院裁定采取行为保全措施前，应当询问申请人和被申请人，但因情况紧急或者询问可能影响保全措施执行等情形除外”。但该条仅规定了法院应当履行“询问”程序，但询问的方式如何？电话询问、现场询问还是应当听证，《行为保全规定》未见明确规定。对此，我们认为,由于知识产权本身的特殊性,权利人的权利是否真实、有效、稳定,授权链条是否完整,侵权公证是否存在瑕疵等问题在司法实践中较为常见,且系当事人的主要抗辩,鉴于诉前行为保全对于被申请人具有较大影响,除情况紧急或者影响保全措施执行外,人民法院应当召集双方当事人举行现场听证程序,以便作出客观公正的行为保全裁定。当然,如遇到被申请人不配合、拒不到庭等情形,可通过电话、邮件等方式就相关问题询问双方当事人并做好工作记录。

(二)被申请人是否可以通过以提供担保的方式解除行为保全

知识产权纠纷与因物权、债权等财产性权利引发的纠纷不同,物权、债权等财产性权利纠纷一般可以通过金钱给付等方式加以弥补,而知识产权纠纷特别是商业秘密纠纷,侵权行为一旦实施,即对权利人产生重大影响。因此,不宜因被申请人提供担保而解除保全措施。《行为保全规定》在第十二条规定:"人民法院采取的行为保全措施,一般不因被申请人提供担保而解除,但是申请人同意的除外。"

(三)当事人申请错误的认定是否需要过错的主观要件

我们认为,申请人作为保全措施的启动者和受益人,在发动保全程序时应谨慎行事,对保全行为做全面评估,从而减少由于滥诉而对被申请人造成的损害。因此,对申请人的申请错误的认定不应考虑其主观状态。只要出现《行为保全规定》第十六条规定的申请错误后果的,即应当承担因申请行为保全而给被申请人造成的损失,而不考虑其是否存在过错。

【典型意义】

涉案游戏系国内首款基于位置定位的 AR 探索类手游,本诉前保全裁定系国内法院针对 AR 探索类手游外挂作出的首例诉前禁令。裁定细化了涉知识产权案件诉前行为保全的适用条件,对申请人的请求是否具有事实基础和法律依据、不采取保全措施是否会对申请人造成难以弥补的损害、采取行为保全措施是否会导致当事人间利益显著失衡以及是否会损害社会公共利益等考量因素进行了深入的分析,对类似案件的审理具有重要的参考意义。此外,网络游戏系文化创意产业的重要组成部分,网络游戏从立项到上市运营投入巨大,对外挂这一网络游戏"寄生虫"予以及时制止并给予其法律上的否定评价,亦充分体现了人民法院为文化创意产业公平、有序的市场竞争秩序提供强有力的司法保障。本案的审理、裁判引起司法界、实务界的广泛关注,本案荣获 2019 年中国法院 50 件典型知识产权案例、2019 年上海法院加强知识产权保护力度典型案例。

【案例索引】

案号:上海市浦东新区人民法院(2019)沪 0115 行保 1 号(2019 年 8 月 27 日)

审判组织:徐俊、姜广瑞、林新建

编写人:姜广瑞

35

盗播体育赛事直播节目诉前行为保全申请的司法审查

——央视国际公司与创嗨新公司等诉前行为保全案

裁判要旨

对知识产权即发侵权可以适用诉前禁令。法院在审查知识产权即发侵权的诉前禁令申请时，应当综合考量申请人的请求是否具有事实基础和法律依据、不采取行为保全措施是否会使申请人的合法权益受到难以弥补的损害、采取行为保全措施是否会导致当事人间利益显著失衡以及采取行为保全措施是否损害社会公共利益等因素，特别是要结合被申请人已经或正在实施的行为，准确认定即发侵权是否成立。

基本案情

申请人：央视国际网络有限公司（以下简称央视国际公司）

被申请人：珠海创嗨新网络科技有限公司（以下简称创嗨新公司）

被申请人：上海二三四五网络科技有限公司（以下简称二三四五公司）

2021年11月23日，国际奥林匹克委员会出具确认函，载明2022北京冬奥会是国际奥林匹克委员会的专有资产，国际奥林匹克委员会拥有授权对奥运会进行静态和动态画面的拍摄并用于媒体传播，及对包含奥运会视听画面的作品或信号进行广播、传输、转播、复制、播放、发行、点播或向公众传播等权利。中国中央广播电视总台经国际奥林匹克委员会授权，享有在2021年1月1日至2022年8月31日在中国境内（包括澳门）以免费和付费方式，通过所有媒体平台以直播、延时转播和点播的方式,用普通话和粤语广播和展示包含奥运会视听画面的作品或信号,以及分许可他人在上述授权期限和授权区域内从事上述广播和展示的专有权利。对于侵犯上述权利或不正当竞争的行为,中国中央广播电视总台以及其授权的任何主体有权在授权区域内以自己的名义采取法律措施。作为被授权人,CCTV. com 和 CNTV. cn(中文“央视国际网络有限公司”)有权采取措施,或授权第三方代表其阻止网络侵权和不正当竞争行为。

2009 年 4 月 20 日,原中央电视台(2018 年整合为中国中央广播电视总台)出具授权书,将其拍摄、制作或广播的,享有著作权或与著作权有关的权利,或获得相关授权的,中央电视台所有电视频道及所含之全部电视节目,通过信息网络向公众传播、广播、提供之权利,授权央视国际公司在全世界范围内独占行使,并授权央视国际公司作为上述权利在全世界范围内进行交易的独家代理,授权期限自 2006 年 4 月 28 日起生效,至中央电视台书面声明取消授权之日失效。2022 年 1 月 18 日,中央广播电视总台出具情况说明,确认原中央电视台出具的前述授权书仍处于有效期间,包括 2022 年第 24 届冬季奥林匹克运动会等署名为中央广播电视总台的节目,均在上述授权书的授权范围内。

被申请人创嗨新公司是安卓手机应用软件“手机电视直播大全”的运营主体。2022 北京冬奥会举办期间,“手机电视直播大全”软件通过转播中央广播电视总台 CCTV5 + 等电视频道的方式,向公众提供 2022 北京冬奥会赛事节目的在线观看服务。被申请人二三四五公司是 2345 手机助手安卓手机应用市场的运营主体。2345 手机助手手机应用市场提供安卓手机软件的搜索和下载服务,被申请人创嗨新公司的“手机电视直播大全”可以在 2345 手机助手中下载并进行安装。

【法院裁判】

上海市浦东新区人民法院生效裁判认为,对行为保全申请的审查,应当综合考量以下因素。

一、申请人的请求是否具有事实基础和法律依据

(一)申请人央视国际公司的权益基础

2022 北京冬奥会赛事节目通过多机位设置、镜头切换、慢动作回放、精彩镜头捕捉等镜头语言,不仅真实传递了赛事活动信息,而且突出叙述了赛事的冲突和悬念、运动员的动作和情绪、赛场的环境和气氛等,体现了创作者在其意志支配下对连续画面的选择、编辑、处理，属于文学艺术领域内具有“独创性的表达”，可以作为视听作品加以保护。

申请人央视国际公司经合法授权，独占享有通过信息网络向公众传播、广播、提供2022北京冬奥会赛事节目的权利及分授权的权利，并有权进行维权，其请求保护的知识产权效力稳定。

（二）被申请人创嗨新公司的被诉行为及侵权可能性

被申请人创嗨新公司作为安卓手机应用软件“手机电视直播大全”的运营主体，未经权利人许可，通过信息网络向公众传播、广播2022北京冬奥会赛事节目视听作品，具有较大的侵权可能性。

（三）被申请人二三四五公司的被诉行为及侵权可能性

虽然被申请人二三四五公司的2345手机助手手机应用市场可以下载并安装“手机电视直播大全”，但根据在案证据，“手机电视直播大全”并非专门用于实施涉案侵权行为的软件，传播、广播2022北京冬奥会赛事节目只是该软件的部分功能，且申请人未举证证明其曾就涉案侵权行为通知了被申请人二三四五公司，故被申请人二三四五公司的被诉行为不具有较大的侵权可能性。

二、不采取行为保全措施是否会使申请人的合法权益受到难以弥补的损害

2022北京冬奥会是我国首次举办的冬季奥林匹克运动会，吸引了全社会的广泛关注，在全球范围内具有很大的影响力。2022北京冬奥会于2022年2月4日开幕，2月20日闭幕，赛事为期仅19天。通常而言，相关公众对大型体育赛事的关注度主要集中在赛事的举办期间。因此，2022北京冬奥会赛事节目属于时效性极强的热播节目。而被申请人创嗨新公司的被诉行为即发生在2022北京冬奥会举办期间。

此外，基于前述理由，2022北京冬奥会赛事节目具有极高的经济价值。申请人通过自身传播、广播2022北京冬奥会赛事节目，以及分授权其他网络平台传播、广播，可以直接从中获取较大的经济利益。被申请人创嗨新公司未经许可传播、广播2022北京冬奥会赛事节目，在未支付相应对价的情况下，或将掠取本应属于申请人及相关被许可人的经济利益，可能会破坏体育赛事节目媒体行业正常的市场竞争秩序，及损害申请人的市场竞争优势。若不及时制止该行为，可能对申请人的竞争优势、经济利益等带来难以弥补的损害。

三、采取行为保全措施是否会导致当事人间利益显著失衡

被申请人创嗨新公司未经权利人许可，通过信息网络向公众传播、广播2022

北京冬奥会赛事节目的行为,已经给且正在给申请人央视国际公司带来负面影响,申请人的合法权益处于被侵蚀的风险之中。申请人请求法院责令被申请人创嗨新公司立即停止在北京冬奥会举办期间在其运营的"手机电视直播大全"软件上提供2022北京冬奥会赛事节目,该项行为保全申请系为防止其利益持续受损或损害结果扩大所采取的合理措施,本身并不会实质影响"手机电视直播大全"软件的正常运营。该申请指向明确、范围适当,不会造成当事人间利益的显著失衡。此外,申请人提供了相应担保,被申请人因申请人诉前行为保全错误可能带来的损害已有充分的法律保障。

四、采取行为保全措施是否损害社会公共利益

奥运会是由政府举办的大型体育赛事,具有公共产品的属性。因此,2022北京冬奥会赛事节目的在线转播、广播也具有一定的公共性质。诚然,被申请人创嗨新公司的被诉行为可能在客观上扩大了2022北京冬奥会的传播面,丰富了相关公众选择观看2022北京冬奥会赛事节目的渠道,但如果该种结果是在可能违反法律规定、侵害权利人合法权益的前提下实现的,则被诉行为不应当为市场所容许。如对该行为采取保全措施,可以保障相关公众通过包括申请人在内的诸多合法渠道观看2022北京冬奥会赛事节目,获得更优质的在线观赛体验,从而促进2022北京冬奥会的合法传播。因此,对被申请人创嗨新公司采取诉前行为保全措施不会损害社会公共利益。

综上所述,申请人针对被申请人创嗨新公司的行为保全申请符合人民法院作出诉前行为保全措施的条件,应予支持,但其针对被申请人二三四五公司的行为保全申请不符合人民法院作出诉前行为保全措施的条件,不应得到支持。

上海市浦东新区人民法院于2022年2月13日作出(2022)沪0115行保1号民事裁定,裁定被申请人创嗨新公司立即停止在2022北京冬奥会举办期间(自本裁定作出之日起至2022年2月20日止)在其运营的"手机电视直播大全"软件上提供2022年北京第24届冬季奥林匹克运动会的开、闭幕式和各项比赛活动的实况视听节目;驳回申请人央视国际公司的其余申请。

【案例评析】

本案中,被申请人创嗨新公司所实施的被诉行为是,通过转播中央广播电视总台CCTV5+等电视频道的方式,擅自向公众提供2022北京冬奥会赛事节目的在线观看服务。这种网络实时转播的行为具有非交互式传播的特点,即随着被转播网络频道或节目的开始而开始，随之结束而结束。因此，本案诉前禁令主要是针对被申请人尚未实施但即将实施的侵权行为而作出的。故本案争议聚焦在对于知识产权即发侵权能否适用诉前禁令这个问题上。

一、对即发侵权可以适用诉前禁令

即发侵权(imminent infringement)是指尚未实施但即将要实施的侵权行为。即发侵权与一般侵权行为的区别在于，是否已经或正在实施法律所规定的侵权行为。例如，行为人准备在互联网上传播某一作品，并已将该作品上传到服务器中。对于上传行为而言，已经实施完毕，但对于传播行为而言，仍处于将要但尚未实施的阶段。因此，该上传作品的行为侵害了作品的复制权，但对于信息网络传播权或广播权来说，则属于即发侵权。与即发侵权相类似的，是刑法中的犯罪预备的概念，其共同点都在于已经做好了准备，但尚未“着手”。如果不制止即发侵权，就将会发生侵权结果，给权利人造成损失。

(一)即发侵权适用诉前禁令的法律基础

我国知识产权部门法中关于即发侵权适用诉前禁令的规定，主要源于《与贸易有关的知识产权协定》。该协定第五十条第一款规定，司法机关有权责令采取迅速和有效的临时措施以便：(1)防止侵犯任何知识产权，特别是防止货物进入其管辖范围内的商业渠道，包括结关后立即进入的进口货物；(2)保存关于被指控侵权的有关证据。第三款规定，司法机关有权要求申请人提供任何可合理获得的证据，以使司法机关有足够程度的确定性确信该申请人为权利持有人，且该申请人的权利正在受到侵犯或此种侵权已迫近，并有权责令申请人提供足以保护被告和防止滥用的保证金或相当的担保。根据上述条款，司法机关采取临时措施的目的在于防止知识产权侵权，既包括权利正在受到侵犯，也包括侵权行为的迫近。

《与贸易有关的知识产权协定》要求会员国在知识产权的立法方面对产权权利给出最低的保护水平。我国加入 WTO 之后，即对《著作权法》《商标法》《专利法》进行了相应修改，引入了即发侵权适用诉前禁令的规定。例如，2001 年修正的《著作权法》第四十九条第一款规定，著作权人或者与著作权有关的权利人有证据证明他人正在实施或者即将实施侵犯其权利的行为，如不及时制止将会使其合法权益受到难以弥补的损害的，可以在起诉前向人民法院申请采取责令停止有关行为和财产保全的措施。

然而，在司法实践中，对即发侵权能否适用以及如何适用诉前禁令，仍存在不同认识,主要体现在两个方面:一是法律解释上,条文使用了"责令停止有关行为"的表述,而既然行为处于"即将实施"的状态,就不存在"停止"的可能,两者存在逻辑矛盾;二是证明标准上,要求申请人提交证据证明被申请人的行为已构成侵权,从而架空了即发侵权适用诉前禁令的情形。

2020 年修正的《著作权法》进一步完善了法律条文的表述,使其中的逻辑关系更为通顺。该法第五十六条规定,著作权人或者与著作权有关的权利人有证据证明他人正在实施或者即将实施侵犯其权利、妨碍其实现权利的行为,如不及时制止将会使其合法权益受到难以弥补的损害的,可以在起诉前依法向人民法院申请采取财产保全、责令作出一定行为或者禁止作出一定行为等措施。由此看来,对包括著作权在内的知识产权即发侵权适用诉前禁令是完全具有法律依据的。

倘若更进一步从法理探究,对即发侵权适用禁令本质上属于消除危险请求权。《民法典》第一千一百六十七条规定,侵权行为危及他人人身、财产安全的,被侵权人有权请求侵权人承担停止侵害、排除妨碍、消除危险等侵权责任。该条规定是针对侵权后果还没有出现,但是确有现实的侵权可能性的情形,法律赋予受到侵害威胁的人一种保护性请求权。而即发侵权则更进一步,旨在针对侵权行为实施之前,自然更是在侵权后果发生之前,实现对民事权利的跨前保护。

(二)即发侵权适用诉前禁令的价值基础

即发侵权因其侵权行为尚未实施,损害结果尚未发生,故更加注重的是对行为和结果的预防。司法实践中对于即发侵权也有不少积极的探索。例如,上海市浦东新区人民法院在 2001 年审理的索迪斯公司与创造食品公司案中,法院就曾通过判决的方式判令被告停止不正当竞争的即发侵权。①相较于判决而言,诉前禁令这种"防患于未然"的价值导向更是先天地与诉前禁令制度逻辑相契合。

诉前禁令作为临时性救济措施的一种,其首要功能就是要避免产生难以弥补的损失,即维持现状功能。通过要求被申请人为一定行为或不为一定行为而避免现有状态的改变、既成损害的扩大甚至从根本上避免损害的发生。②而最有力地避免产生不可挽回损失的方法莫过于在侵权行为尚未实施之前便加以制

---

① 参见陈惠珍:《浦东法院让即发侵权止步》,载《中国知识产权报》2001 年 11 月 16 日,第 1 版。

② 参见张海燕、苏捷:《功能主义视角下知识产权诉前行为保全制度的激活》,载《中国应用法学》2020 年第 6 期。

止,在源头上断绝损失发生的可能性。因此,通过诉前禁令的方式制止即发侵权是最大化地体现了行为保全的临时性救济价值。

二、对即发侵权适用诉前禁令的认定标准

法院针对即发侵权适用诉前禁令时,应当注意分别审查即发侵权和诉前禁令的构成要件。特别是,由于两者内在特性存在相似之处,都会涉及侵权可能性的认定,均有保护权利人知识产权免遭继续侵权、预防难以弥补损害发生的目的[①]等,因此更应当严格区分两者的司法审查标准,以避免重复审查和循环论证。

(一)对构成即发侵权的认定

此项审查旨在判断即发侵权是否成立。根据相关法律规定和学理,构成即发侵权应当符合以下几个要件。首先,被申请人应当实施了一定的行为,具有一定的外在形式,纯粹的"思想犯"是不能构成即发侵权的。其次,被申请人实施的行为不构成侵权,否则即属于一般侵权行为。对于行为是否构成侵权,应当结合具体的法律规定加以判断。例如,行为人为实际销售而展览、演示商品,因《专利法》明确规定了许诺销售,该行为直接构成专利权侵权,但因《商标法》没有规定许诺销售,该行为可能不构成商标权侵权,而构成即发侵权。再次,被申请人实施的行为与侵权行为之间存在紧密的联系。换言之,应当能够根据已经实施的在先行为推断出实施侵权行为具有较大可能性。例如,行为人已经完成了全部或主要的侵权准备行为,或行为人曾经实施过侵权行为并且已实施了部分侵权准备行为,或者行为人曾以明示、默示等方式表达过实施侵权行为的意图并且已实施了部分侵权准备行为等。由于即发侵权不以侵权行为已经发生为前提,故对于即发侵权可能性的判断,应当采取更为严格的标准,应当要求即发侵权更具有"紧迫性"。只有当根据现有证据足以使法官相信,侵权行为一定或较大概率可能发生时,才足以认定为即发侵权。最后,不要求被申请人主观上具有过错。由于知识产权侵权的归责不要求行为人具有过错,仅赔偿责任需要行为人具有主观过错。因此,作为一项保护性请求权,对即发侵权的认定亦不以主观过错为要件。

(二)对适用诉前禁令的认定

此项审查旨在判断诉前禁令能否适用。根据《最高人民法院关于审查知识

① 参见韩天岚:《知识产权诉讼中诉前禁令的适用》,载《电子知识产权》2004 年第 4 期。

产权纠纷行为保全案件适用法律若干问题的规定》第七条的规定,人民法院审查行为保全申请,应当综合考量申请人的请求是否具有事实基础和法律依据,包括请求保护的知识产权效力是否稳定;不采取行为保全措施是否会使申请人的合法权益受到难以弥补的损害或者造成案件裁决难以执行等损害;不采取行为保全措施对申请人造成的损害是否超过采取行为保全措施对被申请人造成的损害;采取行为保全措施是否损害社会公共利益等因素。

针对知识产权即发侵权的诉前禁令申请,其审查的特殊点在于,侵权行为及损害结果尚未出现,行为的形态和种类、损害的程度等具体情形尚不明确。因此,在进行胜诉可能性的判定、难以弥补的损害的认定和利益平衡及公共利益考量的时候,需要设定假想的侵权行为和损害结果,如果仅存在侵权及损害的一般可能性,则不应颁发临时禁令。[①] 这种假想的情形应以行为人已经或正在实施的行为为基础,结合行为人既往的侵权行为样态或表示出的侵权意图,以及常见的侵权情形,合理推断出行为人将要实施的侵权行为,进而预计如果实施该侵权行为可能造成的损害结果。

例如,在本案中,被申请人创嗨新公司在北京冬奥会期间曾通过转播中央广播电视总台体育频道的方式实施侵权行为,虽然侵权行为因转播行为的非交互性而即时停止了,但可以预见其未来仍可能通过相同的方式在线提供侵权作品。因此,法院以该假想的侵权行为为基础,对诉前禁令进行审查认定。

【典型意义】

本案系针对侵害2022北京冬奥会赛事节目著作权及不正当竞争行为而作出的诉前禁令。涉案"手机电视直播大全"安卓手机应用软件在2022北京冬奥会举办期间,通过转播中央广播电视总台部分电视频道的方式,向公众提供2022北京冬奥会赛事节目的在线观看服务。被诉行为掠取了本应属于申请人及相关被许可人的经济利益,可能会破坏体育赛事节目媒体行业正常的市场竞争秩序,损害申请人的市场竞争优势。本案裁定不仅针对已经及正在盗播北京冬奥会赛事节目的行为,同时也针对了未来可能发生的盗播北京冬奥会赛事实况节目的行为,是对于即发侵权行为作出的诉前禁令。裁定在北京冬奥会举办期间作出,

---

① 参见杨静:《"难以弥补的损害"之判断规则及类型化研究 以知识产权诉前禁令为视角》,载《电子知识产权》2014年第8期。

及时、有力地保护了北京冬奥会的赛事传播秩序，维护了北京冬奥会的知识产权保护环境，受到社会和媒体的广泛关注。

【案例索引】

案号：上海市浦东新区人民法院（2022）沪 0115 行保 1 号（2022 年 2 月 13 日）

审判组织：吴智永、倪红霞、胡琛罡

编写人：胡琛罡

后　记

1994 年 6 月,浦东法院在全国率先设立知识产权审判庭。1996 年 6 月,浦东法院在全国率先探索由知识产权审判庭统一审理知识产权民事、行政和刑事案件的“三合一”审判机制,被称为知识产权审判“浦东模式”。2015 年 4 月,浦东法院积极打造知识产权“三合一”审判机制升级版,将与知识产权密切相关的生产、销售伪劣商品,不正当竞争等刑事、行政案件统一划归知识产权审判庭审理,充分发挥专业化审判的优势和集中审判的规模化效应。2020 年起,浦东法院同世界知识产权组织仲裁与调解上海中心开展合作,委托其调解涉外知识产权纠纷。最高人民法院知识产权审判庭在《求是》杂志上撰文指出:“此举助力了中国知识产权司法保护的国际影响力进一步扩大。”浦东法院知识产权审判庭先后荣获“全国打击侵权假冒工作先进集体”“全国法院知识产权审判工作先进集体”“全国法院先进集体”等荣誉称号。

本书汇编的案例是从浦东法院近 5 年审结的数万件知识产权案件中精选而来,充分展现了浦东法院知识产权审判庭在护航营商环境建设、促进科技创新、推动产业发展、服务国内国际双循环发展等方面的司法经验和智慧。本书成稿之际,要感谢编写组全体成员。吴智永、倪红霞、陶冶、袁田、庄雨晴同志承担了较多的编校工作,张小延、叶子晖、阮文楚、林巧、黄孜博、杨岸松等同志承担了繁重的事务性工作。在此,对他们的付出表示由衷的感谢!同时,感谢法律出版社对本书出版的大力支持!

由于水平有限,本书难免存在疏漏之处,恳请读者批评指正。

编　者

2023 年 3 月